法治建设与法学理论研究部级科研项目成果

美国钢铝贸易措施的违法性及应对研究

周艳云 周忠学 著

·南京·

图书在版编目(CIP)数据

美国钢铝贸易措施的违法性及应对研究 / 周艳云，
周忠学著. --南京：东南大学出版社，2024.8.
ISBN 978-7-5766-1533-3

Ⅰ. D971.222.9

中国国家版本馆 CIP 数据核字第 2024V8S667 号

○ 司法部法治建设与法学理论研究项目"美国基于国家安全的贸易
　限制措施的违法性析证及中国因应策略研究"(20SFB4067)成果
○ 东南大学至善出版基金项目

美国钢铝贸易措施的违法性及应对研究

Meiguo Ganglü Maoyi Cuoshi De Weifaxing Ji Yingdui Yanjiu

著　　　者：周艳云　周忠学
出版发行：东南大学出版社
社　　　址：南京四牌楼2号　邮编：210096　电话：025-83793330
网　　　址：http://www.seupress.com
电子邮件：press@seupress.com
出 版 人：白云飞
经　　　销：全国各地新华书店
印　　　刷：广东虎彩云印刷有限公司
开　　　本：700mm×1000mm　1/16
印　　　张：16.5
字　　　数：315 千字
版　　　次：2024 年 8 月第 1 版
印　　　次：2024 年 8 月第 1 次印刷
书　　　号：ISBN 978-7-5766-1533-3
定　　　价：72.00 元

本社图书若有印装质量问题，请直接与营销部联系调换。电话：025-83791830

责任编辑：刘庆楚　责任校对：子雪莲　封面设计：毕　真　责任印制：周荣虎

前 言

美国商务部于2018年1月公布《铝进口对美国国家安全影响的调查报告》与《钢铁进口对美国国家安全影响的调查报告》，在调查报告中美国得出钢铝进口对美国的国家安全构成威胁的结论。① 美国总统依据上述调查报告，于2018年3月颁布总统令，决定对中国、俄罗斯、印度、欧盟、加拿大等国家（和经济体）②出口到美国的铝产品和钢产品分别加征10%与25%的进口关税。此后，中国、加拿大、欧盟、土耳其、印度与墨西哥等国采取反制措施以对抗美国基于国家安全的钢铝贸易限制措施。

美国基于其《1962年贸易扩展法》的"232条款"对多国加征钢铝关税和被加征钢铝关税的国家对美国基于国家安全的钢铝贸易限制措施采取贸易反制是世界多国维护贸易自由主义与美国单边贸易保护主义的贸易冲突激化升级的重要标志。

在基于国家安全的钢铝贸易限制措施争端中，美国基于国家安全的钢铝贸易限制措施的合法性问题成为各方争议的关键问题。美国基于国家安全的钢铝贸易限制措施是保障措施还是国家安全措施？美国基于国家安全的钢铝贸易限制措施与WTO《保障措施协定》是否相符？美国基于国家安全的钢铝贸易限制措施与GATT 1994（《1994年关税与贸易总协定》），尤其

---

① See U. S. Department of Commerce, *The Effect of Imports of Steel on the National Security*, 2018;
See U. S. Department of Commerce, *The Effect of Imports of Aluminum on the National Security*, 2018.
② 美国法律中，类似此处"国家"的提法，也包含"经济体"在内，如"欧盟"以及其他非"国家"性质的"经济体"。全书同，不另注。

是与其第21条是否相符？相关国家的反制措施与WTO《保障措施协定》中止减让规则是否相符？相关国家的反制措施与GATT 1994"安全例外条款"是否相符？上述议题也成为目前国际经济法学界亟待研究解决的重要法律议题。

  本研究拟运用国际公法、国际经济法和WTO法的相应原理、原则和规则，正确辨析美国基于国家安全的钢铝贸易限制措施的法律性质和法律效果，深入分析解读美国基于国家安全的钢铝贸易限制措施的违法性，并寻求受害方的有效法律救济途径，建构中国应对美国基于国家安全的钢铝贸易限制措施的有效法律机制。

目 录

第一章 美国基于国家安全的钢铝贸易限制措施及其合法性争议 ………… 1
  第一节 美国基于国家安全的钢铝贸易限制措施 ……………………… 2
    一、美国基于国家安全的钢铝贸易限制措施的实施背景 …………… 2
    二、贸易摩擦中美国基于国家安全的钢铝贸易限制措施 …………… 6
  第二节 美国基于国家安全的钢铝贸易限制措施的 WTO 典型
        争端 …………………………………………………………… 16
    一、中国诉美国钢铝"232 关税"措施案（DS544）…………… 17
    二、印度诉美国钢铝"232 关税"措施案（DS547）…………… 19
    三、欧盟诉美国钢铝"232 关税"措施案（DS548）…………… 20
    四、美国诉五方钢铝贸易反制措施案（DS557~DS561）………… 23
  第三节 WTO 争端中美国基于国家安全的钢铝贸易限制措施的
        合法性问题 …………………………………………………… 25
    一、"合法性"解析 …………………………………………… 25
    二、系争措施中的合法性问题 ………………………………… 27
    三、争端双方诉求中的合法性问题 …………………………… 33
    四、诉请中的合法性问题 ……………………………………… 37

**第二章 美国基于国家安全的钢铝贸易限制措施与 WTO 保障措施规则的
       相符性问题** ……………………………………………………… 41
  第一节 美国基于国家安全的钢铝贸易限制措施的法律性质的认定
        问题 …………………………………………………………… 42

一、美国基于国家安全的钢铝贸易限制措施的属性之争：保障
措施还是国家安全措施 …………………………………………… 42
二、WTO 保障措施的构成要件及其认定标准 …………………… 45
三、美国基于国家安全的钢铝贸易限制措施构成 WTO 保障
措施 ……………………………………………………………… 47
四、美国基于国家安全的钢铝贸易限制措施并非国家安全
措施 ……………………………………………………………… 57

第二节 WTO 保障措施实施前提条件相符中的证明问题 …………… 60
一、WTO 保障措施实施前提条件相符性证明是否合规之争 …… 60
二、WTO 保障措施前提条件相符的证明义务及履行基准 ……… 62
三、美国基于国家安全的钢铝贸易限制措施违反相符性证明
义务 ……………………………………………………………… 73

第三节 WTO 保障措施实施中禁止性义务的履行问题 ……………… 83
一、WTO 保障措施实施中禁止性义务之履行是否合规之争 …… 83
二、WTO 保障措施实施中禁止性义务及履行基准 ……………… 84
三、美国基于国家安全的钢铝贸易限制措施背离 WTO 保障
措施实施的禁止性义务 ………………………………………… 92

第四节 WTO 保障措施实施的程序正义问题 ………………………… 98
一、美国基于国家安全的钢铝贸易限制措施是否符合程序正义
之争 ……………………………………………………………… 98
二、WTO 保障措施实施程序规则中必为性义务及履行基准 …… 99
三、美国基于国家安全的钢铝贸易限制措施违背 WTO 保障
措施实施程序正义规范 ………………………………………… 105

第三章 美国基于国家安全的钢铝贸易限制措施与 GATT 1994 一般规则的相符性问题 ……………………………………………………… 111

第一节 GATT 1994 最惠国待遇条款中的给惠国义务问题 ………… 112
一、美国的给惠国义务履行是否合规之争 ………………………… 112

二、GATT 1994 最惠国待遇条款中给惠国义务之履行原则 …… 113
　　三、GATT 1994 最惠国待遇条款中给惠国义务及履行基准 …… 116
　　四、美国背离 GATT 1994 最惠国待遇条款中的给惠国义务 …… 119
第二节　GATT 1994 关税减让义务的履行问题 …………………… 121
　　一、美国关税减让义务之履行是否合规之争 ……………… 121
　　二、GATT 1994 关税减让义务及其履行的必要性 ………… 121
　　三、美国基于国家安全的钢铝贸易限制措施未恪守关税减让
　　　　义务 ………………………………………………………… 123
第三节　贸易政策实施中的透明度义务问题 ……………………… 125
　　一、美国的贸易政策实施透明度义务之履行是否合规之争 … 125
　　二、GATT 1994 贸易政策实施规则中的透明度义务 ……… 126
　　三、贸易政策实施规则中的透明度义务的履行基准 ……… 127
　　四、美国基于国家安全的钢铝贸易限制措施违反贸易政策实施的
　　　　透明度义务 ………………………………………………… 129
第四节　GATT 1994 取消一般数量限制义务的履行问题 ………… 132
　　一、美国的取消一般数量限制义务之履行是否合规之争 … 132
　　二、取消一般数量限制义务履行之必要 …………………… 133
　　三、取消一般数量限制义务的履行基准 …………………… 134
　　四、美国基于国家安全的钢铝贸易限制措施背离取消一般数量
　　　　限制义务 …………………………………………………… 138

第四章　GATT 1994"安全例外条款"适用于美国基于国家安全的钢铝
　　　　贸易限制措施的所涉问题 ……………………………………… 141
第一节　GATT 1994"安全例外条款":美国基于国家安全的钢铝
　　　　贸易限制措施的抗辩依据 …………………………………… 142
　　一、GATT 1994"安全例外条款"在美国基于国家安全的钢铝
　　　　贸易限制措施案中所涉争议 ……………………………… 142
　　二、GATT 1994"安全例外条款"的设立和特性 ……………… 143

三、GATT 1994"安全例外条款"的功能及其罅隙 …………… 146
第二节　GATT 1994 安全例外的自决权与审查权问题 …………… 150
　一、GATT 1994 安全例外的自决权与审查权的博弈 …………… 150
　二、GATT 1994 安全例外的自决权与审查权的文本解读 ……… 151
　三、GATT 1994 安全例外的自决权与审查权的司法解读 ……… 151
　四、美国对 GATT 1994 安全例外的自决权与审查权的误解 …… 154
第三节　GATT 1994 第 21 条(b)款中"国家基本安全利益"的界定
　　　问题 …………………………………………………………… 155
　一、"国家基本安全利益"的范围之争 ………………………… 155
　二、"国家基本安全利益"的应然范围 ………………………… 156
　三、美国基于国家安全的钢铝贸易限制措施保护的并非"国家
　　　基本安全利益" ……………………………………………… 158
第四节　GATT 1994 第 21 条(b)款中"必需性"的认定问题 ……… 159
　一、GATT 1994"安全例外条款"中"必需性"之分歧 ……… 159
　二、GATT 1994"安全例外条款"中"必需"的应然解释 …… 160
　三、GATT 1994"安全例外条款"中"必需性"的检测标准 … 161
　四、美国基于国家安全的钢铝贸易限制措施不具有"必需性" … 161
第五节　GATT 1994 第 21 条(b)款中"国际关系紧急情况"的认定
　　　问题 …………………………………………………………… 162
　一、"国际关系紧急情况"认定之分歧 ………………………… 162
　二、"国际关系紧急情况"的应然认定 ………………………… 163
　三、美国基于国家安全的钢铝贸易限制措施实施情形不属"国际
　　　关系紧急情况" ……………………………………………… 167
第六节　"安全例外条款"的善意援引问题 ……………………… 168
　一、美国援引"安全例外条款"是否善意之举 ………………… 168
　二、援引行为与善意原则相符性的审查 ………………………… 169
　三、援引动机与善意原则相符性的审查 ………………………… 172
　四、美国违反"安全例外条款"的善意履行义务 ……………… 172

第五章　美国基于国家安全的钢铝贸易限制措施合法性争议之延伸：反制措施及其合法性 … 175

第一节　贸易摩擦中反制措施及其合法性的争议 … 176
一、贸易摩擦中的反制措施 … 176
二、反制措施合法性的争议 … 178

第二节　反制的法理依据 … 179
一、反制的自然法理据 … 180
二、反制契合 WTO 法的价值诉求 … 182

第三节　反制措施的 WTO 合规性分析 … 184
一、DSB 事先授权问题 … 184
二、反制国实施中止减让权合法 … 188

第四节　反制合法性证成的 WTO 外部国际法规则 … 191
一、反制的 WTO 外法律依据之争议及解决 … 191
二、WTO 外部国际法对反制的界定 … 197
三、反制符合国际习惯法中的反措施规则 … 201

第五节　反制合法性的边界 … 204
一、反制前提的限制 … 204
二、反制程度的限制 … 206
三、反制目的的限制 … 211

第六章　美国基于国家安全的钢铝贸易限制措施的中国应对 … 215

第一节　美国基于国家安全的钢铝贸易限制措施对我国的影响 … 216
一、影响我国对美钢铝的直接出口 … 216
二、导致我国对第三国钢铝出口量的减缩 … 218

第二节　中国政府应对美国基于国家安全的钢铝贸易限制措施的路径 … 219
一、中国政府的国际应对路径 … 219
二、中国政府的国内应对路径 … 222

第三节　我国企业应对美国基于国家安全的钢铝贸易限制措施的
　　　　路径 …………………………………………………… 223
　　一、积极参与"232调查"及其听证会 ……………………… 224
　　二、有效利用产品排除规则 ………………………………… 224
　　三、诉诸美国国内法院 ……………………………………… 225
第四节　我国应对美国基于国家安全的钢铝贸易限制措施的立法
　　　　路向 …………………………………………………… 227
　　一、中国对外贸易法在应对美国基于国家安全的钢铝贸易限制
　　　　措施上的缺陷 …………………………………………… 227
　　二、制定《中国国家经济安全保障法》…………………… 229
　　三、优化我国贸易救济立法 ………………………………… 233

结　论 ……………………………………………………………… 238

参考文献 …………………………………………………………… 240

美国基于国家安全的钢铝贸易限制措施及其合法性争议

美国依据《1962年贸易扩展法》中的"232条款"对多国出口美国的钢铝产品加征关税,受制裁国对美国基于国家安全的钢铝贸易限制措施采取贸易反制措施。美国基于国家安全的钢铝贸易限制措施所引发的激烈的贸易摩擦使美国基于国家安全的钢铝贸易限制措施的合法性问题成为国际贸易争端中亟待研究解决的重要问题。

第一节　美国基于国家安全的钢铝贸易限制措施

美国商务部于2017年4月根据《1962年贸易扩展法》中的"232条款"分别对进口钢铁和铝产品启动"232调查",2018年3月美国政府决定对进口钢铝产品分别加征25%和10%关税。美国在2018年以前鲜少基于"232条款"采用限制钢铝产品进口的措施。[①] 美国为何一改以往做法,频繁启动"232调查",并在此基础上采取限制钢铝产品进口的措施呢？美国基于国家安全实行的钢铝贸易限制措施源于其深刻的经济、政治、法律背景。

一、美国基于国家安全的钢铝贸易限制措施的实施背景

美国基于国家安全的钢铝贸易限制措施的大规模的正式实施有其特定的历史缘由,是在特殊的经济、政治、法律背景下催生的产物,有其衍生和存续的必然性。对美国基于国家安全的钢铝贸易限制措施违法性的准确判断必须建立在对美国特定历史背景进行细致分析的基础上。

---

① See the U. S. Bureau of Industry and Security, Section 232 Investigations: The Effect of Imports on the National Security, 2018.

(一) 经济背景

2008年金融危机不仅重创了世界经济,而且也致使美国经济衰退。金融危机之后,美国无论对国内经济难题还是对国际经济困境都未能拿出实质性的解决方案。①

美国国内经济经过20世纪的新经济和"去工业化"战略调整,新经济比重大幅上升,超过了钢铁和汽车。经济结构调整之后,美国从过去极具生产优势的制造业大国转型为以科技为基础、结合金融优势的新型资本发展模式。制造业部门在整个美国国民经济中的地位不断下降,在跨国企业蓬勃发展的背景下,传统制造业开始向外转移。美国制造业就业人口不断减少,制造业在GDP中的比重从1980年的20.16%下降至2012年的12.05%②,经济呈现出非常明显的去工业化特征。"去工业化"是一把双刃剑,在巩固了美国高端优势产业的同时也埋下了隐患。美国虽然控制了经济链条中利润最丰厚的部分,却造成国内产业"空心化"。奥巴马政府对去工业化进行了反思,并力推"再工业化"战略,但受制于经济规律,其效果并不十分明显。③

美国在2007年至2017年间的炼铝原料进口下降较为明显,进口额由2007年的13亿美元下降至2017年的7.1亿美元,下降了45.4%,占全球的份额也由9.9%降至5%。④ 这也反映出近年来美国国内炼铝相关产业生产能力不断下降的现实。目前,美国国内对铝半成品的需求已越来越依赖于进口。而中国作为全球最大的铝半成品出口国,近年在美国进口市场中份额快速扩张,已成为美国最大的铝半成品进口来源地。

中国、日本和欧盟等新兴市场经济体逐渐崛起,并不断消解美国的经济霸主地位。⑤ 尤其是中国、日本和欧盟的钢铁、汽车、电子产品向美国的大量输出,导致美国国内的钢铁、汽车、电子产业逐渐萧条,其产品的国际竞争力逐渐

---

① 张巍,王英伦,刘东浩.次贷危机前后十年主要经济体金融实力量化研究[J].经济学家,2019(2): 103-112.
② 闻效仪.中美贸易摩擦实质是对先进制造业的争夺[J].中国工人,2018(5): 15.
③ 胡连生.从"去工业化"到"再工业化":兼论当代资本主义日渐衰微的历史趋势[J].理论探讨,2016 (2): 163-167.
④ See U. S. Department of Commerce, *The Effect of Imports of Aluminum on the National Security*, 2018.
⑤ GIDEON R. Mapping the global future: Report of the National Intelligence Council's 2020 project [J]. Foreign Affairs, 2005, 84(3): 133.

减弱。① 为扭转美国国内产业经济的衰退局面，美国推行贸易保护主义的外贸策略，限制外国竞争商品的进口。美国以美国国内法为依据采取限制进口的单边贸易措施，为衰退的美国钢铝与汽车等产业创造改革优化的条件，企图复兴美国国内没落产业。因而，美国基于摆脱经济危机和国内钢铝汽车等产业危机的需要，以国家安全为理由而采取的钢铝贸易限制措施有其必然性。

（二）社会背景

美国经济衰退的态势与中国、西欧、日本等经济体的强劲增长形成强烈反差，这一点触动了美国有关权力转移的敏感神经。美国认为现今的美国既没有足够的能力也没有强烈的意愿像过去那样为国际社会提供足够的公共产品，导致其在多边机制中的影响力和控制力大不如前。②

美国总统特朗普上台后，他迫切需要找到合适的执政工具，在较短的时间内（特别是赶在中期选举之前）对内凝聚国内力量、避开复杂的政治羁绊，继续推动再工业化、促使资本回流以重振美国经济，对外摆脱美国认为已变得对自己不利而对竞争对手有利的多边贸易秩序的约束。美国开始推行美国优先的政策，美国关涉贸易、税收、移民、外交的决定均基于此政策。为推行美国优先的政策，美国政府一定会采取措施来保护美国国内产业，其中，违反 WTO 规则对进口产品加征高额关税成为美国政府常见的贸易保护措施。③

在这种局面下，"国家安全"为其提供了抓手。国家安全威胁论被推至台前是由于它能够很好地契合美国政府的政治需要：一方面借着 WTO 的"安全例外条款"，在国家安全威胁论的掩护下直接悬置 WTO 的关税约束，对进口产品加征关税，从而达到干预全球产业链、推动资本和制造业回流的目的；另一方面，通过建构一个外部的国家安全威胁，将内部成员的攻击冲动转向外部群体④，既有助于减少群体内成员之间的敌意行为，也有利于政府进行国内治理。

美国政府在国际经贸领域的举措呈现"泛安全化"趋势。从美国的"232 调

---

① 萨尔瓦多，陈万华.发达国家和新兴市场经济体的经济增长展望[J].产业经济研究，2016(4)：1-6.
② 陈积敏.新版《美国国家安全战略报告》评析[J].国际研究参考，2018(4)：1-8，32.
③ 赵硕刚.特朗普政府频繁发起对华贸易争端的动因、影响及对策建议[J].国际贸易，2018(5)：14-18.
④ 郦菁.美国保守主义的社会基础和特朗普政权的未来[J].文化纵横，2016(6)：52-56.

查"可见,"国家安全威胁"话语是美国政府面对国际国内形势的一种政治建构。通过这套话语,美国政府形塑现实秩序,试图对外悬置国际法、对内强化政府权力。

美国总统特朗普上台后美国经贸政策话语呈现"泛安全化"现象。"国家安全"频繁出现在美国对外经贸政策话语中,突出表现在以下三方面:首先,2017年《国家安全战略报告》高度凸显重振国内经济、增进自由公平及互惠的经济关系等议题,这些议题被归并在"繁荣"主题下,列为国家安全四大支柱之一。这份报告中,"安全"(security)出现117次,"经济"(economic)出现115次[1],突出了经济与安全的关联性。其次,在投资领域,仅2018年第一季度就以国家安全为由否决了5起中资企业赴美并购,尽管这些案件的涉案金额远远算不上引人注目,所涉及的行业也与传统国家安全的敏感行业相距甚远。2018年国会又以较快的速度通过了《外国投资风险评估现代化法案》,强化以国家安全为由对入美外资进行审查。[2] 再次,在国际贸易领域,美国先是动用许久未用的《1962年贸易扩展法》第232节对进口钢铝产品展开国家安全调查,在肯定性结论基础上对进口钢铝产品全面加征高额关税。之后不久,美国又以同样理由对进口汽车启动国家安全调查并威胁征税。

(三)法律背景

日本和西欧作为战后的新兴经济体,经济迅速发展。钢铁、汽车等产品大量销往美国。美国商品向欧盟和日本的出口则受到阻碍。美国的世界经济霸主地位逐渐削弱。为了保持美国在世界经济的霸权,美国需要更能促进经济自由化的外贸法制,而美国此前的贸易法制无法实现此目标,《1962年贸易扩展法》因此应运而生。[3]

20世纪60年代初,肯尼迪政府促使美国国会制定了《1962年贸易扩展法》,给予美国总统在对外贸易领域更大的权力。《1962年贸易扩展法》给予美国总统对进出口产品享有50%的关税减免权,美国总统拥有减免现行税率不

---

[1] WEAVER J M. The 2017 national security strategy of the United States[J]. Journal of Strategic Security, 2018, 11(1): 62-71.
[2] 冯纯纯.美国外资国家安全审查的新动向及其应对:以美国《外国投资风险评估现代化法案》为例[J].河北法学,2018,36(9):146-161.
[3] 海超.试论肯尼迪政府《1962年贸易扩展法》的出台[J].商丘师范学院学报,2009,25(5):63-66.

足5%的商品的全部关税的权力。若某产品美国和欧洲均出口,且共同出口总量占国际贸易总量的80%及以上,美国总统对此产品拥有全额免税的权力。美国总统亦被赋予农产品的关税减让权力。①

同时,《1962年贸易扩展法》保留了原贸易法在冷战时期的具有贸易保护主义功能的法律规则。《1962年贸易扩展法》中的"232条款"关于为保障国家安全需要可对进口进行限制的规定就沿袭了《1954年贸易协定延展法》的相应规定。②《1954年贸易协定延展法》中存为保障国家安全需要可对进口进行限制的规定,保障国家安全条款首次出现。美国国会在1958年又对保障国家安全条款进行修订,要求总统必须在充分考量进口产品对美国处于弱势地位的产业的影响的基础上做出对此产品进口进行限制的决定。同时,对总统作出决定的期限进行缩减。

故此,《1962年贸易扩展法》中的"232条款"赋予了美国总统为保障国家安全需要可对贸易进行限制方面的更大的权力。在美国调查部门得出产品进口对美国安全构成损害或威胁的调查结论后,美国总统有权决定对进口产品采用加征关税、设置配额等贸易限制措施。

二、贸易摩擦中美国基于国家安全的钢铝贸易限制措施

(一)"232条款"

1."232条款"的主体内容

"232条款"是指美国《1962年贸易扩展法》中的第232条,即"保障国家安全保障条款"(收录在《美国法典》第19卷1862节:19 U.S.C. §1862)。"232条款"是启动"232调查"、作出"232裁决"、加征"232关税"的法律依据。

美国商务部依照《1962年贸易扩展法》中的"232条款"的授权负责对特定进口商品进行全面调查以确定该进口商品对美国国家安全产生的影响,并在立案之后270天内向总统提交调查报告。"232调查"报告完成并提交美国总统后,如果报告确定该商品的进口威胁美国国家安全,美国总统在90天时间内考

---

① 王仕英.欧洲一体化与美国战后多边自由贸易体系的兴衰[J].山东师范大学学报(人文社会科学版),2011,56(5):106-112.
② 海超.《1962年贸易扩展法》与美国贸易政策[J].池州学院学报,2009,23(4):14-16.

虑决定是否根据"232条款"的授权做出中止减让和其他优惠的裁定并授权相关政府部门实施措施。

2. "232条款"的核心:"国家安全"

美国"232条款"即"保障国家安全条款",存在于《1962年贸易扩展法》的第4章。《1962年贸易扩展法》的第4章包括"231条款"和"232条款":"231条款"主要是对共产主义国家和区域的产品进行规定,"232条款"主要是为保障国家安全对外贸进行限制的规定。"232条款"自制定后经数次修订,现行有效的是2012年1月修订后的"232条款"。①

由于《1962年贸易扩展法》在冷战时代制定,美国"232条款"具有浓厚的意识形态的色彩。"保障国家安全条款"将国家安全凌驾于对外自由贸易之上,正是冷战思维的一种体现。

美国"232条款"的主要功能是防止因进口关税的减让或其他进口优惠措施导致大量增加的进口产品对国家安全造成损害或损害的威胁。美国"232条款"授权美国商务部协同国防部开展"232调查",对进口产品对国家安全造成损害或损害的威胁作出调查结论并将之报告给美国总统。美国总统据此作出是否对进口产品采取限制措施,以及采取何种限制措施的决定,并授权美国相关主管部门执行总统决定。美国总统需将此决定向国会报告,国会对总统作出的对进口产品采取限制措施的决定享有否决权。

3. 美国对"232条款"中"国家安全"的利己解释

在对国家安全这一概念进行解释时,美国提出"国家安全"包括但不限于"国防"要求,"国家安全"可以被广义理解为"某特定产品对国家政府和国民经济的最低程度的正常运作有重要功能,外国此种产品的大量进口危及国内此特定产品产业的安全与福祉"②。因此,国家安全在满足国防需求之外,还包含对于政府和经济的最低限度运作非常重要的特定行业的一般安全和福祉。目前对特定行业的界定尚没有明确标准,2001年对铁矿石和半成品钢的"232报告"中将其界定为出口管理局认定的28个关键工业部门,但在2018年钢铁行业报

---

① See the official website of the Government Publishing Office (GPO), https://www.gpo.gov/fdsys/granule/USCODE-2011-title19/USCODE-2011-ti-tle19-chap7-subchapII-partIV-sec1862, March 25, 2019.

② See the report of U. S. Department of Commerce Bureau of Export Administration, *The Effect of Imports of Iron Ore and Semi-Finished Steel on the National Security*, 2018.

告中又将其限定为总统21号政策指令中确定的16个关键基础设施部门。①

根据《1962年贸易扩展法》第232节第(b)(3)(A)项规定,商务部长对进口产品在一定的数量或在一定情况下对国家安全的影响进行报告并就相关发现提出建议,因此进口产品在"一定的数量或在一定情况下"对"国家安全有损害的威胁"是"232调查"的主要判断标准。根据此条款,"一定数量"或者"一定情况"这两个条件择一就可以用以证明存在威胁。当然二者也可以被放在一起考虑,特别是在原因叠加而扩大影响的情况下。但是,法条并没有进一步规定一个足以威胁国家安全的"一定数量"的准确值,也没有清楚地定义何为"一定情况"。同样,法规也并不要求发现一定的数量或情况正在损害国家安全。相反,该法条规定的仅是一定数量或情况是否可能存在对国家安全损害的威胁。因此,只要能证明存在此可能性,就可以支持肯定性裁决的得出。

美国15CFR(Code of Federal Regulations,《联邦法规汇编》)第705.4节规定了在评估产品进口对国家安全影响时,需要考虑的因素。该条分为两部分:(a)款直接关注"国防"的要求,明确"国防"是广义的"国家安全"的一部分;(b)款集中在更广泛的经济上,明确地指出,国务卿和总统"应认识到国家经济福祉与国家安全的密切关系",并考虑以下因素——进口产品的数量、可获得性、特点、用途,及以下相关问题——外国竞争对美国国内产业及国内产业福祉的影响,该进口商品导致的美国国内相关产业在技术能力或投资方面的损失、失业及政府收入的减少等,以及其他可能削弱国家经济的因素。

具体而言,美国商业与对外贸易法律体系中的第705.4节(编号:15CFR705.4)中规定的对进口产品国家安全审查的认定标准如下:

第一,美国商务部在调查与评估商品进口对国家安全影响时,应当考量所调查的商品进口数量对国家安全的影响,以及与调查商品相关的其他商品的进口对国家安全的影响。美国商务部在调查与评估商品进口对国家安全影响的过程中必须考量如下因素:(1)能保障国家安全的国内特定产品的生产总量;(2)国内特定产品的产量与产能是否能满足保障国家安全的需要;(3)生产特定产品的原料、半成品、人力资源和其他资源在供给上是否能满足保障国家安全

---

① See the report of U. S. Department of Commerce, *The Effect of Imports of Steel on the National Security*, 2018.

的需要；(4)特定产品及其产业的发展条件的供应及服务，包含产业开发与投资，是否能满足保障国家安全的需要；(5)其他任何相关因素。①

第二，美国商务部在调查进口产品的特征、功能、用途与数量时，应当考量如下因素：(1)外国特定产品的进口对相关国内保障国家安全的产业所形成的不利影响；(2)外国特定产品的进口所造成的国内产业劳工的大量失业、特定产品生产技能的消亡、特定产品相关企业的投资的流失、政府收入的缩减及其他不利后果；(3)其他任何弱化或损害美国经济的相关因素。②

上述第705.4节中的兜底条款所规定的"其他任何弱化或损害美国经济的相关因素""其他任何相关因素"，均为美国无限地扩张解释国家安全及扩张认定影响国家安全的因素，提供了法律上的依据和便利。

由此可知，首先，美国在对"232条款"中国家安全概念的界定上，着重突出国家经济基本运作也属于国家安全的一部分。其次，在国家安全判断标准方面，对由产品进口导致对国家安全损害威胁的条件规定模糊，并未设立具体的限度要求。最后，在国家安全相关考量因素上，通过列举多种可考量因素，有助于美国将任何因素均可根据需要解释为影响国家安全的因素。

（二）"232调查"

依据《1962年贸易扩展法》第232节的规定，美国商务部会同美国国防部对所特定商品的进口是否影响美国国家安全展开调查，并在调查之日起270天内向总统提交调查报告。

1. 调查的启动机构

美国最先是由财政部应急筹划与准备办公室主任负责"232调查"。1973年后"232调查"的主要负责者从美国财政部应急筹划与准备办公室主任升格为财政部长。1980年后"232调查"的主管机构从财政部变更为商务部，相应的，"232调查"的主要负责者由美国财政部长变更为美国商务部长。目前，"232调查"的主管部门为美国商务部产业和安全局（Bureau of Industry and Security，BIS）的技术评估办公室。技术评估办公室主要从事产品进口对国家安全影响的调查，并评估出口限制对美国经济利益的影响，以及出口限制对国

---

① 15 CFR 705.4 — Criteria for Determining Effect of Imports on the National Security.
② 同上。

防的影响。美国商务部产业和安全局通过对进出口贸易采取管制措施的方式来保障美国的国家安全。此外,除美国商务部为主管调查机关之外,美国国防部则为法定会同机关,美国国务院及劳工部等可为参与机关。

2. 调查的启动条件

美国商务部长自行根据部长职权启动"232调查",政府部门负责人、机构主管及相关利害关系方亦可提起"232调查"的申请。此次针对钢铁和铝制品的调查是由商务部长主动发起的。就美国立法以来的全部调查案件分析,依职权发起的调查最终多数被认定为存在国家安全威胁,但是在依申请发起调查中,仅有少数案件被做出存在威胁的认定。

商务部按规定开展的任何调查应立即通知国防部,并应就发起的任何调查所遇到的方法和政策问题咨询国防部,向其他美国联邦合适的部门寻求信息、建议与咨询。如果被认定调查可行且经过合理的通知,美国"232调查"主管部门将举行公开听证会或以其他方式给利害相关方提供陈述与调查相关的建议、提交相关信息的机会。应商务部部长要求,国防部长应向商务部部长提供按《1962年贸易扩展法》第232节规定立案调查的任何产品的国防需求评估报告。

3. 调查内容

调查内容主要包括:(1)美国国内相关产业的生产必须满足美国国防发展的需求;(2)美国国内相关产业满足美国国防发展需求的能力;(3)与上述要求相关的人力和物质资源情况;(4)该进口商品的数量和用途;(5)美国国家经济利益与美国国家安全的密切联系情况;(6)该进口商品导致的美国国内相关产业在技术能力或投资方面的损失,以及由此导致的失业以及政府收入的减少等等;(7)外国竞争对美国国内产业的影响,以及任何国内产品因过度进口该商品而导致的影响程度。

4. 调查方式

根据《1962年贸易扩展法》,此次美国进口钢铝产品"232案件"的具体调查方式如下:对美国国内进口特定产品生产、分销、进口及用户,外国进口特定产品生产及出口企业进行竞争者调查;对有关美国和全球进口特定产品生产、运营及竞争状况的数据、资料进行文献审查;在调查中,对收集的所有行业、企业及其他利害关系方的事实证据和法律抗辩资料进行听证。

5. 调查报告

商务部在对进口特定产品进行立案调查后,商务部部长需要在立案之后270天内向总统提交调查报告,调查报告应包括该进口产品以如此数量或在如此情形下进口对国家安全造成的影响的调查结论,以及商务部根据调查结论采取或不采取措施的建议。如果商务部裁定该产品正在以如此数量或以如此情形进口到美国,并威胁到美国国家安全,则商务部部长应在给总统的报告中提出具体建议。商务部部长提交报告的所有内容,除非报告包括机密信息或商业秘密,否则均应通过《联邦纪事》对外公告。

(三)"232决定"及其实施

总统在收到商务部部长提交的该进口产品正在以如此数量或在如此情形下进口并对国家安全造成的影响的调查报告时,应决定是否同意商务部的调查结论。总统在做出是否同意商务部的调查结论的决定之前应按照国家安全需要综合考虑如下因素:保障国家安全所需产品的国内产量;保障国家安全所需产业的产能及满足此产业发展的现有的与未来发展需用的原材料、产品、人力资源;对国家安全必不可少的配套供应和服务;对该产业及其配套供应和服务的增长需求,包括为确保该增长水平所需要的投资、开发和发展需求;进口产品数量、来源、特征、用途对满足国家安全需要的美国产业和产能的影响。总统在做出国内经济的削弱是否可能损害国家安全的判断时,应深刻认识到国家经济福利与国家安全紧密联系,并考虑国外竞争对单个国内产业的影响,过度进口对国内产品的替代所导致的任何实质性失业、政府收入减少、投资和技术丧失以及其他严重影响。总统在考虑上述因素的同时也不能忽略其他任何影响因素。

如果总统同意调查报告结论,应在其权限内做出对该进口产品及相关产品采取措施的方式和期限的决定,从而避免该进口产品威胁到国家安全。如果总统决定对进口产品和相关产品采取措施,则总统应该在采取措施的决定之日起15天内执行。总统在做出任何决定之日起30天内,应向国会提交书面陈述,该陈述应包括总统决定采取或不采取措施的理由。该书面陈述应包含在公开报告中。

如果总统决定采取的措施是对威胁国家安全的进口产品达成出口或进口限制协议。但总统做出采取措施的决定之日起 180 天之内,双方未达成出口或进口限制协议,或者所达成的出口或进口限制协议未妥善履行,或即使达成出口或进口限制协议,但仍然未能有效免除产品进口对国家安全所致威胁,则总统可采取其认为对管制此特定产品进口所必需的其他额外措施,从而避免该产品进口对国家安全构成威胁。总统采取的任何额外措施及理由均应在《联邦纪事》上公告。如果总统决定不采取额外措施,总统应当在《联邦纪事》上公告该决定以及做出该决定的理由。

根据《1962 年贸易扩展法》,无论美国商务部的调查结论怎样,美国总统均有权就进口特定产品的最终措施做出以下几方面的决定:最终措施内容,包括加征关税、数量限制、终止进口、双边协议等;实施措施时限;执行措施范围,产品范围、国别范围等;是否与应诉国别展开磋商并达成妥协。可见,"232 条款"缺乏任何"清晰的原则"来限制总统权力。"232 条款"除了允许总统"开放式"应对进口产品可能造成的威胁外,还允许总统将任何影响美国经济的因素都视为国家安全的威胁。因此,如果总统认为有必要的话,可以无限制地施加关税或其他贸易壁垒,以确保"进口产品不会威胁到美国国家安全"。由此可见,美国总统在"232 条款"项下享有无限制的绝对自由决定权。

(四)"232 关税"的排除与豁免

2018 年 3 月 8 日,美国总统签署了公告 9705 号(铝产品为 9704 号)。2018 年 3 月 19 日,美国商务部下属的产业和安全局(BIS)正式在美《联邦公报》上发布了《关于钢铁和铝产品进口调整措施的排除申请程序及反对排除程序的暂行条例》(简称《排除条例》,全文相同),初步规范了调查执行中的被调查产品排除程序。由美国产业和安全局起草的关于申请将钢铁和铝产品排除于美国基于国家安全的钢铝贸易限制措施之外的暂行条例于 2018 年 3 月 19 日生效。

《排除条例》授权商务部在与国防部长、财政部长、国务卿、美国贸易代表、经济政策助理、国家安全事务主席助理和其他合适的高级行政部门官员磋商后,如果面临钢铁(铝)产品在美国未以足够或者合理的数量或者令人满意的质量生产的情况,或是基于特定的国家安全考虑,可以对受关税影响的美国当事方予以关税免除。

为保证排除程序的公正、透明和高效,美国产业和安全局根据评论意见对程序进行了修订,于2018年9月11日正式在美《联邦公报》上发布修订后的程序,修订后的程序自发布之日生效。具体来说,美国产业和安全局在排除程序中增加了利益相关方提交反驳书状及再反驳书状的机会。

《排除条例》主要包括排除申请、排除反对及对反对的反驳、对排除申请与反对意见的审查等方面的规定。

1. 排除申请

在排除申请与排除反对的主体方面,《排除条例》规定只有在美国将钢材(铝产品)用于商业活动,如建筑、制造或向用户提供钢铁产品(铝产品)中的个人或组织,才能提交排除申请,才能作为提交排除请求的主体。排除反对主体只能是美国境内的个人或组织。

在排除申请的识别上,条例规定商务部将批准在产品基础上的排除申请,批准效力将仅限定于提交特定排除申请的个人或组织,除非商务部批准了可适用于其他进口商的范围更广的申请。对于一个已经得到排除申请批准的钢铁或铝产品,其他个人或组织还可以提交排除申请。这些其他个人或组织提出的额外排除申请不需要参考先前批准的申请,但是商务部在审查随后的申请时可以参考先前的申请。若有关一个产品的排除申请被否决或不再生效,美国其他个人或组织仍旧可以对此产品提出排除申请。

在排除申请的内容方面,《排除条例》规定排除申请必须指明申请者参与并为其提出排除申请的在美国的商业活动。该申请必须明确指出或提供支持排除的基础。只有该产品在美国未以足够或者合理的数量或者令人满意的质量生产,或是基于特定的国家安全考虑,排除申请才能得到批准。

在产品排除的范围上,《排除条例》规定被批准的排除仅适用于某个具体的产品,并且仅适用于提出排除申请的个人或组织,除非美国商务部基于排除申请批准该等排除适用于更多的进口商。

若其他主体就同一产品再次提出排除申请,对于已被批准排除的产品,其他个人或组织需要另行提交排除申请。此类申请不必援引之前的申请及批准,但美国商务部会在审查时考虑之前的排除情况。对于某一产品,原先的排除申请被拒绝或失效,不影响对该产品再次提出的排除申请。

在保密要求方面,《排除条例》规定申请人可以主张对部分信息予以保密。但申请中不得含有政府限制获得和传播的信息,以及可识别个人的信息。此外,排除申请无提交时限要求,一切排除申请可以在任何时间以电子形式提交给联邦立法门户网站。

2. 排除反对及对反对的反驳

依据《排除条例》的规定,排除反对主体只能是美国境内的个人或组织。反对意见应在排除申请公布后30日内提交。

提交排除申请一方可对反对意见提出反驳书状。提交了排除申请的利益相关方,可提交针对排除申请的任何反对意见的反驳书状。提交反驳书状时,利益相关方应说明是对哪一项反对意见的反驳。反驳书状应主要对反对意见中的事实错误和误解进行纠正和澄清。美国商务部需要一定时间对反对意见进行审查,故反对意见提交截止后的第1~15天之间,美国商务部会随机通知利益相关方提交反驳书状。反驳书状应在美国商务部通知后的7天内提交。对于之前已提交、有反对意见,且尚未最终裁定的排除申请,利益相关方可在2018年9月11日起的7日之内提交反驳书状。

提交反对意见一方可对反驳书状提出再反驳书状。提交了反对意见的利益相关方,可在提交申请的一方提交反驳书状后,提交针对反驳书状的再反驳书状。提交再反驳书状时,利益相关方应说明是对哪一项反驳书状的再反驳。再反驳书状应主要对反驳书状中的事实错误和误解进行纠正和澄清。美国商务部需要一定时间对反驳书状进行审查,故反驳书状提交截止后的第1~15天之间,美国商务部会随机通知利益相关方提交再反驳书状。再反驳书状应在美国商务部通知后的7天内提交。

3. 对排除申请与反对意见的审查

在审查实体标准方面,条例要求只有在国内产业没有生产,或无法在数量或质量上满足国内需求,或出于特定的国家安全考虑,申请才能被批准。

在审查程序方面,条例排除申请提交后的最初30天内,美国利害关系方可提交反对意见。其后60天内,美国商务部将审查排除申请及反对意见。整个审查流程预计为90天。不满足以"所需表格"要求的排除申请被视为不完整申请,将被拒绝。对于完整的申请,商务部将在联邦立法网站上公布对每个申请的答复。得到批准的排除申请将在网站发布后的 5 个工作日后生效。自该日起,请求者将可依据得到批准的排除申请来计算相应产品的关税。排除通常的生效期为一年。

在审查期限和任何所需变更的执行方面,《排除条例》规定审查期限一般不超过 90 天。其他的美国政府机构,如美国国际贸易委员会和美国海关与边境保护局,将会采取批准排除申请所需的额外步骤。美国商务部将会向美国海关与边境保护局提供得到批准的排除申请的各项信息。个人或组织需按美国海关与边境保护局要求的形式向其报告有关得到批准的排除申请的信息。这些排除标识将被由美国海关与边境保护局统计下的进口商所使用,以便美国海关与边境保护局来决定一项进口是否属于得到批准的排除范围之内。

在生效日期和有效期方面,商务部对排除申请及反对意见的审查结果将会在官网上公布。被批准的排除申请将在审查结果公布的 5 个工作日后生效,有效期通常为 1 年。自生效之日起,申请人可根据批准文件上所列的条件计算产品进口关税。批准的有效期追溯至产品排除申请提出之日。由于有效期仅为 1 年,因此相关利害关系方需要至少在获批的产品排除到期前 90 天再次提出申请,以避免因丧失有效的排除批准而无法顺利清关。

4. 钢铝关税的豁免

美国首先豁免邻国的钢铝关税。钢铝关税豁免适用于加拿大和墨西哥,加拿大和墨西哥出口到美国的钢铝产品无需交钢铝关税。美国豁免加拿大和墨西哥出于几方面的因素,包括:共同承诺相互支持解决对国家安全的关注;共同承诺解决全球产能过剩;相关产业基地在物理上邻近;加拿大和墨西哥对美国钢铁和铝产品出口情况;三国之间强劲的经济一体化;美国经济福祉与国家安全的密切关系。

美国豁免自愿实行钢铝出口限制的国家的钢铝关税。任何与美国有安全关系的国家,都可以在与美国谈判磋商出解决该国出口所导致的国家安全问题的替代方法(如自动出口限制或配额)后,美国可采取取消或修改限制措施的豁免办法。

2018 年 3 月 23 日"232 调查"的限制措施生效,美国对钢铁征收的税率为 25%,对铝产品征收的税率为 10%。其中根据 3 月 22 日的修改,豁免实施的国家包括：阿根廷、澳大利亚、巴西、加拿大、墨西哥、欧盟成员国、韩国。这些国家已经通过与美国开展对话、谈判磋商，做出令美国满意的出口国自愿出口限制等替代措施。美国与韩国之间达成的含有自动出口限制内容的协议规定，美国于2018年5月1日对从2018年开始的每个日历年对从韩国进口钢材的重量实行配额限制，美国对从韩国进口的钢铝产品实行永久的"232关税"豁免。2018年6月1日，美国与阿根廷和巴西之间达成的含有自动出口限制内容的协议规定，美国对阿根廷和巴西从2018年开始的每个日历年进口钢材的重量实行配额限制，同时，美国对阿根廷和巴西进口钢铝产品实行永久的"232关税"豁免。

第二节　美国基于国家安全的钢铝贸易限制措施的 WTO 典型争端

美国基于国家安全对世界多国出口美国的钢铁和铝产品采取贸易限制措施后，被征收"232关税"的9个国家均向 WTO 争端解决机构提出磋商请求，启动针对美国钢铝贸易限制措施的 WTO 争端解决程序。① 与此相对的是，美国也就加拿大、中国、欧盟、墨西哥和土耳其对于"232关税"措施的反制措施向 WTO 争端解决机构提出磋商请求，启动针对反制措施的争端解决的 DS557-561 案。

中国、印度、欧盟诉美国钢铝产品特定措施案具有代表性。美国钢铝贸易限制措施的反制措施案亦具有代表性。下述将详细分析中国、印度、欧盟诉美国基于国家安全的钢铝贸易限制措施的 WTO 争端及美国钢铝贸易限制措施的反制措施案，以探求美国基于国家安全的钢铝贸易限制措施争端中的焦点和关键问题。

---

① 中国诉美国钢铝"232关税"措施案（DS544案）；印度诉美国钢铝"232关税"措施案（DS547）；欧盟诉美国钢铝"232关税"措施案（DS548）；加拿大诉美国"232关税"措施案（DS550）；墨西哥诉美国"232关税"措施案（DS551）；挪威诉美国"232关税"措施案（DS552）；俄罗斯诉美国"232关税"措施案（DS554）；瑞士诉美国"232关税"措施案（DS556），土耳其诉美国"232关税"措施案（DS564）。

一、中国诉美国钢铝"232 关税"措施案(DS544)

(一) 案件事实

美国商务部依照《1962 年贸易扩展法》第 232 节对钢铝产品进口是否会危及美国国家安全展开调查。美国总统依据此调查报告于 2018 年 3 月 8 日签署公告,对中国出口美国的钢铁产品征收 25% 的关税①,对中国出口美国的铝产品征收 10% 的关税②,已于 3 月 23 日正式生效。

中国于 2018 年 4 月 5 日就美国进口钢铁和铝产品 232 措施,在 WTO 争端解决机制项下向美方提出磋商请求,正式启动争端解决程序。③ 中国于 2018 年 7 月 19 日与美国举行了磋商,但磋商未能实质性解决争端。中国于 2018 年 10 月 19 日依据《争端解决机制》第 4 条和第 6 条、GATT 1994 年第 23 条和《保障措施协定》第 14 条申请设立专家组。④ 2018 年 1 月 28 日,本案的专家组建立。⑤

(二) 中国的诉求

中国认为美国基于国家安全的钢铝贸易限制措施与美国在 WTO 法律体系项下的义务不一致。美国基于国家安全的钢铝贸易限制措施违反 GATT 1994 和《保障措施协定》项下的义务。美国基于国家安全的钢铝贸易限制措施违反 GATT 1994 的相关规定,美国对进口钢铝加征关税违反美国所作的关税减让承诺。美国对来源于不同国家的钢铝产品征收不同的关税,违反最惠国待遇条款。美国实施与措施相关的法律及决定的方式不公正、不统一、不合理,违反贸易条例实施规则的要求。美国基于国家安全的钢铝贸易限制措施违反《保

---

① See *Adjusting Imports of Steel into the United States*,including the Annex,*To Modify Chapter 99 of the Harmonized Tariff Schedule of the United States*(Presidential Proclamation 9705,issued on 8 March 2018),83 FR 11625-11630,March 15,2018.

② See *Adjusting Imports of Aluminum into the United States*,including the Annex,*To Modify Chapter 99 of the Harmonized Tariff Schedule of the United States*(Presidential Proclamation 9704,issued on 8 March 2018),83 FR 11619-11624,March 15,2018.

③ *United States — Certain Measures on Steel and Aluminium Products — Request for Consultations by China*,WT/DS544/1·G/L/1222·G/SG/D50/1.

④ *United States — Certain Measures on Steel and Aluminium Products — Request for the Establishment of a Panel by China*,WT/DS544/8.

⑤ *United States — Certain Measures on Steel and Aluminium Products — Constitution of the Panel Established at the Request of China — Note by the Secretariat*,WT/DS544/9.

障措施协定》的相关规定。美国基于国家安全的钢铝贸易限制措施实质上是保障措施。美国故意曲解钢铝贸易限制措施的法律性质,未能充分证明因存在不可预见的情形导致钢铝产品进口增加,也未充分证明在此种情形下的进口增加导致美国国内相关产业受到严重损害或威胁。此外,美国违反磋商与通知的程序要求。美国也未采用合适的方式实施措施,美国未设立措施终止的时间,而且美国针对不同来源的产品采取不同的措施。美国所采取的措施使得中国在有关协定项下直接或间接产生的利益正在丧失或减损。中国保留提出更多事实和法律诉求的权利。①

(三) 美国的抗辩

美国认为,关税是调整可能损害美国国家安全的钢铁和铝制品进口所必需的措施。国家安全问题是不易审查,也不能够通过 WTO 争端解决机制解决的政治问题。WTO 的每一个成员均有依据 GATT 1994 第 21 条采取保障其本国国家安全措施的自决权利。美国依据《1962 年贸易扩展法》第 232 条规定所征收的"232 关税"是基于国家安全的考虑,WTO 争端解决机构无权审查,也不能够通过 WTO 争端解决机制解决。美国基于国家安全的钢铝贸易限制措施是保障国家安全的措施,WTO 争端解决机构对此没有审查的权力。

美国认为《保障措施协定》不能适用于基于国家安全的钢铝贸易限制措施。根据《1962 年贸易扩展法》第 232 条规定的关税征收措施不是保障措施,而是对可能损害美国国家安全的钢铁和铝制品进口征收关税。美国没有根据《1974 年贸易法》第 201 条采取措施,而《1974 年贸易法》第 201 条才是美国实施保障措施的法律。因此,美国认为中国、欧盟等成员认定美国基于国家安全的钢铝贸易限制措施是保障措施是没有法律依据的。中国、欧盟、澳大利亚等国不能根据《保障措施协定》第 8.2 条采取反制措施。②

---

① United States — Certain Measures on Steel and Aluminium Products — Request for the Establishment of a Panel by China,WT/DS544/8.
② United States — Certain Measures on Steel and Aluminum Products — Communication from the United States,WT/DS544/2,WT/552/9,WT548/13.

二、印度诉美国钢铝"232 关税"措施案(DS547)

(一)案件事实

美国商务部依据《1962 年贸易扩展法》中的"232 条款"对钢铝产品进口是否危及美国国家安全展开调查。美国总统于 3 月 8 日签署公告,对印度出口美国的钢铁产品征收 25% 的关税①,对印度出口美国的铝产品征收 10% 的关税②,已于 3 月 23 日正式生效。

为反制美国对钢铁、铝制品采取的 232 国家安全调查措施,印度于 2018 年 5 月 23 日,通过世界贸易组织争端解决机构(Dispute Settlement Body, DSB)向美方提出磋商请求(DS547)③,启动了争端解决程序。2018 年 11 月 9 日,鉴于美国拒绝磋商,印度申请成立专家组。④ 2018 年 1 月 28 日,本案的专家组建立。⑤

(二)印度的诉求

印度认为美国基于国家安全的钢铝贸易限制措施与美国在 WTO 法律体系项下的义务不一致。美国基于国家安全的钢铝贸易限制措施违反 GATT 1994 和《保障措施协定》项下的义务。美国对钢铁和铝征收的进口关税超过了美国减让表规定的税率。美国的措施在效果和实质上构成保障措施,该措施在实体上和程序上都不符合 GATT 1994 和《保障措施协定》的规定。美国采取了自愿出口限制、有秩序销售协定以及其他类似的进出口措施,涉案措施暗含着配额限制。美国未遵守保障措施应当不考虑其来源进行统一适用,豁免部分国家构成对印度的歧视。美国未能以统一、公正和合理的方式管理有关措施方面

---

① See *Adjusting Imports of Steel into the United States*, including the Annex, *To Modify Chapter 99 of the Harmonized Tariff Schedule of the United States*(Presidential Proclamation 9705, issued on 8 March 2018),83 FR 11625-11630, March 15, 2018.

② See *Adjusting Imports of Aluminum into the United States*, including the Annex, *To Modify Chapter 99 of the Harmonized Tariff Schedule of the United States*(Presidential Proclamation 9704, issued on 8 March 2018),83 FR 11619-11624, March 15, 2018.

③ *United States — Certain Measures on Steel and Aluminium Products — Request for Consultations by India*, WT/DS547/1·G/L/1238·G/SG/D53/1.

④ *United States — Certain Measures on Steel and Aluminium Products — Request for the Establishment of a Panel by india*, WT/DS547/8.

⑤ *United States — Certain Measures on Steel and Aluminium Products — Constitution of the Panel Established at the Request of India Note by the Secretariat*, WT/DS547/9.

的法律、法规、判决和裁定。印度不仅就其在有关协定项下直接或间接产生的利益丧失或减损提起违反之诉,还同时依据 GATT 1994 第 23 条第 1 款(b)项提起了非违反之诉。印度保留提出更多事实和法律诉求的权利。①

(三) 美国的抗辩

美国认为,根据《1962 年贸易扩展法》第 232 条规定的关税是国家安全问题,不易审查也不能通过 WTO 争端解决方案解决。印度的要求涉及美国总统根据《1962 年贸易扩展法》第 232 条对进口钢和铝制品征收的关税。关税是调整可能损害美国国家安全的钢铁和铝制品进口所必需的。国家安全问题是不受 WTO 争端解决机制审查且不是其能够解决的政治问题。世界贸易组织的每一成员都有权依据 GATT 1994 第 21 条自行确定其认为必要的保护其基本安全利益的事项。

印度的请求声称符合《保障措施协定》第 14 条。但是,根据第 232 条规定的关税不是保障措施,而是对可能损害美国国家安全的钢铁和铝制品进口征收关税。美国没有根据《1974 年贸易法》第 201 条采取行动,这才是美国实施保障措施的法律。因此,美国需要根据《保障措施协定》就"232 条条款"的关税征求意见没有法律依据,《保障措施协定》中的协商条款也不适用。

美国认为印度于 2018 年 5 月 18 日称根据《保障措施协定》第 8 条第 2 款发出通知表示其意图暂停 WTO 关税减让义务。由于根据"232 条款"规定的关税不是保障措施,美国认为《保障措施协定》第 8 条第 2 款并不能证明印度暂停 WTO 关税减让义务是正当的。印度没有宣称其措施有其他理由。因此,印度的反制没有 WTO 规则的基础。②

三、欧盟诉美国钢铝"232 关税"措施案(DS548)

(一) 案件事实

美国商务部依据《1962 年贸易扩展法》中的"232 条款"对钢铝产品进口是

---

① United States — Certain Measures on Steel and Aluminium Products — Request for the Establishment of a Panel by India,WT/DS547/8.
② United States — Certain Measures on Steel and Aluminium Products — Communication from the United States,WT/DS547/7.

否危及美国国家安全展开调查。美国总统 3 月 8 日签署公告,对出口美国的钢铁产品征收 25% 的关税①,对出口美国的铝产品征收 10% 的关税②,5 月 31 日,美国宣布对欧盟征收 25% 的钢铁关税③,征收 10% 的铝关税。④ 关税于 6 月 1 日生效。

为反制美国对钢铁、铝制品采取的 232 国家安全调查措施,欧盟于 2018 年 6 月 6 日,通过世界贸易组织争端解决机构向美方提出磋商请求(DS547)⑤,启动了争端解决程序。2018 年 10 月 19 日,欧盟申请成立专家组。⑥ 2018 年 1 月 28 日,本案的专家组建立。⑦

(二) 欧盟的诉求

欧盟认为美国基于国家安全的钢铝贸易限制措施属于 WTO 项下的保障措施,除了详细列明各项 as applied 违规外,还就美国"232 调查"规则提出了"as such"违反主张。欧盟认为美国基于国家安全的钢铝贸易限制措施违反保障措施协定采取 GATT 1994 第 19 条项下的措施。在相关产品并未在"不可预见的发展"情况下,"进口产品数量确属巨大"且"情况确属严重",以至"对国内产业造成严重损害或威胁"的情况下,停止关税减让。美国基于国家安全的钢铝贸易限制措施违反《保障措施协定》项下的通知、磋商等程序性规则;违反实施保

---

① See *Adjusting Imports of Steel into the United States*, including the Annex, *To Modify Chapter 99 of the Harmonized Tariff Schedule of the United States* (Presidential Proclamation 9705, issued on 8 March 2018), 83 FR 11625-11630, March 15, 2018.
② See *Adjusting Imports of Aluminum into the United States*, including the Annex, *To Modify Chapter 99 of the Harmonized Tariff Schedule of the United States* (Presidential Proclamation 9704, issued on 8 March 2018), 83 FR 11619-11624, March 15, 2018.
③ See Presidential Proclamation of 31 May 2018, *Adjusting Imports of Steel into the United States*, amending Proclamation 9705 of 8 March 2018, as amended by Proclamation 9711 of 22 March 2018 and Proclamation 9740 of 30 April 2018.
④ See Presidential Proclamation of 31 May 2018, *Adjusting Imports of Aluminum into the United States*, amending Proclamation 9704 of 8 March 2018, as amended by Proclamation 9710 of 22 March 2018 and Proclamation 9739 of 30 April 2018.
⑤ *United States — Certain Measures on Steel and Aluminium Products — Request for Consultations by the European Union*, WT/DS548/1・G/L/1243・G/SG/D54/1.
⑥ *United States — Certain Measures on Steel and Aluminium Products — Request for the Establishment of a Panel by the European Union*, WT/DS548/14.
⑦ *United States — Certain Measures on Steel and Aluminium Products — Constitution of the Panel Established at the Request of the European Union — Note by the Secretariat*, WT/DS548/15.

障措施的非歧视性原则;未实施《保障措施协定》项下的适当调查;亦未公布相关的法律、证据及分析报告;未就《保障措施协定》项下的严重损害或严重损害威胁做出认定;未就《保障措施协定》项下的其他对国内产业造成影响的因素进行分析,亦未就进口激增与严重损害及严重损害威胁之间的因果关系进行论证;美方措施超过《保障措施协定》项下救济措施的必要限度;未对进口份额在3%以下,合计份额不超过9%的发展中国家做出排除;违反实施保障措施的必要期间,亦未界定4年期限以及按照固定时间间隔逐渐放宽措施;违反关税约束及减让规则;违反最惠国待遇原则;违反统一、公证、合理的执法原则。美方措施寻求数量限制。美国《1962年贸易扩展法》的232节"as such"以国家安全为由,对进口产品实施加征关税等措施,借机对其国内产业进行保护,使其免受竞争并得以自保的做法,违反美国应当确保其国内法律法规符合WTO规则的义务。

(三)美国的抗辩

美国认为,根据《1962年贸易扩展法》第232条规定的关税是国家安全问题,不易审查也不能通过WTO争端解决方案解决。欧盟的要求涉及美国总统根据《1962年贸易扩展法案》第232条对进口钢和铝制品征收的关税。关税是调整可能损害美国国家安全的钢铁和铝制品进口所必需的。国家安全问题是不受WTO争端解决机制审查且不是其能够解决的政治问题。世界贸易组织的每一成员都有权依据GATT 1994第21条自行确定其认为必要的保护其基本安全利益的事项。

欧盟的请求声称符合《保障措施协定》第14条。但是,根据《1962年贸易扩展法》第232条规定的关税不是保障措施,而是对可能损害美国国家安全的钢铁和铝制品进口征收关税。美国没有根据《1974年贸易法》第201条采取行动,这才是美国实施保障措施的法律。因此,美国需要根据《保障措施协定》就《1962年贸易扩展法》第232条规定的关税征求意见没有法律依据,《保障措施协定》中的协商条款也不适用。

美国认为欧盟于2018年5月18日称根据《保障措施协定》第8.2条发出通知表示其意图对美国暂停WTO关税减让义务。由于根据《1962年贸易扩展法》第232条规定的关税不是保障措施,美国认为《保障措施协定》第 8.2 条并不能证明欧盟对美国暂停 WTO 关税减让义务是正当的。欧盟没有宣称其措施有其他法律依据。因此,欧盟的反制没有 WTO 规则的基础。①

四、美国诉五方钢铝贸易反制措施案(DS557~DS561)

(一)案件事实

为平衡因美国对进口钢铁和铝产品基于国家安全的钢铝贸易限制措施给国家利益造成的损失,维护国家利益,美国基于国家安全的钢铝贸易限制措施的受损国——中国、欧盟、加拿大、墨西哥和土耳其分别对原产于美国的部分进口商品中止关税减让义务。中国自 2018 年 4 月 2 日起对价值 30 亿美元的美国商品征收 15%至 25%的关税。② 欧盟有两个关税清单:第一个自 2018 年 6 月 22 日起对价值 32 亿美元的美国商品征收 15%至 25%的关税;第二个自 2021 年 6 月 1 日起对价值 42 亿美元的美国商品征收 10%至 50%的关税。③ 土耳其自 2018 年 6 月 21 日起对价值 18 亿美元的美国商品征收 4%至 70%的关税。④ 加拿大自 2018 年 7 月 1 日起对价值 127 亿美元的美国商品征收 10%至 25%的关税。⑤ 墨西哥的报复性关税分别于 2018 年 6 月 5 日和 2018 年 7 月 5 日分两次生效,对价值 36 亿美元的美国商品征收 7%至 25%的

---

① United States — Certain Measures on Steel and Aluminium Products — Communication from the United States, WT/DS548/13.
② 《国务院关税税则委员会对原产于美国的部分进口商品中止关税减让义务的通知》(国务院关税税则委会〔2018〕13 号,2018 年 4 月 1 日发布,自 2018 年 4 月 2 日起施行)。
③ Commission Implementing Regulation (EU) 2018/886 of 20 June 2018 on Certain Commercial Policy Measures concerning Certain Products Originating in the United States of America and amending Implementing Regulation (EU) 2018/724, Official Journal of the European Union, June 21, 2018; Commission Implementing Regulation (EU) 2018/724 of 16 May 2018 on Certain Commercial Policy Measures concerning Certain Products Originating in the United States of America, Official Journal of the European Union, May 17, 2018.
④ Decision on Implementation of Additional Duties for the Import of Certain Products Originating in the United States of America, Council of Ministers Decision No. 11973/2018, Official Gazette No. 30459, June 25, 2018; Decision to Amend the Decision to Impose Additional Duties on the Import of Some Products Originating From the United States of America, Presidential Decree No. 21, Official Gazette No. 30510, August 15, 2018.
⑤ Customs Notice 18-08 Surtaxes Imposed on Certain Products Originating in the United States, Canada Border Services Agency, June 29, 2018, rev. May 16, 2019.

关税(上述所有数字均基于 2017 年的贸易额)。① 2018 年 7 月 16 日,美国就中国、欧盟、加拿大、墨西哥和土耳其对于"232 关税"措施的反制措施,在 WTO 争端解决机制项下提出磋商请求。2018 年 10 月 18 日,美国向 WTO 争端解决机构申请成立专家组。2019 年 1 月 28 日,专家组成立。

(二) 美国诉求与五方抗辩

美国认为中国、欧盟、加拿大、墨西哥和土耳其的额外关税反制措施与其应承担的 WTO 义务不一致。第一,五方的关税反制措施违反 GATT 1994 第 1 条的最惠国义务,中国、欧盟、加拿大、墨西哥和土耳其没有向美国产品提供其给予来源于其他 WTO 成员的产品进口方面的关税优惠、特权或豁免权。中国、欧盟、加拿大、墨西哥和土耳其对来自美国的产品的待遇不如中国、欧盟、加拿大、墨西哥和土耳其的承诺表所规定的优惠待遇。第二,五方的关税反制措施违反 GATT 1994 第 2 条的关税减让义务,中国、欧盟、加拿大、墨西哥和土耳其对来自美国的产品的征收的关税超出中国、欧盟、加拿大、墨西哥和土耳其的承诺表规定的关税或收费。中国、欧盟、加拿大、墨西哥和土耳其的额外的关税反制措施无效或损害了美国在 GATT 1994 项下的直接或间接产生的利益。②

美国认为其对进口钢铁和铝产品征收的"232 关税",系依据美国《1962 年贸易扩展法》和 GATT 1994 第 21 条,有正当法律依据。但是五方针对美国基于国家安全的钢铝贸易限制措施所征收的报复性反制关税则毫无法律依据。美国认为,无论是依据美国国内法还是国际贸易规则,美国基于国家安全的钢铝贸易限制措施均是美国在保护自身利益,敦促其他成员国与美国合作解决钢铁和铝行业大规模持续产能过剩所带来的问题。无论是依据美国国内法还是国际贸易规则,美国基于国家安全的钢铝贸易限制措施均完全合理合法,中国、欧盟、加拿大、墨西哥和土耳其对于"232 关税"措施采取的反制措施及征收的报复性关税,违反五国应承担的 WTO 义务。

---

① Decree Modifying the Tariff Schedule of the Law of General Import and Export Taxes, the Decree Establishing the General Import Tax Rate applicable during 2003 for goods originating in North America, and the Decree Establishing Various Sectoral Promotion Programs (enacted June 5, 2018; effective June 5, 2018).

② Additional Duties on Certain Products from the United States — Request for the Establishment of a Panel by the United States, WT/DS557/2, WT/DS558/2, WT/DS559/2, WT/DS560/2, WT/DS561/2.

被申诉方抗辩称，美国基于国家安全的钢铝贸易限制措施借保障美国国家安全的名义施行贸易保护主义的单边措施。美国基于国家安全的钢铝贸易限制措施背离WTO规则，违反其应尽的义务，严重损害被申诉方的国家利益。被申诉方在WTO争端解决机制项下提出与美国就美国基于国家安全的钢铝贸易限制措施争端进行磋商的要求，美国消极磋商，导致美国基于国家安全的钢铝贸易限制措施争端未获有效解决。被申诉方系依据《保障措施协定》第8条第2款采取反制措施，反制有合法依据。因此，针对美国基于国家安全的钢铝贸易限制措施的反制措施具有合法性和正当性。

第三节　WTO争端中美国基于国家安全的钢铝贸易限制措施的合法性问题

一、"合法性"解析

"合法性"一词广泛使用于政治学、法哲学、社会学中，拉丁文语为"Legitimacia"，涵括"合法（法律）""正义""正当"等意；英语中表示合法性的单词为"legitimacy"，按照对合法性的起源问题作过表述的作者提供的资料看，这个词不会出现在中世纪之前。legitimacy（合法性）这个词首先出现在中世纪的文件中，保留了与法律相一致的意思。[①] 由于合法性一词首先出现于西方中世纪，这是因为西方启蒙时代人们对于现存统治在"自然法、形而上学、神学的正当性解释基础发生断裂，进而正当性演变为'合法性'，从而正当性成为严峻的现代问题"[②]。自此以降，合法性逐步演化为西方现代的一个主流话题，从政治学流泛于哲学、法学、社会学等领域。"合法性问题是政治学的核心，它不是某一专门学科的专有术语。哲学和政治学、法学、社会学和政治人类学近年来都十分关注合法性问题。大量关于合法性的文献充分表明了这一点……合法性

---

① 思古德.什么是政治的合法性[J].王雪梅，译.外国法译评，1997(2)：12-19.
② 刘杨.正当性与合法性概念辨析[J].法制与社会发展，2008，14(3)：12-21.

就是对治权的认可。"①

　　社会学家马克斯·韦伯(Max Weber)把统治的合法性提高到信仰的高位，他认为："一切经验表明，没有任何一种统治自愿地满足于仅仅以物质的动机或者仅仅以情绪的动机，或者仅仅以价值合乎理性的动机，作为其继续存在的机会。毋宁说，任何统治都企图唤起并维持对它的'合法性'的信仰。"②同时韦伯对合法性作了集中、系统的论述，他认为"合法统治有三种类型：合理型、传统型和魅力型。合理型统治是建立在统治者的章程所规定的制度和指令的合法性之上的；传统型统治是建立在一般的相信历来适用的传统的神圣性和传统授命实施权威的统治者的合法性之上的；魅力型统治是建立在非凡的献身于一个人以及由他所默示和创立的制度的神圣性，或英雄气概、楷模样板之上的。"③韦伯这种合法性的理性判断招致了汉娜·F.皮特金(Hanna F. Pitkin)等学者的批判："在努力试图让社会学家避免做出判断并采取一种立场的过程中，韦伯实际上是使任何人试图根据理性的、客观的标准来判断合法性与非法性的努力都显得不可思议。"④这实际上是对马克斯·韦伯的误读，因为韦伯曾明确指出，"价值合乎理性的适用的最纯粹的类型，是用'自然法'来表述的。……今天最为流行的合法形式是对合法的信仰：对形式上具体地并采用通常形式产生的章程的服从。"⑤韦伯在这里所说的合法性并不仅仅指社会学、政治学等领域的合法性，还包含了价值哲学、法律教义学等视域的合法性。

　　由上述内容而知，合法性既包含正当性，又要求符合法律性之义。但是合法性首先要合乎法律性，否则合法性是不可能的，也是不合乎正当性的，这就使正当性与合法律性有着内在的统一性，这是因为"以合法律性为中介的合法性之所以可能，是因为产生法律规范的程序也是在道德实践之程序合理性的意义上是合理的，是在这种意义上合理地实施的。合法律性的合法性之所以可能，

---

① 思古德.什么是政治的合法性[J].王雪梅,译.外国法译评,1997(2)：12-19.
② 卡米克,戈尔斯基,特鲁贝克.马克斯·韦伯的经济与社会：评论指针[M].王迪,译.上海：上海三联书店,2014：238-239.
③ 刘杨.正当性与合法性概念辨析[J].法制与社会发展,2008,14(3)：12-21.
④ PITKIN H F. Wittgenstein and justice[M]. Berkeley: University of California Press, 1973: 283.
⑤ 韦伯.经济与社会：上卷[M].林荣远,译.北京：商务印书馆,1997：67.

是因为法律程序与服从其自身程序合理性的道德论辩之间的一种相互交叉"①。综上所述,合法性包含了正当性与合乎法律性,且正当性与合法律性有内在的逻辑一致性,这要求合乎的法律必须是良法,即内在道德、正义的法律,合乎法律主要是指合乎法律的价值、原则、规范等。

由上而知,合法性包含正当性和合乎法律性,那么美国基于国家安全的钢铝贸易限制措施的合法性也应该包括这两点,即基于国家安全的钢铝贸易限制措施的正当性以及合乎法律性。由于国际经济贸易的法律不同于国内法律,它不是一国主权范围内的命令,它是由各国协商一致共同签订或认可的国际条约、习惯等。因为这些共同认可的国际条约、习惯有着内在的国际道德的正当性,故基于国家安全的钢铝贸易限制措施的合法性首先要合乎国际经济贸易的法律。当前最具权威、使用最广的国际贸易法律是 WTO 系列条约等,因此基于国家安全的钢铝贸易限制措施的合法性主要是指基于国家安全的钢铝贸易限制措施是否符合 WTO 系列条约的原则、规则等。

二、系争措施中的合法性问题

WTO 争端解决机构在处理美国基于国家安全的钢铝贸易限制措施的争端中,必须首先界定和明晰美国基于国家安全的钢铝贸易限制措施争端中的系争措施(即引起此争端之措施)。系争措施的范围决定专家组的职权范围,专家组审理的对象即为系争措施。系争措施之确定是整个争端解决的基础,关乎争端解决案件之成败。② 因此,准确界定美国基于国家安全的钢铝贸易限制措施争端中的系争措施具有重要的意义。

(一)系争措施的界定

《争端解决谅解协议》(Dispute Settlement Understanding, DSU)和涵盖协定虽然多处提及"措施",但 DSU 本身没有具体对"措施"做出界定。根据 DSU 第 3.3 条和第 22.9 条的规定可知,系争措施是对申诉方在涵盖协定下所享利

---

① 哈贝马斯.在事实与规范之间:关于法律和民主法治国的商谈理论[M].童世骏,译,生活·读书·新知三联书店,2003:9.
② Broadman H G. Global economic integration: Prospects for WTO accession and continued Russian reforms[J]. Washington Quarterly, 2004, 27(2):79-98.

益造成损害的申诉方政府所采取的措施。依据 DSU 第 4 条和第 6 条的规定，申诉方有确定和提出系争措施的自由裁量的权利。

在 WTO 争端解决实践中，系争措施的范围逐渐明晰。上诉机构在美国不锈钢日落复审案中认为，系争措施的范围极宽，系争措施应为 WTO 成员的任何作为或不作为。在欧共体特定海关事项案中，上诉机构进一步明确了系争措施的范围，成员国的具体法律法规、司法判决、行政决定或其他类别的法律文件均可视为成员的"作为"。WTO 成员未履行 WTO 规则所设定的义务可视为"不作为"。

具体而言，要成为系争措施，需要满足以下条件：

第一，"措施"可归责于 WTO 成员的作为或不作为。

被申诉方所实施的行为是"措施"。行为必须同时满足两个条件才能被视为是"措施"：第一，此行为必须是被申诉方的行为，即措施归因于被申诉方，被申诉方须为此行为承担责任。在此条件下，被申诉方所实施的行为才能是专家组与上诉机构审查的对象，才能是申诉方申诉的对象。第二，被申诉方所实施的行为，主要是被申诉方政府的行为，既包括中央政府的行为，也包括地方政府的行为，特殊情况下也包括由政府承担责任的私主体的行为。第三，被申诉方所实施的行为，主要是被申诉方积极的作为，也包括被申诉方消极的不作为。如在印度专利案（DS50）中，印度应当对药品给予专利保护却未对药品给予专利保护的消极的不作为。[①] 若 WTO 成员的作为或不作为造成"缔约方未能履行其在本协定项下的义务"的后果，WTO 成员的作为或不作为均归属于"措施"的范畴。

第二，"措施"为正在发生影响的措施。

"措施"多指正在生效和正在产生影响与效果的措施。此种标准在美国高地棉花案中获得上诉机构的肯定，上诉机构亦认为"措施"应是正在发生影响的措施，因为在 DSU 第 4 条第 2 款的条文中，"影响"一词是现在进行时。[②] 在特殊情况下，"措施"也可包括虽然已失去效力但实际上仍在实施的措施，或虽已

---

① Appellate Body Report, *India — Patent Protection for Pharmaceutical and Agricultural Chemical Products*, WT/DS50/AB/R, para. 97.
② Appellate Body Report, *US — Upland Cotton*, WT/DS267/AB/R, para. 261.

停止使用但其所造成的影响一直持续至今的措施,这两种措施亦可是系争措施。

第三,"措施"违反了WTO涵盖协定项下的义务。

"措施"最核心的识别基准系此措施违反了WTO协定义务,即GATT 1994第23条第1款(a)项所规定的"另一缔约方未能履行其在本协定项下的义务"。系争措施会导致交易成本的不当增加,对正常贸易造成不利影响。

第四,"措施"造成成员方利益的丧失或减损。

WTO成员其根据适用协定直接或间接获得的利益正在因WTO其他成员采取的措施而减损,此为确定该措施为系争措施的重要判断标准。因此,"措施"即使未违反协定义务,但造成成员方利益的丧失或减损,也属于系争措施范畴。成员方在WTO项下的利益也包括源于关税减让而形成的更优的市场竞争条件,对此种优化条件的合理预期的保护亦属于WTO项下的利益的范畴。① 措施若存在能造成有利的竞争条件合理预期的落空的效果,则也属于系争措施范畴。

第五,"措施"须在设立专家组请求书中被指明。

依照DSU第7条第1款的规定,申诉方在其设立专家组请求书必须明确系争措施和诉请,而申诉方的设立专家组请求书是确立专家组的职权范围的主要依据,因此,专家组有审查和辨析专家组请求书中系争措施的权力。② DSU第6条第2款亦明确规定申诉方有义务在其设立专家组请求书指明具体系争措施。而且,专家组和上诉机构均严格依据申诉方在其设立专家组请求书中列明的措施来明确系争措施的范围。③ 此外,系争措施仅限于申诉方在其设立专家组请求书中所列明的措施,申诉方在其他后续文书中再行提出的措施不属于系争措施范围。原则上,在设立专家组请求书中指明的措施,才能成为系争措施。

(二) 作为系争措施的美国基于国家安全的钢铝贸易限制措施

美国基于国家安全的钢铝贸易限制措施案中的具体系争措施为设立专家

---

① Bütler M, Hauser H. The WTO dispute settlement system: A first assessment from an economic perspective[J]. Journal of Law, Economics, & Organization, 2000, 16(2): 503-533.
② Appellate Body Report, *EC — Selected Customs Matters*, WT/DS315/AB/R, para.131.
③ 同上,para.136.

组的请求书中所"指明具体系争措施"。具体而言,美国基于国家安全的钢铝贸易限制措施涵括美国政府基于国家安全在产品进口方面实施限制的违反了WTO义务并造成其他成员方利益丧失或减损的正在发生影响的措施。美国基于国家安全的钢铝贸易限制措施案中设立专家组的请求书中所"指明具体系争措施"如下:

(1) 立法,指美国的中央立法机关或地方立法机关基于国家安全制定在产品进口方面实施限制的违反了WTO义务并造成其他成员方利益丧失或减损的正在发生影响的法律。如《1962年贸易扩展法》的"232条款"。①

(2) 执行规则,指美国政府及其下属的执行机构为了执行《1962年贸易扩展法》的"232条款"而颁布的具有普遍适用性的正式的规则和规范。如美国商务部下属的产业安全局颁布的《关于钢铁和铝产品进口调整措施的排除申请程序及反对排除程序的暂行条例》。②

(3) 行政实践做法,指美国政府执行机关或机构为处理基于国家安全在产品进口方面实施限制的事宜而采用的习惯性做法。行政实践做法虽是不成文的做法,但相关行政决定能确定和证明行政实践做法的内容与效力。如美国海关与边境保护局依据"232条款"基于美国总统的依据"232调查"报告所做出的加征关税决定,并根据美国总统的授权,对进口钢铁和铝产品加征"232关税"。③ 如美国政府在钢铝关税排除中的一些习惯性做法亦属于行政实践做法。

(4) 方针,指规定了基于国家安全在产品进口方面实施限制的建议性的标准、指示性的内容的文件,但是该文件不具有强制力。如美国商务部发布的《钢铁进口对美国国家安全影响的调查报告》④和《铝进口对美国国家安全影响的调查报告》⑤。这两个报告中存在美国商务部基于国家安全在产品进口方面实

---

① 19 U.S.C.A. § 1862, https://www.gpo.gov/fdsys/granule/USCODE-2011-title19/USCODE-2011-title19-chap7-subchapII-partIV-sec1862.
② Interim Final Rule, http://t.cn/Rnc2lkn.
③ https://www.cbp.gov/trade/programs-administration/entry-summary/232-tariffs-aluminum-and-steel.
④ See U.S. Department of Commerce, The Effect of Imports of Steel on the National Security, 2018.
⑤ See U.S. Department of Commerce, The Effect of Imports of Aluminum on the National Security, 2018.

施限制的加征"232关税"或设置全球钢铝进口配额等的建议,亦属于美国基于国家安全的钢铝贸易限制措施的范畴。

(5) 行政决定,指行政机关就某一特定的事实情况做出的决定。如美国总统基于美国商务部的钢铝进口对美国国家安全影响的调查报告而颁布的《调整进口钢材关税的总统令》[①]和《调整进口铝关税的总统令》[②]。

(三) 在美国基于国家安全的钢铝贸易限制措施案中各方所诉系争措施的对比分析

对美国基于国家安全的钢铝贸易限制措施案中中国、印度、欧盟所诉系争措施进行对比分析发现,中、印、欧各自提出的系争措施基本一致,但在个别具体的涉诉措施方面存在差异。

1. 系争措施的共同之处

中、印、欧均将美国下列行为和法律法规列为系争措施:

(1) 美国2018年3月8日发布的修改《美国统一关税表》第99章的调整进口到美国的钢材关税的第9705号总统公告。

(2) 美国2018年3月8日发布的修改《美国统一关税表》第99章的调整进口到美国的钢材关税的第9704号总统公告。

(3) 美国2018年3月22日发布的调整美国钢铁进口的第9711号总统公告

(4) 美国2018年3月22日发布的调整美国铝进口的第9710号总统公告

(5) 美国商务部2018年1月11日发布的根据经修订的《1962年贸易扩展法》第232节进行的钢材进口对国家安全的影响的调查报告。

(6) 美国商务部2018年1月17日发布的根据经修订的《1962年贸易扩展法》第232节进行的进口铝对国家安全的影响的调查报告。

2. 系争措施的不同之处

(1) 印、欧均将美国下列行为和法律法规列为系争措施,而中国未将其列

---

① See 83 FR 13361-13365, March 28, 2018, https://www.whitehouse.gov/presidential-actions/presidential-proclamation-adjusting-imports-steel-united-states-2/?utm_source=link.

② See 83 FR 13355-13359, March 28, 2018, https://www.whitehouse.gov/presidential-actions/presidential-proclamation-adjusting-imports-aluminum-united-states-2/.

为系争措施。

① 美国 2018 年 4 月 30 日发布的调整美国钢铁进口的第 9740 号总统公告

② 美国 2018 年 4 月 30 日发布的调整美国铝进口的第 9739 号总统公告

(2) 中、印将美国下列措施列为系争措施,而欧盟未将其列为系争措施。

① 中、印要求免除在调整美国钢铁进口和调整美国铝进口的总统公告中提出的补救措施的意见书中的要求。对美国商务部提交的钢铁和铝的排除要求提出异议。

② 美国海关和边境保护局根据《1962 年贸易扩展法》第 232 条对铝和钢征收关税,并对进口钢和铝制品征收附加税

③ 经修正的《1962 年贸易扩展法》第 232 条(《美国法典》第 19 章第 1862 节)

(3) 欧盟将美国下列措施列为系争措施,而中、印未将其列为系争措施。

① 美国 2018 年 5 月 31 日发布的调整对美进口钢铁的修改 2018 年 3 月 8 日 9705 号公告、2018 年 3 月 22 日 9711 号公告和 2018 年 4 月 30 日 9740 号公告的总统公告

② 美国 2018 年 5 月 31 日发布的调整对美铝进口的修改 2018 年 3 月 8 日 9704 号公告、2018 年 3 月 22 日 9710 号公告和 2018 年 4 月 30 日 9739 号公告的总统公告

③ 对于上述每一项措施,本请求还包括任何进一步的修订、补充、替换、延期、实施措施或其他相关措施,包括关税、关税配额或配额之间的任何调整。

3. 对比分析及提出问题

经对比上述中、印、欧所诉系争措施可见,由于美国对中、印、欧的政策取向不同,因而在基于国家安全而加征钢铝关税方面的行政决定有些许不同。如美国曾在 2018 年 3 月 22 日将欧盟的关税豁免延长至 5 月 1 日。4 月 30 日,美国政府将给予欧盟的关税豁免再次延长至 6 月 1 日,从 2018 年 6 月 1 日起正式对欧盟出口美国的钢铝产品加征关税。因而,欧盟所诉系争措施涵括美国在此期间仅涉及欧盟的相关行政决定。

经上述对比中、印、欧所诉系争措施可见,欧盟仅将加征钢铝关税的总统公告和表示钢铝进口对美国国家安全影响的调查报告列为涉案措施,并未将经修

正的《1962年贸易扩展法》第232条(《美国法典》第19章第1862节)这一立法列为涉案措施,未将美国商务部提交的钢铁和铝的排除要求列为涉案措施,未将美国海关与边境保护局根据《1962年贸易扩展法》的"232条款"对铝和钢征收关税和对进口钢铁和铝制品征收附加税的行政行为列为涉案措施。

《1962年贸易扩展法》第232条本身是否违反WTO规则？美国商务部的钢铝产品排除要求是否违反WTO规则？美国海关与边境保护局根据《1962年贸易扩张法案》第232条对铝和钢铁征收关税和对进口钢铁和铝制品征收附加税的行政行为是否违反WTO规则？这些都是需要廓清的问题。

三、争端双方诉求中的合法性问题

(一)美国基于国家安全的钢铝贸易限制措施案中争端双方诉求对比

1. 争端双方对美国基于国家安全的钢铝贸易限制措施合规性争议

申诉方认为美国基于国家安全的钢铝贸易限制措施与美国在WTO法律体系项下的义务不一致。美国基于国家安全的钢铝贸易限制措施违反GATT 1994和《保障措施协定》项下的义务。首先,美国基于国家安全的钢铝贸易限制措施违反GATT 1994的相关规定,美国对进口钢铝加征关税违反美国所作的关税减让承诺。美国对来源于不同国家的钢铝产品征收不同的关税,违反最惠国待遇条款。美国实施与措施相关的法律及决定的方式不公正、不统一、不合理,违反贸易条例实施规则的要求。美国基于国家安全的钢铝贸易限制措施违反《保障措施协定》的相关规定。其次,美国基于国家安全的钢铝贸易限制措施实质上是保障措施。美国故意曲解其钢铝贸易限制措施的法律性质,且未能充分证明因存在不可预见的情形导致钢铝产品进口增加,也未充分证明在此种情形下的进口增加导致美国国内相关产业的严重损害或威胁。此外,美国违反磋商与通知的程序要求。美国也未采用合适的方式实施措施,美国未设立措施终止的时间,而且美国针对产品的不同来源采取不同的措施。由于上述原因,所采取的措施使得申诉方在有关协定项下直接或间接产生的利益正在丧失或减损。[1]

---

[1] United States — Certain Measures on Steel and Aluminium Products — Request for the Establishment of a Panel，WT/DS544/8，WT/552/6，WT548/9. WT/DS547/8，WT/DS548/14，WT/DS550/11，WT/DS551/11，WT/DS552/10，WT/DS554/17，WT/DS556/15，WT/DS564/15.

被申诉方美国认为,关税是调整可能损害美国国家安全的钢铁和铝制品进口所必需的措施。国家安全问题是不易审查,也不能够通过 WTO 争端解决办法解决的政治问题。世界贸易组织的每一个成员都有权自行确定其认为保护其基本安全利益所必需的事项,如 GATT 1994 第 21 条案文所反映的那样。美国依据《1962 年贸易扩展法》第 232 条规定所征收的"232 关税"是基于国家安全的考虑,WTO 争端解决机构无权审查,也不能够通过 WTO 争端解决办法解决。美国认为《保障措施协定》不能适用于美国基于国家安全的钢铝贸易限制措施。根据《1962 年贸易扩展法》第 232 条规定的征收关税的措施不是保障措施,而是对可能损害美国国家安全的钢铁和铝制品进口征收关税。美国没有根据《1974 年贸易法》第 201 条采取措施,第 201 条才是美国实施保障措施的法律。因此,美国认为中国、欧盟等成员认定美国基于国家安全的钢铝贸易限制措施是保障措施是没有法律依据的。①

2. 争端双方对美国基于国家安全的钢铝贸易限制措施的反制措施的合规性争议

申诉方美国认为中国、欧盟、加拿大、墨西哥和土耳其的额外关税反制措施与其应承担的 WTO 义务不一致。第一,五方的关税反制措施违反 GATT 1994 第 1 条的最惠国义务,中国、欧盟、加拿大、墨西哥和土耳其没有向美国产品提供其给予源自其他成员国境内的产品的关于进口或与进口有关的任何关税和收费的优惠、特权或豁免权。中国、欧盟、加拿大、墨西哥和土耳其对来自美国的产品的待遇不如中国、欧盟、加拿大、墨西哥和土耳其的承诺表所规定的优惠待遇。第二,五方的关税反制措施违反 GATT 1994 第 2 条的关税减让义务,中国、欧盟、加拿大、墨西哥和土耳其对来自美国的产品征收的关税超出中国、欧盟、加拿大、墨西哥和土耳其的承诺表规定的关税或收费。中国、欧盟、加拿大、墨西哥和土耳其的额外的关税反制措施无效或损害了美国在 GATT 1994 项下的直接或间接产生的利益。②

---

① United States — Certain Measures on Steel and Aluminium Products — Communication from the United States,WT/DS544/2, WT/DS547/7, WT/DS548/13, WT/DS550/10, WT/DS551/11, WT/DS552/9, WT/DS554/10, WT/DS556/9, WT/DS564/9.

② Additional Duties on Certain Products from the United States — Request for the Establishment of a Panel by the United States,WT/DS557/2, WT/DS558/2, WT/DS559/2, WT/DS560/2, WT/DS561/2.

美国认为其对进口钢铁和铝产品征收的"232关税",系依据美国《1962年贸易扩展法》和 GATT 1994 第 21 条,有正当法律依据。但是五方针对美国基于国家安全的钢铝贸易限制措施所征收的报复性反制关税则毫无法律依据。美国认为,无论是依据美国国内法还是国际贸易规则,美国基于国家安全的钢铝贸易限制措施均是美国在保护自身利益,敦促其他成员国与美国合作解决钢铁和铝行业大规模持续产能过剩所带来的问题。无论是依据美国国内法还是国际贸易规则,美国基于国家安全的钢铝贸易限制措施均完全合理合法,中国、欧盟、加拿大、墨西哥和土耳其对于"232关税"措施采取的反制措施及采取的报复性关税,违反五方应承担的 WTO 义务。

被申诉方抗辩称,美国基于国家安全的钢铝贸易限制措施借保障美国以国家安全的名义施行贸易保护主义的单边措施。美国基于国家安全的钢铝贸易限制措施背离 WTO 规则,违反其应尽的义务,严重损害被申诉方的国家利益。被申诉方在 WTO 争端解决机制项下提出与美国就美国基于国家安全的钢铝贸易限制措施争端进行磋商的要求,美国消极磋商,导致美国基于国家安全的钢铝贸易限制措施争端未获有效解决。被申诉方系依据《保障措施协定》第 8 条第 2 款采取反制措施,反制有合法依据。因此,针对美国基于国家安全的钢铝贸易限制措施的反制措施具有合法性和正当性。

(二) 美国基于国家安全的钢铝贸易限制措施案中双方诉求所示问题

通过梳理美国基于国家安全的钢铝贸易限制措施案的上述争议可知,美国基于国家安全的钢铝贸易限制措施案中存在如下法律问题亟待解决:

1. 美国基于国家安全的钢铝贸易限制措施的法律性质的认定问题

美国基于国家安全的钢铝贸易限制措施案中双方争议的焦点问题是美国基于国家安全的钢铝贸易限制措施的法律性质的认定问题。美国认为其采取的措施是国家安全保障措施,符合 GATT 1994 第 21 条的国家基本安全例外条款,美国可据此免除其应承担的 WTO 义务;但是被征收"232关税"的 WTO 成员认为美国基于国家安全的钢铝贸易限制措施实质为歧视性保障措施,美国基于国家安全的钢铝贸易限制措施应遵循《保障措施协定》的规定,应受《保障措施协定》规制。因此,美国基于国家安全的钢铝贸易限制措施的法律性质的认定是判断其合法性问题的前提,只有先准确识别美国基于国家安全的钢铝贸易限制措施的法律性质,才能确定适用何种规则来判定美国基于国家安全的钢铝贸易限制措施的合法性,进而依据此种规则来判断反制措施是否具有合法性。因此美国基于国家安全的钢铝贸易限制措施的定性问题为美国基于国家安全的钢铝贸易限制措施案中必须解决的核心法律问题之一,亦是美国基于国家安全的钢铝贸易限制措施争端中首先需要解决的问题。

2. 美国基于国家安全的钢铝贸易限制措施与 GATT 1994"安全例外条款"的相符性问题

美国基于国家安全的钢铝贸易限制措施是否符合 GATT 1994 第 21 条的"安全例外条款"是美国基于国家安全的钢铝贸易限制措施争端中最为重要的问题之一,系决定美国是否能够抗辩成功的关键。即使美国基于国家安全的钢铝贸易限制措施具备保障措施的法律性质,美国仍然可以依据 GATT 1994 第 21 条的"安全例外条款"主张其采取的钢铝贸易限制措施具有合法性和正当性,从而免除其违反 GATT 1994 义务性规则和《保障措施协定》的责任。因此,必须对美国基于国家安全的钢铝贸易限制措施是否符合 GATT 1994 第 21 条的"安全例外条款"的问题进行研究。

GATT 1994 中未设立"基本国家安全利益"的认定标准。美国认为对美国政府和经济的最基本运作有重要功能的产业的安全利益属于基本国家安全利益。那么美国此种观点是否符合条约的目的和宗旨?美国基于国家安全的钢铝贸易限制措施是否属于 GATT 1994 第 21 条的"安全例外条款"所认可的国家安全措施?美国是否符合 GATT 1994 第 21 条的"安全例外"免责的条件?WTO 争端解决机构是否有权对美国援引"安全例外条款"的合法性和正当性进行审查?上述问题系判断美国基于国家安全的钢铝贸易限制措施是否具有合法性所必须廓清的问题。

3. 美国基于国家安全的钢铝贸易限制措施的反制措施的合法性问题

钢铝贸易反制措施是否具有合法性的问题可以从以下两方面来审视:首先,从 WTO 争端解决实务上而言,钢铝贸易反制措施是否具有 WTO 法的依据,即钢铝贸易反制措施是否符合《保障措施协定》第 8 条的规定?其次,从学理上而言,钢铝贸易反制措施是否具有其他国际法依据?一方面,国家是否享有贸易反制的权力;另一方面,国家是否享有因贸易反制而违反部分国际法规则的免责权利。上述问题关系到美国基于国家安全的钢铝贸易限制措施的反制措施是否具有合法性的问题,均为钢铝贸易反制措施争议中亟待研究澄清的问题。

四、诉请中的合法性问题

(一)美国基于国家安全的钢铝贸易限制措施案中"诉请"的对比

下述就美国基于国家安全的钢铝贸易限制措施的典型案件中中国、印度、欧盟在专家组申请中的"诉请"进行对比分析。

1. 印、欧的共同"诉请"

(1) 中、印、欧在 GATT 1994 方面的共同"诉请"如下:

① 美国基于国家安全的钢铝贸易限制措施违反 GATT 1994 的第 19 条 1 (a)款:美国未能充分证明因存在不可预见的情形导致钢铝产品进口增加,也未充分证明在此种情形下的进口增加导致美国国内相关产业的严重损害或威胁;并且美国未能以适当的方式施行措施,例如不针对产品来源且只能在必要时间限度内实施。

② 美国基于国家安全的钢铝贸易限制措施违反 GATT 1994 中的第 19 条第 2 款,因为美国也未遵守适当的程序要求,美国未能在可行的情况下提前向世界贸易组织发出书面通知,并未能提供磋商的机会,未能遵循磋商程序,

③ 美国基于国家安全的钢铝贸易限制措施违反 GATT 1994 第 2 条(a)和(b)款,美国的"232 关税措施"违反美国给予欧盟的待遇不得低于美国在减让表中的承诺,违反对欧盟出口到美国的钢铝产品免征减让表所列普通关税的超出部分,免征超过于减让表所规定的任何其他税费,或免征超过美现行法律规定以后要直接或授权征收的任何其他税费的规定。

④ 美国基于国家安全的钢铝贸易限制措施违反 GATT 1994 第 1 条,美国在对欧盟钢铝产品进口的规章制定和手续上,在对欧盟钢铝产品进口所征收的关税与费用上,在征收关税和费用的方法上,未立即无条件地给予欧盟的相同产品类同美国给予其他国家的相同产品的利益、特权、优惠或豁免。

⑤ 美国基于国家安全的钢铝贸易限制措施违反 GATT 1994 的第 10 条 3 (a)款,因为美国实施措施所依据的法律、法规、决定和裁决的方式违反统一、公

正和合理的标准。

(2) 中、印、欧在《保障措施协定》方面的共同法律依据。

① 美国基于国家安全的钢铝贸易限制措施违反《保障措施协定》第 2 条第 1 款,因为美国对有关国家进口到美国的钢铝产品采取了保障措施,而且美国未能充分证明因存在不可预见的情形导致钢铝产品进口增加,也未充分证明在此种情形下的进口增加导致美国国内相关产业的严重损害或威胁。

② 美国基于国家安全的钢铝贸易限制措施违反《保障措施协定》第 2 条第 2 款,因为美国针对不同的国家征收不同的 232 钢铝关税,而且豁免部分国家的 232 钢铝关税,美国应不论产品来源对所有钢铝进口产品采取保障措施。

③ 美国基于国家安全的钢铝贸易限制措施违反《保障措施协定》第 4 条第 1 款,因为美国没有正确确定对国内产业造成的严重伤害或威胁。

④ 美国基于国家安全的钢铝贸易限制措施违反《保障措施协定》第 4 条第 2 款,因为美国未能适当评估与国内产业状况有关的所有相关因素;未能证明进口增加与严重伤害或其威胁之间存在因果关系,包不包括因进口增加以外的因素造成的伤害;并没有公布其结论的详细分析和论证。

⑤ 美国基于国家安全的钢铝贸易限制措施违反《保障措施协定》第 5 条第 1 款,因为美国正在采取超出救济或避免严重损害所必要的目的限度内和产业调整所必需的时间限度内的保障措施。

⑥ 美国基于国家安全的钢铝贸易限制措施违反《保障措施协定》第 7 条,美国超过防止或补救严重损害和便利调整所必需的期限实施保障措施,未设置措施 4 年终止的合理期限,未遵循逐步放宽措施或撤销该措施的规定。

⑦ 美国基于国家安全的钢铝贸易限制措施违反《保障措施协定》第 11 条 1(a)款,因为美国对特定产品的进口采取了 GATT 1994 第 19 条规定的紧急行动,但没有采取符合保障协定规定的行动。

⑧ 美国基于国家安全的钢铝贸易限制措施违反《保障措施协定》第 12 条第 1、第 2 和第 3 款,因为美国未能遵守这些规定中任何通知和协商义务的规定。

2. 中、印、欧的不同"诉请"

欧盟和印度在专家组申请中提出下述"诉请",而中国在专家组申请中未涉及。

（1）美国基于国家安全的钢铝贸易限制措施违反《保障措施协定》第3条第1款,因为美国在没有先进行适当调查的情况下对有关产品采取保障措施,没有列出关于事实和法律的所有相关问题的调查结果和合理结论的前提下发布调查报告。

（2）美国基于国家安全的钢铝贸易限制措施违反《保障措施协定》第9条,因为美国正在对进口份额不足3%的发展中国家的钢铝产品实施保障措施,而且,这些发展中国家成员占美国钢铝产品总进口量的比率不足9%,美国不应对上述发展中国家的产品采取保障措施。

（3）美国基于国家安全的钢铝贸易限制措施违反《保障措施协定》第11条第1款(b)项,因为美国采取了有秩序销售协定和自动出口限制以及其他类似的进出口措施,美国在征收关税之外仍设立配额等禁止和限制他国产品进口的措施。

（二）美国基于国家安全的钢铝贸易限制措施案中的"诉请"所凸显的问题

1. 美国基于国家安全的钢铝贸易限制措施与WTO保障措施的特定义务的相符性问题

WTO保障措施的特定义务主要由《保障措施协定》规则所设定。美国基于国家安全的钢铝贸易限制措施与WTO保障措施的特定义务是否具有相符性的主要判断依据是美国基于国家安全的钢铝贸易限制措施是否遵守《保障措施协定》规则。从美国基于国家安全的钢铝贸易限制措施案申诉方的"诉请"中可见,美国基于国家安全的钢铝贸易限制措施与WTO保障措施规则是否具有相符性是判断美国基于国家安全的钢铝贸易限制措施是否具有合法性和正当性的重要标准之一。即使美国基于国家安全的钢铝贸易限制措施构成保障措施,也并不必然等于其就一定符合《保障措施协定》相关程序性和实体性规则。美国实施232保障措施必须符合《保障措施协定》的程序和实体规定才具有合法性。因此,美国基于国家安全的钢铝贸易限制措施是否违反《保障措施协定》第12条第1、第2、第3款,第11条1(a)款,第7条,第5条第1款,第4条第1、第2款,第2条第1、第2款,是需要详细分析和廓清的内容,尤其是美国基于国家安全的钢铝贸易限制措施是否违反《保障措施协定》第3条第1款、第9条、

第 11 条 1(b)款亦是需要分析和廓清的重点内容。

2. 美国基于国家安全的钢铝贸易限制措施与 WTO 货物贸易的一般义务的相符性问题

针对钢铝和汽车等进口货物，美国必须遵守 WTO 货物贸易的一般义务，WTO 成员方之间货物贸易中的 WTO 一般性义务主要由 GATT 1994 规则进行规定。美国基于国家安全的钢铝贸易限制措施是否符合 GATT 1994 相关条款亦是判断美国基于国家安全的钢铝贸易限制措施是否具有合法性的关键之一。

美国基于国家安全的钢铝贸易限制措施是否违反 GATT 1994 的第 1 条，第 2 条(a)和(b)款，第 19 条 1(a)款、第 2 款，第 10 条 3(a)款。美国对进口钢铝加征关税是否违反美国的 WTO 关税减让义务？美国对来源于不同国家的钢铝产品征收不同的关税是否违反最惠国待遇条款？美国实施与措施相关的法律及决定的方式是否不符合公正、合理、统一的标准？上述问题系判断美国基于国家安全的钢铝贸易限制措施是否具有合法性所必须厘清的问题。

第二章

美国基于国家安全的钢铝贸易限制措施与 WTO 保障措施规则的相符性问题

为防止 WTO 成员滥用保障措施，GATT 1994 和《保障措施协定》为 WTO 成员实施保障措施设定了诸多义务。WTO 成员在便利国内受损产业的调整和补救以防止国内产业重大损害时，应在必需限度内采取保障措施，避免保障措施成为贸易保护主义的工具。WTO 成员采取保障措施必须遵守 WTO 保障措施规则所设义务。美国作为 WTO 成员方，美国基于国家安全的钢铝贸易限制措施为保障措施，必须遵守 WTO 保障措施规则所设义务。WTO 保障措施规则主要存在于 GATT 1994 第 19 条和《保障措施协定》中。因而，美国基于国家安全的钢铝贸易限制措施必须遵守 GATT 1994 第 19 条和《保障措施协定》中的 WTO 保障措施规则所设义务。

第一节 美国基于国家安全的钢铝贸易限制措施的法律性质的认定问题

就美国基于国家安全的钢铝贸易限制措施争端而言，争议的焦点法律问题之一是对美国实施的美国基于国家安全的钢铝贸易限制措施的法律性质的确定。美国认为基于国家安全的钢铝贸易限制措施是国家安全保障措施，而中国、欧盟、印度等 WTO 成员认为美国基于国家安全的钢铝贸易限制措施本质上构成保障措施。那么，美国基于国家安全的钢铝贸易限制措施是否符合 WTO 保障措施的构成要件及其认定标准呢？接下来本文将细致辨析美国基于国家安全的钢铝贸易限制措施的法律性质。

一、美国基于国家安全的钢铝贸易限制措施的属性之争：保障措施还是国家安全措施

（一）美国基于国家安全的钢铝贸易限制措施为保障措施之观点

中国、欧盟、印度等 WTO 成员认为，美国滥用 GATT 1994 的国家安全例

第二章 美国基于国家安全的钢铝贸易限制措施与WTO保障措施规则的相符性问题

外条款,歧视性地对部分成员国出口到美国的钢铝产品采取贸易限制措施,此措施实际上是保障措施。① 美国基于国家安全的钢铝贸易限制措施严重背离非歧视原则,严重损害了中国、欧盟、印度等WTO成员的利益。

中国在设立专家组的申请中指出,美国称基于国家安全的钢铝贸易限制措施是由于国家安全原因而采取的。在中国看来,美国基于国家安全的钢铝贸易限制措施在其内容和实质上都是因为钢铁产品和铝产品的进口数量剧增,而此种进口剧增对美国国内钢铝产品的生产者的利益造成重大损害或重大损害的威胁。所涉措施暂停或撤回或修改减让的义务,是为了减轻这种损害或威胁,以保障美国国内相关产业的经济利益。中国认为,这些有争议的措施,无论是单独实施还是共同实施,都不符合美国根据《保障措施协定》所应承担的义务。② 而只有当世贸组织(WTO)将成员方实施的措施识别为保障措施时,该措施才受《保障措施协定》的规则所调整和规制。中国认为美国基于国家安全的钢铝贸易限制措施不符合美国根据《保障措施协定》的规定所应承担的义务,故说明中国将美国基于国家安全的钢铝贸易限制措施识别为保障措施。

欧盟在设立专家组的申请中也指出,美国基于国家安全的钢铝贸易限制措施是由于某些产品的进口对美国国内钢铝产业利益造成重大损害或重大损害的威胁,为保护美国国内钢铝产业免受来自进口产品的竞争,以确保它们在经济上可行,而对进口的钢铝产品征收额外的进口关税或采取其他贸易限制措施。欧盟认为美国基于国家安全的钢铝贸易限制措施不符合美国根据《保障措施协定》的规定所应承担的义务。③ 而只有当WTO将成员方实施的措施识别为保障措施时,该措施才受《保障措施协定》的规则所调整和规制。欧盟认为美国基于国家安全的钢铝贸易限制措施不符合美国根据《保障措施协定》的规定所应承担的义务,故说明欧盟也将美国基于国家安全的钢铝贸易限制措施识别为保障措施。

印度在设立专家组的申请中也指出,美国基于国家安全的钢铝贸易限制措

---

① 中国、印度、欧盟、加拿大、墨西哥、挪威、俄罗斯、瑞士、土耳其等出口钢铝到美国的WTO成员。
② *United States — Certain Measures on Steel and Aluminium Products — Request for the Establishment of a Panel by China*,WT/DS544/8。
③ *United States — Certain Measures on Steel and Aluminium Products — Request for the Establishment of a Panel by the European Union*,WT/DS548/14。

施无论是单独施行或是共同施行,均不符合美国依照《保障措施协定》的实体性规则与程序性规则所应承担的义务。① 印度认为美国基于国家安全的钢铝贸易限制措施违反了《保障措施协定》的多款规则,而只有当 WTO 成员方实施的措施被视为是保障措施时,该措施才受《保障措施协定》的规则所调整和规制。印度认为美国基于国家安全的钢铝贸易限制措施违反了多款《保障措施协定》的规则,故说明印度也将美国基于国家安全的钢铝贸易限制措施识别为保障措施。

加拿大、墨西哥、挪威、俄罗斯、瑞士、土耳其在设立专家组的申请中也指出,美国基于国家安全的钢铝贸易限制措施违反了《保障措施协定》的多款规则,②而只有当 WTO 成员方实施的措施被视为是保障措施时,该措施才受《保障措施协定》的规则所调整和规制,加拿大、墨西哥、挪威、俄罗斯、瑞士、土耳其认为美国基于国家安全的钢铝贸易限制措施违反了《保障措施协定》的多款规则,故说明加拿大、墨西哥、挪威、俄罗斯、瑞士、土耳其也将美国基于国家安全的钢铝贸易限制措施识别为保障措施。

(二) 美国基于国家安全的钢铝贸易限制措施为国家安全措施之观点

美国将基于国家安全的钢铝贸易限制措施定性为国家安全措施。美国在基于国家安全限制钢铝进口的系列行政命令和行政文书中均将其基于国家安全的钢铝贸易限制措施定为国家安全措施而非保障措施。美国在钢铝进口特定措施案的抗辩中及在钢铝贸易反制措施案的设立专家组申请中均将其基于国家安全的钢铝贸易限制措施定性为国家安全措施而非保障措施。

美国认为钢铝产品进口对美国国家安全构成损害或损害威胁,其采取钢铝

---

① *United States — Certain Measures on Steel and Aluminium Products — Request for the Establishment of a Panel by India*,WT/DS547/8.

② *United States — Certain Measures on Steel and Aluminium Products — Request for the Establishment of a Panel by Turkey*,WT/DS564/15;*United States — Certain Measures on Steel and Aluminium Products — Request for the Establishment of a Panel by Switzerland*,WT/DS556/15;*United States — Certain Measures on Steel and Aluminium Products — Request for the Establishment of a Panel by the Russian Federation*,WT/DS554/17;*United States — Certain Measures on Steel and Aluminium Products — Request for the Establishment of a Panel by Norway*,WT/DS552/10;*United States — Certain Measures on Steel and Aluminium Products — Request for the Establishment of a Panel by Mexico*,WT/DS551/11;*United States — Certain Measures on Steel and Aluminium Products — Request by for the Establishment of a Panel by Canada*,WT/DS550/11.

贸易限制措施主要是为防止和减少钢铝产品进口对美国国家安全所造成的损害或损害威胁，是为了保障美国国家安全而非仅为了保护美国国内钢铝产业的利益。① 因此，美国认为，其基于国家安全的钢铝贸易限制措施主要是国家安全措施，而非保障措施。

美国指出其实施保障措施的法律依据是《1974年贸易法》第201条，而《1962年贸易扩展法》的"232条款"为保障国家安全条款。此次美国对进口钢铝采取措施的法律依据是《1962年贸易扩展法》的"232条款"，并非《1974年贸易法》第201条款。② 因此，美国基于国家安全的钢铝贸易限制措施为国家安全措施而非保障措施。

因此，中国、欧盟、印度等WTO成员方认为美国基于国家安全的钢铝贸易限制措施不符合《保障措施协定》不存在法律依据。中国、欧盟、印度等WTO成员方不能依据《保障措施协定》第8条第2款采取反制措施。

二、WTO保障措施的构成要件及其认定标准

GATT 1994第19条1(a)款③及《保障措施协定》第2条④均对保障措施进行了界定。基于对GATT 1994第19条与《保障措施协定》第2条第1款的分析可知，WTO成员有权在紧急情况下采取符合WTO保障措施规则的保障措施。当国际贸易出现未曾预料的情况，此情况客观导致某特定产品大量输入某WTO成员境内，并进而致使该成员区域内生产直接竞争产品或同类产品的产业产生严重损害或出现严重损害威胁。此紧急情况下，WTO保障措施规则赋予此WTO成员以非歧视方式限制此特定产品的进口。因此，保障措施是

---

① United States — Certain Measures on Steel and Aluminium Products — Communication from the United States，WT/DS544/2.
② United States — Certain Measures on Steel and Aluminium Products — Communication from the United States，WT/DS548/13.
③ GATT 1994第19条第1(a)款规定：如因意外情况的发展或因一缔约国承担本协定义务（包括关税减让在内）而产生的影响，使某一产品输入到这一缔约国领土的数量大为增加，对这一领土内相同产品或与它直接竞争产品的国内生产者造成严重损害或产生严重的威胁时，这一缔约国在防止或纠正这种损害所必需的程度和时间内，可以对上述产品全部或部分地暂停实施其所承担的义务，或者撤销或修改减让。
④ 《保障措施协定》第2条第1款规定："一成员只有在根据下列规定确定正在进口至其领土的一产品的数量与国内生产相比绝对或相对增加，且对生产同类或直接竞争产品的国内产业造成严重损害或严重损害威胁，方可对该产品实施保障措施。"

WTO成员在紧急情况下采取的措施,是以防止进口剧增对成员国内相关产业所致损害为目的,以减轻国内产业损害和便利国内产业调整为边界,以WTO成员暂时违反其应承担的承诺义务为实施方式的贸易救济措施。①

WTO保障措施规则并未对保障措施的构成要件及其认定标准作明确规定。但在WTO争端解决实践中,上诉机构对保障措施的构成要件及其认定标准作出了解释。上诉机构在中国台北诉印度尼西亚某些钢铁产品保障措施案(DS490)和越南诉印度尼西亚某些钢铁产品保障措施案(DS496)的报告中对如何认定一个措施是否构成保障措施做出了法律解释。上诉机构认为,在独立和客观审查一项措施是否构成保障措施时,不仅必须鉴别出此措施与保障措施的法律特征相符的所有方面,而且关键需要确认此措施的核心部分是否符合保障措施的核心认定因素。

在中国台北诉印度尼西亚某些钢铁产品保障措施案(DS490)和越南诉印度尼西亚某些钢铁产品保障措施案(DS496)中,争议措施是印度尼西亚在依据其国内保障措施法进行调查后对镀锌铝钢板加征的特定关税,而且基于WTO《保障措施协定》第9条第1款"发展中国家成员"的规定,印度尼西亚加征的特定关税不适用于120个发展中国家。与本案相关的一个重要事实是印度尼西亚在GATT 1994第2条项下的减让承诺表中对镀锌铝钢板产品并没有承诺任何约束性关税义务。这意味着印度尼西亚有权在任何时候将镀锌铝钢板的进口关税提高到任何水平。

虽然在本案审理过程,起诉方中国台北和越南以及被诉方印度尼西亚均认为争议的措施是一个保障措施,但是专家组和上诉机构均认为此案所争议的特定关税措施并非GATT 1994第19条意义上的保障措施。

上诉机构认为,首先,认定一个措施是否构成保障措施应该与认定一个措施是否符合WTO《保障措施协定》和GATT 1994相区别。② 其次,GATT 1994第19条的保障措施需要包含两个法律要素:一是该措施必须部分或全部中止一个GATT 1994项下的义务,或撤销或修改一个GATT 1994项下的减让;二是争议的中止、撤销或减让必须设计用于阻止或救济成员区域内产业因

---

① 莫世健.贸易保障措施研究[M].北京:北京大学出版社,2005:27.
② Appellate Body Report, *Indonesia — Iron or Steel Products (Chinese Taipei)*, para.57.

涉案产品进口的增加所导致的严重损害。最后,专家组在独立和客观审查一个措施是否构成保障措施时,必须鉴别出与一个措施的法律特征相关的所有方面,并确认哪些方面是该措施的核心部分。作为裁定的一部分,专家组应该对所有相关因素进行评价并给予适当的考虑,包括:(1)该措施的特征;(2)采取该措施的国内法程序;(3)任何向 WTO 保障措施委员会所做的相关通报。然而,任何一个因素本身都不是决定性的。[1]

上诉机构明确指出了在认定一个措施是否构成 WTO 意义上的保障措施时,需要在个案的基础上进行分析。在中国台北和越南诉印度尼西亚的某些钢铁产品保障措施案中,即使印度尼西亚是依据其国内的保障措施法进行调查并得出结论,并通报 WTO 保障措施委员会的,但依然被上诉机构认定为该措施不是保障措施。因此上诉机构要求专家组"鉴别出与一个措施的法律特征相关的所有方面,并确认哪些方面是该措施的核心部分"。[2] 也就是说,判断一措施是否为保障措施需要在个案里具体分析,在认定一个措施是否构成保障措施时需要综合考虑此措施的法律特征相关的所有方面,并确认哪些方面是该措施的核心部分,并判断该措施的核心部分是否契合保障措施,如相符则可认定此措施为保障措施。因此,必须基于个案情况,结合 WTO 上诉机构对保障措施认定标准的分析结论来辨别美国基于国家安全的钢铝贸易限制措施的性质。

三、美国基于国家安全的钢铝贸易限制措施构成 WTO 保障措施

(一)美国基于国家安全的钢铝贸易限制措施与保障措施在构成要素上的契合

上诉机构在中国台北诉印度尼西亚某些钢铁产品保障措施案(DS490)和越南诉印度尼西亚某些钢铁产品保障措施案(DS496)中认为,保障措施包含两个构成要素:一是该措施必须部分或全部中止一个 GATT 1994 项下的义务,或撤销或修改一个 GATT 1994 项下的减让;二是争议的中止、撤销或减让必须设计用于阻止或救济成员区域内产业因涉案产品进口的增加所导致的严重损害。

---

[1] Appellate Body Report, *Indonesia — Iron or Steel Products*(*Chinese Taipei*), para.60.
[2] 同上.

就第一个构成要素而言,依据上诉机构在 DS490 和 DS496 案中的法律解释,美国基于国家安全的钢铝贸易限制措施对钢铁和铝产品分别征收 25% 和 10% 的关税,已经涉及修改 GATT 1994 第 2 条的减让承诺,因为美国在 GATT 1994 的货物减让表中对这些钢铁和铝产品承诺的约束性关税基本上都是零,最高也不超过 6%。该措施必须部分或全部中止美国在 GATT 1994 项下的一项义务,或撤销或修改美国在 GATT 1994 项下的一项减让,因此构成保障措施的第一个法律要素已经满足。

就第二个构成要素而言,美国的中止或撤销减让所实质追求的效果是阻止或救济成员国国内产业因涉案产品进口的增加所导致的国内产业的严重损害。美国在其"232 调查"报告中并没有直接引用保障措施里的"严重损害"的用语,而是故意以过量进口"削弱国内经济"并因此进而"威胁损害国家安全"的措辞企图混淆视听。为了支持"威胁损害国家安全"这一结论,美国商务部产业和安全局在"232 报告"里分别论述以下几个方面的内容,包括:一、钢铁或铝对美国的国家安全具有重要意义;二、钢铝产品输入美国对美国产业的经济福祉产生不利影响,包括价格下降、工厂关闭、财务困难等;三、过量进口替代了国内的钢铁和铝产品,造成了削弱国内经济的严重后果;四、全球钢铁和铝产能过剩,进一步削弱了国内经济。

美国商务部在《钢铁进口对美国国家安全影响的调查报告》和《铝进口对美国国家安全影响的调查报告》里分别论述的四个方面的内容中只有第 1 项涉及国家安全,其他 3 项均为钢铝进口对美国国内经济的不利影响及危害后果。而且美国商务部在钢铝进口对国家安全的影响的调查报告中所做出的损害或威胁美国国家安全的论证与《保障措施协定》第 4 条的产品进口导致国内产业严重损害或威胁的证成一致,即钢铝进口造成美国国内钢铝产业状况的重大全面减损,钢铝进口影响国家安全的考虑的因素与认定"严重损害"所必须评估的因素实际上也是一致的。可见,钢铝进口主要危及的是美国国内经济,并未对美国国家安全造成直接或重大的影响和威胁。美国基于国家安全采取钢铝贸易限制措施的主要目的是保护美国国内的钢铝产业,防止其对美国的国内经济的进一步危害。故而,美国基于国家安全的钢铝贸易限制措施虽有保护国家安全的出发点,但其主要是为了避免外国钢铝产品的大量进口对美国国内的钢铝产业和美国国内经济的"严重损害",即导致美国国内钢铝产业出现"钢铝价格下降、工厂关闭、财务困难和资本支出减少等"状况。由此可见,美国基于国家安全的钢铝贸易限制措施实质上是保障措施,间接兼具微弱的国家安全保护功能。

美国采取基于国家安全的钢铝贸易限制措施的初衷就是美国认为国外钢铝产品大量输入美国,并进而致使美国国内生产直接竞争钢铝产品或同类产品的产业遭受严重损害或严重损害威胁。美国在此紧急情况下暂时背离其WTO承诺义务,实行对部分国家进口的钢铝产品加征"232关税"的措施。美国在《钢铁进口对美国国家安全影响的调查报告》和《铝进口对美国国家安全影响的调查报告》中,详细列明了钢铝产品的进口的绝对或相对增长,并以数据说明美国国内钢铝产业因此所遭受的严重损害或严重损害威胁,并明确指出钢铝产品的进口增长导致美国国内钢铝产业出现严重损害或美国国内钢铝产业利益遭受严重威胁,着力证明进口增长与产业损害之间存在因果关系。

美国为便于措施的实施,故意以国家安全保障为名行保障措施之实,国家安全只是规避WTO规则规制的借口。美国采取基于国家安全的钢铝贸易限制措施最直接和主要的目的是保护美国国内钢铝产业发展,其所实际和主要追求的效果是促进美国钢铝等制造业的繁荣。

(二)美国基于国家安全的钢铝贸易限制措施与保障措施在特征上的契合

上诉机构在中国台北诉印度尼西亚某些钢铁产品保障措施案(DS490)和越南诉印度尼西亚某些钢铁产品保障措施案(DS496)中认为,在独立和客观审查一个措施是否构成保障措施时,必须鉴别出与此措施的法律特征相关的所有方面。

美国基于国家安全的钢铝贸易限制措施同反倾销、反补贴、国家安全措施一样,均是对约束关税义务的例外,均是特殊贸易情况下的救济措施。但美国基于国家安全的钢铝贸易限制措施具有区别于反倾销、反补贴、国家安全措施,却类同于保障措施的独有特征。

1. 美国基于国家安全的钢铝贸易限制措施实施的前提条件类同于保障措施实施的前提条件

保障措施实施的前提条件如下:A.不可预见的发展存在;B.进口的相对

增加或进口的绝对增加;C.严重损害进口国国内生产直接竞争产品或同类产品的产业的利益,或严重损害威胁进口国国内生产直接竞争产品或同类产品的产业的利益;D.特定产品的进口增长与进口成员国国内产业损害之间存在因果关系。美国商务部在《钢铁进口对美国国家安全影响的调查报告》和《铝进口对美国国家安全影响的调查报告》中论证的美国基于国家安全的钢铝贸易限制措施的实施前提条件实际上类同于保障措施。

首先,美国钢铝进口调查报告中阐述了由于存在不可预见的发展导致钢铝产品的进口美国的数量增加。美国商务部在《钢铁进口对美国国家安全影响的调查报告》中声明:"美国是世界上最大的钢铁进口国。2017年前十个月,美国钢材进口的数量与2016年相比大为增加,美国国内钢材的消费量的30%以上为进口钢材产品。美国钢材出口量仅为美国钢材进口量的四分之一。"[1]美国商务部在《铝进口对美国国家安全影响的调查报告》中声明:"2016年,美国的原铝进口量是其国内产量的5倍;进口市场份额约为90%,高于2012年的66%。2016年美国铝(包括原铝及下游产品)消费量的64%来自进口。2016年美国进口的铝类产品总量为590万公吨,比2013年的440万吨增加了34%。2017年前10个月,铝材进口量同比增长18%。铝行业下游部门的进口,如铝条、棒材、板材、铝片、铝箔、线材、管材,从2013年的120万公吨增长到2016年的160万公吨,增长幅度达33%。2016年全年,对于本次调查所涵盖的铝产品类别,美国的贸易逆差为72亿美元。"[2]由此可见,美国商务部在《钢铁进口对美国国家安全影响的调查报告》和《铝进口对美国国家安全影响的调查报告》列举了大量数据来证明由于钢铝产业存在不可预见的发展,美国钢铝产品的进口大量增加的事实。

其次,美国商务部在《钢铁进口对美国国家安全影响的调查报告》和《铝进口对美国国家安全影响的调查报告》中明确指出外国钢铝产品大量输入美国严重损害或严重威胁美国国内生产直接竞争产品或同类产品的产业的利益。同时,调查报告中指明外国钢铝产品大量输入美国与美国国内产业损害之间存在因果关系。如美国商务部在《钢铁进口对美国国家安全影响的调查报告》中声

---

[1] See U.S. Department of Commerce,*The Effect of Imports of Steel on the National Security*,2018.
[2] See U.S. Department of Commerce,*The Effect of Imports of Aluminum on the National Security*,2018.

明:"钢材过度进口已经对钢铁行业产生了不利影响。许多美国钢厂关闭,就业大幅下降,国内销售和市场份额下降。并且美国钢铁企业边际年净利润反映了美国钢铁行业的下滑","随着钢材进口量增加,美国钢铁产量下降,钢铁产能停滞","从 2000 年至今,钢铝产品进口过量导致的竞争加剧和替代国内钢材,导致 6 座转炉设备关闭和 4 座以上设备空转(设备数量减少超过 50%),国内钢铁产业 35% 的工人失业,导致美国国内钢铁产业整体平均运营净收入从 2009 年以来一直是负值"。① 美国商务部在《铝进口对美国国家安全影响的调查报告》中也声称:"铝的大量进口对美国原铝行业的经济福利和产能造成了严重的负面影响。尽管美国和全球对铝的需求不断增长,但美国的铝产量却在下降。2016 年,美国的原铝产量约为 2015 年的一半,2017 年的产量进一步下降。目前美国冶炼厂的产能为 43%,年产量为 78.5 万公吨。而在 2013 年,美国的产量每年约为 200 万公吨。自 2012 年以来,共有 6 家冶炼厂永久倒闭,3 500 名工人失业,每年的产能损失为 113 万吨。在 2013 年至 2016 年期间,原铝行业的就业岗位锐减 58%,从 1.3 万岗位减少至 5 000 岗位。"②

美国商务部在调查报告中从如下方面论证钢铝进口对美国国家安全造成影响:第一,钢铝对美国国家安全而言极为重要;第二,输入美国的钢铝产品不断增加严重损害美国国内钢铝相关产业;第三,输入美国的钢铝替代产品的不断增加侵害美国国内经济;第四,美国国内经济被全球钢铝产能过剩所削弱。调查报告的第一方面的论证实则是为 232 钢铝措施强加上国家安全的帽子,却不具有证明力。因为任何产品均对国家安全有影响,从某种意义上而言,对美国国家安全均重要。调查报告实际上主要论证的是第二、三、四方面,此三方面论证的逻辑进路与保障措施实施必要性的论证逻辑是一致的,均是先论证特定产品进口不断增加,再论证国内相关产业出现萧条、衰落等严重损害情形,最后论证进口增长与产业衰退之间存在因果关系,故而,进口国需对特定的进口产品采用类同于保障措施的加征关税的限制进口措施。从美国商务部的调查报告以及总统公告观之,其内在论证逻辑进路与 WTO 保障措施规则所要求的国家符合保障措施实施条件中的证明进路高度契合。钢铝进口调查报告论证逻

---

① See U. S. Department of Commerce, *The Effect of Imports of Steel on the National Security*, 2018.
② See U. S. Department of Commerce, *The Effect of Imports of Aluminum on the National Security*, 2018.

辑符合产品进口状况符合保障措施实施条件的论证逻辑。美国实际上是证明美国钢铝进口状况符合保障措施采取的条件,美国基于国家安全的钢铝贸易限制措施符合WTO《保障措施协定》的保障措施实施条件要求。因而,美国基于国家安全的钢铝贸易限制措施实施条件类同于保障措施。

2. 针对的贸易类型类同于保障措施

美国商务部的《钢铁进口对美国国家安全影响的调查报告》和《铝进口对美国国家安全影响的调查报告》中并未指责钢铝出口国存在不公正贸易的做法,钢铝出口国并不存在违反WTO规则的行为。所以,美国实施的钢铝贸易限制措施并非针对钢铝出口国的不公正贸易行为,并不以不公平进口为必然前提。

在针对公平贸易方面,美国基于国家安全的钢铝贸易限制措施与保障措施相契合。保障措施与反补贴与反倾销措施的不同之处在于:反补贴与反倾销措施针对的是倾销和补贴等不公平贸易行为;而保障措施"并不以不公平进口为必然前提"[1],保障措施是在公平贸易状况中针对突发紧急情况而采取的贸易救济措施,是在对方国家并不存在不公平贸易行为的情况下所实施的进口限制措施。

3. 调查证明内容类同于保障措施

在证明内容方面,美国基于国家安全的钢铝贸易限制措施与保障措施相一致。保障措施证明的内容是特定产品的进口剧增导致国内对应产业的严重损害,无需证明出口国存在补贴或倾销行为。美国商务部的《钢材进口对美国国家安全影响的调查报告》和《铝进口对美国国家安全影响的调查报告》实质也是证明钢铝剧增导致国内钢铝产业的严重损害,且并未证明钢铝出口国存在倾销和补贴等不公平贸易行为。

"232条款"规定国家安全保障措施的实施前提是"关税或其他进口限制措施的减让或取消会威胁到损害国家安全"[2],在美国商务部的《钢铁进口对美国国家安全影响的调查报告》和《铝进口对美国国家安全影响的调查报告》中,虽然对进口钢铝产品对国家安全影响有论及,但却并未有充分证据证明钢铝产品

---

[1] 张乃根.WTO贸易救济争端裁决的执行及其比较[J].暨南学报(哲学社会科学版),2014,36(5):1-9.
[2] 王秋怡.特朗普政府《美国国家安全战略》报告评析[J].国际论坛,2018(3):28-34.

的进口会直接威胁或损害到美国的国家安全,只能证明钢铝产品的进口会间接影响美国国家安全,但并未达到威胁或损害美国的国家安全的严重程度。因此,美国基于国家安全的钢铝贸易限制措施主要性质并非国家安全措施,而主要是保障措施。

4. 实施方式类同于保障措施

保障措施的具体实施方式主要为加征额外的进口关税和采取配额与数量限制。美国商务部的《钢铁进口对美国国家安全影响的调查报告》和《铝进口对美国国家安全影响的调查报告》中建议对进口钢铝产品实行全球配额或全球关税,提出除对进口钢铁产品加征关税外,还对所有进口钢铁产品实行配额限制或数量限制。美国总统在加征钢铝关税的总统令中谋求与钢铝出口国达成自动出口限制协议或其他有序销售安排。① 可见,美国基于国家安全的钢铝贸易限制措施与保障措施实施方式相类同,都涵括加征关税、配额限制和数量限制等措施。因此,美国基于国家安全的钢铝贸易限制措施与保障措施在实施方式方面是相类同的。

5. 实施期限趋同于保障措施

保障措施的实施期限一般为 4 年,极其例外情况下可延长,但最长实施期限不能超过 8 年。保障措施的实施期限长于反倾销、反补贴等限制进口措施。美国基于国家安全的钢铝贸易限制措施并未存在配额和关税的终止期限的规定,也就是说,其实施期限较长,直至达到美国采取此措施的目的为止,类同于保障措施。可见,美国基于国家安全的钢铝贸易限制措施在实施期限上与保障措施趋同。

6. 无司法审查类同于保障措施

法院享有对本国政府的行政行为进行司法审查的权利。② 国家采取的贸易救济措施在多数情况下应受本国(或地区内)法院的司法审查。在国家采取反倾销和反补贴措施时,根据《补贴与反补贴措施协定》第 23 条与《反倾销协定》第 13 条的规定,WTO 成员方内应设立对反倾销和反补贴措施进行司法审查的司法和仲裁机构或程序,此机构或程序独立于反倾销和反补贴措施的主管

---

① 孔庆江,刘禹.特朗普政府的"公平贸易"政策及其应对[J].太平洋学报,2018(10):41-51.
② 江必新.行政程序正当性的司法审查[J].中国社会科学,2012(7):123-140.

机构,有权迅速审查和最终裁定政府在反倾销和反补贴中的行政行为,有权对反倾销和反补贴措施的合法性依照法定程序进行审查。

WTO《保障措施协定》却没有关于对成员方政府的保障措施进行司法审查的规定。各成员方的保障措施法也多未存在对政府保障措施进行司法审查的规定。与之相同的是,美国"232条款"虽有国会否决总统对石油及石化产品进口的调整措施的规定,但并未存在对美国基于国家安全的钢铝贸易限制措施进行司法审查的规定。在对措施进行司法审查方面,美国基于国家安全的钢铝贸易限制措施与保障措施相同。

(三) 美国基于国家安全的钢铝贸易限制措施与保障措施在核心功能上契合

美国基于国家安全的钢铝贸易限制措施最核心的部分应为其最主要的功能。归根到底,美国各种具体的钢铝贸易限制措施是为实现其最主要功能而存在和运作的,美国基于国家安全的钢铝贸易限制措施的运行与停止是以此措施的功能的实现及其实现程度为标准的。美国"232关税"措施的真实性质的认定应以美国基于国家安全的钢铝贸易限制措施的核心部分,即美国基于国家安全的钢铝贸易限制措施客观上所已达到或能达到的主要功能为判断标准。美国基于国家安全的钢铝贸易限制措施的核心功能就是国内产业的救济和调整。美国政府采取基于国家安全的钢铝贸易限制措施最直接与最重要的目的就是救济和调整美国钢铝产业。美国基于国家安全的钢铝贸易限制措施的核心功能与保障措施功能相一致。具体体现在如下方面:

首先,美国基于国家安全的钢铝贸易限制措施在帮助企业重塑竞争力方面与保障措施功能相一致。

保障措施的最基本的功能是帮助企业重塑竞争力,实现产业的救济和调整。特定产品的大量进口会导致此产品进口国国内相关企业的产品产量与销量下降,造成国内企业所占有的国际、国内市场份额降低,以及此国内企业的利润下降和亏损增加,进而丧失竞争力。因此,进口国政府会采取保障措施为国内产业提供临时的保护措施。① 政府通过限制进口,减少国内产品的竞争,为

---

① AHN D. The legal and economic analysis of the WTO/FTA System[M]. Singapore: World Scientific Publishing Co. Pte. Ltd., 2006: 111.

国内产业赢得调整时间,可增强国内产业的国际竞争力。①

美国政府采取基于国家安全的钢铝贸易限制措施主要是帮助钢铝企业重塑竞争力,实现钢铝产业的救济和调整。美国正处于钢铝等传统制造产业结构大幅度调整的时期,若美国政府不采取基于国家安全的钢铝贸易限制措施减弱外部激烈的竞争对美国国内产业的巨大冲击,就可能阻滞或破坏美国钢铝等传统制造产业结构的调整和改革,进而影响或冲击美国国内的政治、经济和社会的稳定。② 美国政府采取基于国家安全的钢铝贸易限制措施所实质追求的就是减少阻碍美国钢铝等传统制造产业结构调整和改革的外部竞争因素。③

美国基于国家安全的钢铝贸易限制措施的最主要和最直接的功能是减轻因钢铝进口增加对国内钢铝产业的冲击,为钢铝产业争取调整的时间和机会。由于美国国内钢铝产品在国际竞争中处于劣势,为避免美国钢铝行业陷入更恶劣处境,美国采取钢铝贸易限制措施进行钢铝产品的进口限制,从而通过减少进口的方式对美国钢铝等制造业进行救济。美国基于国家安全的钢铝贸易限制措施本身不是产业调整手段,并不能直接保证美国国内钢铝产业结构调整的实现和成功,但美国基于国家安全的钢铝贸易限制措施能为美国政府和受损产业自身提供产业调整的时间和机会。

美国对进口的钢铝产品征收"232 关税"所能达到的直接效果和功能就是降低外国钢铝产品对美国的出口数量,从而为美国国内钢铝企业赢得时间进行调整和改革,增强它们在国际市场上的竞争力。因此,在帮助企业重塑竞争力方面,美国基于国家安全的钢铝贸易限制措施与保障措施功能相一致。

其次,美国基于国家安全的钢铝贸易限制措施在帮助产业有序收缩方面与保障措施功能相一致。保障措施也有助于受损国内产业的有序收缩。④

---

① JACKSON J H, DAVEY W J, SYKES A O Jr. Legal problems of international economic relations: Cases, materials and text on the national and international regulation of translational economic relations [M]. St Paul, Minn.: West Pub. Co, 1995: 65.
② 席涛.产业政策、市场机制与法律执行[J].政法论坛,2018,36(1):45-62.
③ 江小涓.经济转轨时期的产业政策:对中国经验的实证分析与前景展望[M].上海:格致出版社,2014:191.
④ CABRAL C C, KUJAL P, PETRAKIS E. Incentives for cost reducing innovations under quantitative import restraints[M]//ENCAOUA D, HALL B H, LAISNEY F, et al. The economics and econometrics of innovation. New York: Kluwer Academic Publishers, 2000:457-471.

有序收缩系政府进行产业调整的一种方式。有序收缩是指国内企业将生产资料从原生产行业中抽离出来转而输入其他更具生命力的新行业。因进口增加而受损的国内产业进行自我救济的方式之一就是转产,即退出原行业投入更具生命力的新行业。但若转产过程过于仓促,则会滋生诸多弊端,甚至导致转产失败。若政府采取措施帮助企业转产,使产业实现有序收缩,可消解转产所致的弊端。保障措施有助于企业实现有序收缩。保障措施主要功能在于其可减缓受损国内企业的收缩率,减轻进口对国内企业的生产要素与劳工要素的冲击。① 保障措施可降低失业成本,有利于生产资源的有序转移。②

美国对进口的钢铝产品采取钢铝贸易限制措施能避免因外国商品大量涌入美国国内市场,而对美国钢铝产业产生剧烈冲击,从而能给予美国钢铝企业及其工人足够的时间进行调整,能帮助不具有竞争力的美国钢铝工业有序的收缩,使劳动力能有序转移。因此,在帮助企业有序收缩方面,美国基于国家安全的钢铝贸易限制措施与保障措施功能相一致。

最后,美国基于国家安全的钢铝贸易限制措施在衡平救济及财富重新分配方面与保障措施功能相一致。

保障措施具有衡平救济及财富重新分配的功能。衡平救济及财富重新分配理论从衡平法的角度解释保障措施存在的合理性。尽管保障措施可能会导致社会整体福祉的降低,但保障措施可以帮助缺乏国际竞争力的产业逐渐脱离困境,有助于受损产业及其产业工人顺利转入新的有利生存环境。③ 美国可将采取基于国家安全的钢铝贸易限制措施能够减低进口的钢铝对美国钢铝产业整体的冲击,从而避免国内钢铝产业的整体亏损,能使国内钢铝亏损企业中失业的劳动者在国内其他盈利的钢铝企业中再就业。因此,在衡平救济及财富重新分配方面,美国基于国家安全的钢铝贸易限制措施与保障措施功能相一致。

综上所述,在措施的构成、特征、功能、核心要素方面,美国基于国家安全的

---

① BHALA R, KENNEDY K. World trade law: the GATT-WTO systems, regional arrangements, and U. S. Law[M]. Washington: Lexis Law Publishing, 1998: 186.
② KAPLAN D P. Has trade protection revitalized domestic industries? [R]. Washington, DC: Congress of the US, Congressional Budget Office, 1986.
③ MCDONALD B. The world trading system: The Uruguay round and beyond[M]. London: Palgrave Macmillan, 1998: 176.

钢铝贸易限制措施与保障措施相一致。由此可见，美国基于国家安全的钢铝贸易限制措施无论是在措施的外在形式方面还是措施的内在实质方面，均与保障措施均极度契合，因而，美国基于国家安全的钢铝贸易限制措施应定性为保障措施。

四、美国基于国家安全的钢铝贸易限制措施并非国家安全措施

（一）国家安全措施的范围

欲明确国家安全措施的范围须先明晰何谓国家安全。首先应当界定"安全"的基本含义。在《布莱克法律词典》中，安全被界定为不受攻击与不处于危险境地的情形。① 在《韦氏法律词典》中，安全指保障并使之不处于危险与恐惧之中。② 在《牛津高阶英语词典》中，安全指保障人与国家等主体并使之不处于受攻击与危险状态。③ 综合上述解释可知，安全措施应指保障人与国家等主体免受攻击并不处于危险状态的措施。措施是实现人与国家等主体免受攻击或危险的保障。"国家安全"一词被美国作家李普曼在其《美国外交政策》一书中最先提出，其认为国家安全是指国家为保障其国家合法利益而采取的避免战争的措施，及特殊情况下利用战争方式保障其国家合法利益的措施。④ 可见，国家安全措施主要与战争相关，指国家避免战争与应付战争的措施。

从历史维度观之，国家安全的观念因二战而激发诞生并逐渐演化。国家安全观念是在战争状况下源于国家追求主权独立与领土完整的诉求，并由此衍生与发展。因而，美国学者布朗主张国家安全指国家的政治安全与军事安全，国家安全措施仅指维护国家政治安全与军事安全的措施。⑤ 罗伯特·J.阿特也主张国家安全仅限于保卫国家免受军事攻击与侵略的范畴。⑥ 美国学者史蒂

---

① BLACK H C. Blacks law dictionary[M]. St Paul, Minn.: West Pub.Co, 1979: 4226.
② 韦伯斯特.韦氏法律词典: 英文[M].北京: 中国法律出版社, 2014: 494.
③ 韦迈尔.牛津高阶英语词典[M].6版·英语版.北京: 商务印书馆, 2004: 1155.
④ ERIC J. Balancing security and growth: Defining national security review of foreign investment in China[J]. Washington International Law Journal, 2010, 19(1): 161-186.
⑤ BROWNLR, FLAVINC, FRENCH H. State of the world 1999: A worldwatch Institute report on progress toward a sustainable society[M]. New York: W. W. Norton & Company, 1997: 98.
⑥ Art R J. A defensible defense: America's grand strategy after the Cold War[J]. International Security, 1991, 15(4): 5-53.

芬·沃尔特亦主张国家安全仅是与战争有关的政治与军事安全，反对扩展国家安全的范围。①上述观点被国家条约所认可与采纳，如 GATT 1994 的国家"安全例外条款"则吸收了上述观点，将国家安全主要限定为国家的政治安全和军事安全。

冷战结束后，国家经济问题、生态问题、网络信息安全问题等被学者们上升至国家安全的高度进行考量，部分国家和学者提出拓展国家安全范围的观点与构想。如英国学者布赞与丹麦学者维夫和怀尔德所合著的《新安全论》中呼吁国家安全应涵括政治安全、军事安全、社会安全、经济安全与环境安全。②俄罗斯学者沙瓦耶夫也认为国家安全的范围应当拓展，应当融入经济安全、生态安全、信息安全、技术安全、等方面的内容。③上述观点虽被美国、俄罗斯、蒙古等部分国家所采纳④，但并未获得世界绝大多数国家和权威国际组织的普遍公认。

从国际实践观之，世界各国和各国际组织普遍公认与战争相关的国家政治与军事安全为国家安全，即国家保障其政治与军事安全的措施为国家安全措施的认定在国际上是不存在异议的。而国家经济安全、信息安全、生态安全、金融安全、科技安全、粮食安全、文化安全、资源与能源安全等却并未被世界各国和各国际组织公认为国家安全，仅个别国家单方面将国家经济安全、信息安全、生态安全、金融安全、科技安全、粮食安全、文化安全资源与能源安全等视同为国家安全，单方面将国家经济安全措施、信息安全措施、生态安全措施、金融安全措施、科技安全措施等宣称为国家安全措施，此种国家的单方面的认定与声明并未获得权威的国际组织和其他大多数国家的认可。单方面将国家经济安全措施、信息安全措施、生态安全措施、金融安全措施、科技安全措施等认定为国家安全措施的做法并未形成世界公认的国际惯例。因此，美国基于国家安全的钢铝贸易限制措施实为国家经济管制措施，美国单方面将其认定为国家安全措施的做法未获得权威的国际组织和其他大多数国家的认可，因而，此种认定是

---

① 布赞，维夫，怀尔德.新安全论[M].朱宁，译.杭州：浙江人民出版社，2003：1-2.
② 同上.
③ 沙瓦耶夫.国家安全新论[M].北京：军事谊文出版社，2002：25-29.
④ The White House. National strategy for home land security[R]. Washington, DC: The White House，2007.

不成立的,也是无效的。

(二) 美国基于国家安全的钢铝贸易限制措施不属于 WTO 认可的国家安全措施

国家安全措施通常被认为系国家为保障国家基本安全利益所采取的措施。不同的国家和学者因其所持的国家安全观不同,其对国家安全措施的界定和范围亦随之而不同,因而,对一措施是不是国家安全措施的判定结论也截然不同。因此,判断某措施是不是国家安全措施,应首先明晰其所基于的国家安全观。

国家安全观可分为狭义的国家安全观与广义的国家安全观。狭义的国家安全观,亦称为传统的国家安全观,将国家安全限定为保障国家的主权与领土完整的政治与军事等方面的安全。① 只有国家采取的保障国家的主权安全、领土安全、政治安全、军事安全的措施才是国家安全措施。广义的国家安全观极大拓展了国家安全的范围,不仅将国家的主权、领土、政治、军事等方面的安全视为国家安全,亦将经济安全、信息安全、生态安全、金融安全、科技安全、粮食安全、文化安全、资源与能源安全等视为国家安全。② 因此,在广义的国家安全观的主导下,国家所有的措施均可被视为是国家安全措施。

鉴于美国基于国家安全的钢铝贸易限制措施争端最适格的处理机构为 WTO 争端解决机构,对美国基于国家安全的钢铝贸易限制措施是不是国家安全措施的判断必须置于 WTO 争端解决的语境中进行分析。在 WTO 争端解决的维度而言,国家安全应进行限缩解释,仅指狭义的国家安全,仅指涉及国家根本安全利益的国家安全事项,只采用国家安全无争议的核心涵义和范围,排除掉其外延涵义与范围。若国家安全指广义的国家安全,则国家的任何措施均可是国家安全措施,国家任何违背 WTO 义务的措施均可被认定为是国家安全措施,并可通过援用国家安全例外条款而免除其违背 WTO 义务的责任。如此,WTO 的整个法律体系将形同虚设,WTO 自由贸易体系将名存实亡。

而且,国家在货物贸易领域可基于国家安全采取违反 WTO 义务的措施的

---

① 任卫东.传统国家安全观:界限、设定及其体系[J].中央社会主义学院学报,2004(4):68-73.
② 周叶中,庞远福.论国家安全法:模式、体系与原则[J].四川师范大学学报(社会科学版),2016,43(3):87-101.

免责条款为 GATT 1994 第 21 条。依据 DS512 案中专家组对 GATT 1994 第 21 条中"国家安全"的解释，国家安全措施仅指涉及国家的主权、领土、政治、军事等方面的安全。① 可见，WTO 争端解决机构坚持的是狭义的国家安全观，并非美国在其钢铝贸易限制措施中所强调的广义的国家安全观。WTO 争端解决机构为避免成员方滥用国家安全例外条款，仅将国家安全限定为成员方的领土与主权相关的军事、政治安全，仅将国家单纯的政治措施与军事措施视为是国家安全措施，并未将国家所采取的经济安全、信息安全、生态安全、金融安全、科技安全、粮食安全、文化安全、资源与能源安全等措施视为国家安全措施。因此，美国基于国家安全的钢铝贸易限制措施并非 WTO 所认可的国家安全措施。

第二节　WTO 保障措施实施前提条件相符中的证明问题

WTO 成员方是否满足实施保障措施的前提条件是判断成员方保障措施是否具有合法性的关键考量因素之一。WTO 保障措施实施条件规则设置了 WTO 成员方实施保障措施必须满足的前提条件及其标准，并设定了保障措施实施方在其中应当承担的义务。美国基于国家安全的钢铝贸易限制措施为保障措施，美国就必须满足实施保障措施的前提条件，履行 WTO 保障措施实施条件规则所设定的义务。②

一、WTO 保障措施实施前提条件相符性证明是否合规之争

在美国基于国家安全的钢铝贸易限制措施案中，中国、欧盟、印度等申诉方认为，美国基于国家安全的钢铝贸易限制措施不符合 WTO 保障措施实施条件

---

① *Russia — Measures Concerning Traffic in Transit*：Report of the Panel，WT/DS512/R，Para.59.
② 按照 WTO 保障措施规则所规定的义务内容的不同，可将 WTO 保障措施义务分为禁止性义务和必为性义务。禁止性义务指不做某种行为；必为性义务必须做某种行为。美国基于国家安全的钢铝贸易限制措施是否与相关 WTO 保障措施规则中的必为性义务和禁止性义务相符是在分析美国基于国家安全的钢铝贸易限制措施合法性问题过程中必须探讨的问题。

第二章 美国基于国家安全的钢铝贸易限制措施与 WTO 保障措施规则的相符性问题

规则。美国基于国家安全的钢铝贸易限制措施实质上构成保障措施。美国未能对"不可预见的情形",进口"激增"和"在这种情况下",并"对国内产业造成严重损害或严重损害威胁"上述要素提供合理和充分的解释。因此,美国基于国家安全的钢铝贸易限制措施违反 GATT 1994 的第 19 条 1(a)款。美国对有关国家出口到美国的钢铝产品采取了保障措施,不符合"正在进口至其领土的一产品的数量与国内生产相比绝对或相对增加,且对生产同类或直接竞争产品的国内产业造成严重损害或严重损害威胁,方可对该产品实施保障措施"的规定。因此,美国基于国家安全的钢铝贸易限制措施违反《保障措施协定》第 2 条第 1 款。美国没有正确确定对国内产业造成严重损害或严重损害威胁。因此,美国基于国家安全的钢铝贸易限制措施违反《保障措施协定》第 4 条第 1 款。美国未能适当评估与国内产业状况有关的所有相关因素;未能证明进口增加与严重损害或严重损害威胁之间存在因果关系,包括不包括因进口增加以外的因素造成的损害;并没有公布其结论的详细分析和论证。因此,美国基于国家安全的钢铝贸易限制措施违反《保障措施协定》第 4 条第 2 款。

美国对中国、欧盟、印度等申诉方的指控均不认可。美国认为其证明充分且合规,未违反 WTO 保障措施实施条件规则,未违反 GATT 1994 的第 19 条 1(a)款,未违反《保障措施协定》第 2 条第 1 款、第 4 条第 1 和第 2 款。

双方争议中所涉条款是保障措施实施条件规则,即 GATT 1994 的第 19 条 1(a)款[①]和《保障措施协定》第 2 条第 1 款[②]、第 4 条第 1 款[③]、第 4 条第 2

---

① GATT 1994 第 19 条 1(a)款规定:如因意外情况的发展或因一缔约国承担本协定义务(包括关税减让在内)而产生的影响,使某一产品输入到这一缔约国领土的数量大为增加,对这一领土内相同产品或与它直接竞争产品的国内生产者造成严重损害或产生严重的威胁时,这一缔约国在防止或纠正这种损害所必需的程度和时间内,可以对上述产品全部或部分地暂停实施其所承担的义务,或者撤销或修改减让。

② 《保障措施协定》第 2 条第 1 款规定:一成员只有在根据下列规定确定正在进口至其领土的一产品的数量与国内生产相比绝对或相对增加,且对生产同类或直接竞争产品的国内产业造成严重损害或严重损害威胁,方可对该产品实施保障措施。

③ 《保障措施协定》第 4 条第 1 款规定:严重损害或严重损害威胁的确定就本协定而言:(a)"严重损害"应理解为指对一国内产业状况的重大全面减损;(b)"严重损害威胁"应理解为指符合第 2 款规定的明显迫近的严重损害。对存在严重损害威胁的确定应根据事实,而非仅凭指控、推测或极小的可能性;以及(c)在确定损害或损害威胁时,"国内产业"应理解为指一成员领土内进行经营的同类产品或直接竞争产品的生产者全体,或指同类产品或直接竞争产品的总产量占这些产品全部国内产量主要部分的生产者。

款①。双方争议中所涉及的具体问题主要是美国基于国家安全的钢铝贸易限制措施与保障措施实施条件规则相符性的证明问题,首先必须明晰WTO保障措施实施前提条件相符论证中保障措施实施方存在哪些证明义务?证明义务的具体内容与履行基准是什么?若保障措施实施方对"不可预见的情形""进口激增""在这种情况下""对国内产业造成严重损害或严重损害威胁"负有具体证明义务,美国在实施钢铝贸易限制措施过程中是否依照上述的证明义务的具体要求履行其应尽义务?上述问题系美国基于国家安全的钢铝贸易限制措施案中必须明晰的问题。

二、WTO保障措施前提条件相符的证明义务及履行基准

成员方实施保障措施的法律依据系GATT 1994第19条与《保障措施协定》中的规则,两协定中的保障措施规则是兼容的,其所设定的义务成员在实施保障措施时均应遵守。②保障措施实施条件规则主要包括GATT 1994第19条1(a)款和《保障措施协定》第2条第1款、第4条第1款和第4条第2款。措施实施条件规则中规定了WTO成员在保障措施实施条件层面应承担的必为性义务。

保障措施实施条件相符性证明中的积极义务主要包括拟采取保障措施的成员方应当履行的证明义务,在证明过程中对相关因素的审查和评估义务,及对证明和评估中的论证和结果进行公告的义务。下述将详细解析保障措施实施条件相符性证明中的各义务的具体内容与履行基准。

---

① 《保障措施协定》第4条第2款规定:(a)在根据本协定规定确定增加的进口是否对一国内产业已经或正在威胁造成严重损害的调查中,主管机关应评估影响该产业状况的所有有关的客观和可量化的因素,特别是有关产品按绝对值和相对值计算的进口增加的比率和数量,增加的进口所占国内市场的份额,以及销售水平、产量、生产率、设备利用率、利润和亏损及就业的变化。(b)除非调查根据客观证据证明有关产品增加的进口与严重损害或严重损害威胁之间存在因果关系,否则不得作出(a)项所指的确定。如增加的进口之外的因素正在同时对国内产业造成损害,则此类损害不得归因于增加的进口。(c)主管机关应依照第3条的规定,迅速公布对被调查案件的详细分析和对已审查因素相关性的确定。

② Appellate Body Report, *Korea — Definitive Safeguard Measure on Imports of Certain Dairy Products*, WT/DS98/AB/R, para. 77.

| 第二章　美国基于国家安全的钢铝贸易限制措施与 WTO 保障措施规则的相符性问题 |

(一)"不可预见发展"的证明义务及履行基准

依据 GATT 1994 第 19 条 1(a)款①的规定,"不可预见的发展"是 WTO 成员拟采取保障措施前必须存在的客观条件。"不可预见"具有出乎意料、无法预想的含义。② "不可预见的发展"指关税减让方在确定减让义务时所无法预想的突发情势,且此种情势导致特定商品的大量输入关税减让方,并由此致使关税减让方的竞争国内产业出现严重损害或损害威胁。

拟采用保障措施的成员对因"不可预见的发展"导致特定商品的大量输入本国并由此致使本国的竞争国内产业出现严重损害或损害威胁的情况负有评估和证明的义务。拟采用保障措施的成员在论证其结论时理据是否充分、分析是否细致、对已审查因素相关性的认定是否准确,是判定该国是否合法履行《保障措施协定》和 GATT 1994 第 19 条 1(a)款下义务的关键。因此,《保障措施协定》第 3 条第 1 款的规定,拟采用保障措施的成员的主管部门必须对不可预见情势致损的情形进行调查并出具调查报告,调查报告中必须包含对所涉事实问题与法律问题的调查结果及理据充分的结论。依照《保障措施协定》第 4 条 2(c)款的规定,拟采用保障措施的成员的主管部门必须及时公布调查中对已审查因素相关性的评估与考量的依据和结果,以及对调查结论的详尽分析理据。上述规则设立了拟采用保障措施的成员在不可预见情形上的证明义务。

在 WTO 争端解决的实践中,拟采用保障措施的成员在不可预见情形致损事项上的证明义务已多次被专家组和上诉机构所明确。此证明义务要求拟采用保障措施的成员主管部门必须对不可预见情形进行可识别的说明,主管部门必须对不可预见情形的存在提供合理且充分的解释。③ 主管部门不能在无充分理据和详尽分析的基础上得出存在不可预见情形的结论。④ 主管部门的证

---

① GATT 1994 第 19 条 1(a)款规定:"如因不可预见的发展或因一缔约国承担本协定义务(包括关税减让在内)而产生的影响,使某一产品输入到这一缔约国领土的数量大为增加,对这一领土内相同产品或与它直接竞争产品的国内生产者造成严重损害或产生严重的威胁时,这一缔约国在防止或纠正这种损害所必需的程度和时间内,可以对上述产品全部或部分地暂停实施其所承担的义务,或者撤销或修改减让。"
② ARLEY G, DELLA S. 朗文英汉双解词典[M].郑荣成,王瑞,段世镇,等译.北京:外语教学与研究出版社,1992:1545.
③ Panel Report, US — Steel, paras. 5-9
④ Appellate Body Report, US — Steel, para. 30.

明及其解释务必明确清晰,不能是仅存在可能性的说明。①

总而言之,拟采用保障措施的成员对不可预见的发展情形的证明义务涵盖下列履行要求:

1. **主管部门的报告要求**

主管部门应当发布调查报告,报告中务必涵括对"不可预见的发展"情形存在与否的证明。具体而言,报告中务必涵括对"不可预见的发展"情形存在与否的详尽分析。所有与"不可预见的发展"有关的事实问题和法律问题必须在报告中进行解释与说明。已审查因素是否具有相关性的结论及其理由也必须在报告中进行清楚说明。报告中务必涵括对"不可预见的发展"情形存在与否的最终结论以及得出此结论的充分理据。

2. **"不可预见的发展"之证明要求**

主管部门必须在调查报告中合理且充分的证明"不可预见的发展"致使特定商品进口激增,进而导致本国国内竞争产业出现重大损害或重大损害的威胁。主管部门的证明必须明确、清楚和详尽,且此种证明必须是直接证明,不能仅提示存在可能性或仅为暗示。

3. **"不可预见的发展"的证明报告之公布要求**

主管部门必须对公众公布关于"不可预见的发展"的调查报告。主管部门必须在实施保障措施前证明存在"不可预见的发展"的情势。在实施保障措施之后,甚至在WTO争端解决程序启动之后,主管部门再对"不可预见的发展"进行后补证明的,此证明无效。

(二)"进口增加"的证明义务及履行基准

1. **进口增加程度方面的证明义务及履行基准**

依据《保障措施协定》第2条第1款的规定可知②,进口增加是成员国采用保障措施的重要前提条件之一。在保障措施的实践中,进口增加也是频繁引起争议的实施条件之一。《保障措施协定》没有为"进口增加"所应达至的程度提

---

① Appellate Body Report, US — Pipe, para. 119.
② 《保障措施协定》第2条第1款规定:"一成员只有在根据下列规定确定正在进口至其领土的一产品的数量与国内生产相比绝对或相对增加,且对生产同类或直接竞争产品的国内产业造成严重损害或严重损害的威胁,方可对该产品实施保障措施。"

供明确的标准。在保障措施的争端解决实践中,专家组和上诉机构逐渐明晰"进口增加"在程度方面所应达的基准,并进一步明确了保障措施实施方在"进口增加"已达此程度基准上的评估和证明义务。

(1) 保障措施实施方对进口增加程度的定性和定量的评估和证明义务

保障措施实施方必须对进口增加同时进行定性和定量的评估,进口增加必须在质和量上同时符合致使其国内相应产业严重损害或损害威胁的标准。

上诉机构在阿根廷鞋类保障措施案中明确了对进口增加定性评估的基本要求,以及采用保障措施的成员在进口增加定性评估方面必须履行之义务。上诉机构确立的进口增加定性评估的标准为:进口增加必须是足够突然、足够近期、足够重大、足够急剧。① 在定性评估方面,保障措施实施方须承担进口增加是足够近期、足够突然、足够急剧、足够重大的证明义务。

上诉机构亦明晰了定量评估的标准,专家组阐明进口增加须在《保障措施协定》的语境中加以判断,进口增加是否已达至"如此数量"以致造成严重损害或威胁必须建立在第 4 条 2(a)款要求的"比率和数量"评估的基础上。② 上诉机构也认为采用保障措施的成员方在"进口增加"的证明中必须细致分析特定产品按相对值与绝对值计算的进口增加的数量与比率。

(2) 保障措施实施方对进口增加幅度和速度的评估和证明义务

采用保障措施的成员方在对进口增加进行证明时,必须从增加的速度与幅度两个层面证明进口增加达到能足够造成国内产业严重损害或损害威胁的程度。在 WTO 制度安排上,各成员之间进出口贸易量的增长是它们承担 GATT 1994/WTO 贸易自由化义务的正常结果和合理推论。③ 保障措施作为多边贸易体制的"安全阀",它仅针对贸易自由化义务导致个别国家受进口增加严重冲击的紧急情势。因此,在确定进口增加中,仅仅证明在一定的调查期间存在增加的趋势是不够的,因为如果是持续的、长期的进口增加,它不可能导致国内产

---

① Appellate Body Report, *Argentina — Footwear*, WT/DS121/AB/R, paras.129-131.
② Panel Report, *Argentina — Footwear*, WT/DS121/R, paras.161-162.
③ 在 GATT 1994 时期,仅不断削减关税一项,就刺激了世界贸易在 50 年代和 60 年代的高速增长,年平均增长率在8%左右。贸易自由化的势头还使贸易的增长在整个 GATT 1994 时代持续超过生产的增长,成为各国不断增强相互贸易能力并从中获利的一种手段。参见世界贸易组织秘书处.贸易走向未来:世界贸易组织(WTO)概要[M].张江波,索必成,译.北京:法律出版社,1999:14.

业进入需要实施保障措施的紧急状态。① 因此,保障措施实施方必须证明在一定的调查期间进口增加的幅度和速度已达"如此"程度以致造成严重损害或威胁。因此,保障措施实施方应当承担对进口增加的幅度与速度的评估义务,并履行对此种进口增加的幅度与速度已足够造成国内产业严重损害或损害威胁的证明义务。

2. 进口增加调查期间的合理确定义务及履行基准

保障措施实施方应承担合理确定进口增加调查期间的义务。保障措施实施方主管部门设定不同的进口增加调查期间会导致迥异的调查结果,故而,合理确定进口增加调查期间极为重要。

专家组在阿根廷鞋类保障措施案中确立了 5 年调查期间的标准,调查机关比对近 5 年的特定产品进口数据以判断是否存在进口增加。② 本案的上诉机构认为,依照《保障措施协定》第 2 条第 1 款与 GATT 1994 第 19 条 1(a)款的规定,进口增加指的是"产品正在进口"的增加,"正在进口"应指最近的进口增加。因而,进口增加调查期间的标准应是最近标准。主管机关不应仅局限于 5 年的调查期间,应当比对特定产品最近的进口数据的变化趋势。③ 因此,保障措施实施方在"进口增加"调查期间的确定方面应遵循"最近的"的标准。如果"最近的"无法确定,则应采用 5 年调查期的国际习惯性做法。

(三)"在此种条件下"的证明义务及履行基准

依据 GATT 1994 第 19 条和《保障措施协定》的规定,在确定进口增加是否造成严重损害或严重损害威胁之时必须考量"此种条件"。"此种条件"为竞争条件。GATT 1994 第 19 条和《保障措施协定》均未对"在此种条件下"进行明确。但专家组和上诉机构在保障措施争端解决实践中对"在此种条件下"进行了明晰。

1. 保障措施实施方必须履行对竞争条件进行分析的义务

"此种条件"中的"竞争条件"不是《保障措施协定》所明文规定的实施条件,

---

① LEE Y S. Safeguard measures: Why are they not applied consistently with the rules? [J]. Social Science Electronic Publishing, 2007, 36(1): 65.
② Panel Report, *Argentina — Footwear*, WT/DS121/R, para. 166.
③ Appellate Body Report, *Argentina — Footwear*, WT/DS121/AB/R, para. 130.

那么,保障措施实施方是否有对竞争条件进行分析的义务?专家组在阿根廷鞋类案中认为,竞争条件归属因果关系的范畴,对竞争条件分析的缺失会造成因果关系分析的不全面[1],即保障措施实施方主管部门在未对竞争条件进行详尽分析的基础上所得出的因果关系的分析结论是难以完全成立的。竞争条件指的是在进口方市场上进口产品与国内产品之间的竞争情况。若进口产品同国内产品之间的竞争造成进口方国内相关产业的损害,则证明进口增加与国内产业损害之间可能存在因果关系。若进口方国内相关产业的损害是由产品竞争之外的原因所造成,则其国内产业损害不可归因于产品进口的增加。详尽分析竞争条件是确定因果关系的必然要求。因此,"在此种条件下"要求保障措施实施方必须对竞争条件进行分析,以准确确定进口增加与产业损害之间的因果关系。保障措施实施方主管部门具有对竞争条件进行详尽分析的义务。

2. 保障措施实施方对竞争条件中各因素进行综合分析的义务

保障措施实施方主管部门必须分析进口产品同国内产品在进口方国内市场上的竞争条件。竞争条件并不仅仅指产品的价格,还可能涵盖产品质量、技术、服务、运输、消费者需求和其他的市场供求条件。[2] 因而,保障措施实施方主管部门不但应对国内产品价格同进口产品价格进行对比分析,而且应当对产品质量、技术、服务、运输、消费者需求和其他的市场供求条件进行综合分析,从而确定在此种竞争条件下进口增加是否对进口方国内产业造成重大损害或损害的威胁。

(四)"引起对国内产业的严重损害或威胁"的证明义务及履行基准

1. 对"国内产业"的证明义务及履行基准

依照《保障措施协定》第 4 条 1(c)款的规定,保障措施实施方国内进行经营的同类产品或直接竞争产品的全部生产者,或占全国国内产品总产量主要部分的直接竞争产品或同类产品的生产者可代表保障措施实施方的"国内产业"。由此可知,一方面,保障措施实施方必须证明特定产品的进口损害的是国内特定产品的全体生产者的利益,或损害的是占全国国内特定产品总产量主要部分的生产者的利益,而非个别或部分产品生产者的利益。另一方面,保障措施实

---

[1] Panel Report, *Argentina-Safeguard Measures on Inports of Footwear*, WT/DS121/R, para.8.252.

[2] Panel Report, *Argentina-Safeguard Measures on Import of Footwear*, WT/DS121/R, para.8.249.

施方必须证明国内特定产品是进口产品的直接竞争产品或同类产品。

(1) 对属于同类产品的证明义务

《保障措施协定》和 GATT 1994 第 19 条均未对同类产品和直接竞争产品作详细的解释。在欧共体石棉案中,WTO 专家组与上诉机构认为应依据以下标准确定产品"同类性":国内产品与进口产品存在物理上的同一性或相似性;国内产品与进口产品存在相同或类似的用户群;消费者认为进口产品可替代国内产品;国内产品与进口产品属于相同的关税类别。[①] 由此可见,保障措施实施方承担证明属于同类产品的义务,应当证明其限制进口的产品同国内产品两者之间存在物理上的同一性或相似、存在相同或类似的用户群、两者属于相同的关税类别、进口产品可替代国内产品。

(2) 对属于直接竞争产品的证明义务

上诉机构在美国诉韩国酒精饮料税收案和美国诉日本酒精饮料税收案中认为,当进口的产品同国内产品两者之间存在竞争的特征[②],即消费者认为进口的产品同国内产品两者之间两者可替代或可互换,则进口的产品同国内产品属于直接竞争产品。[③] 保障措施实施方在未证明或无法证明其限制进口产品与国内产品属于同类产品时,应证明其限制进口产品与国内产品属于直接竞争产品。

2. 重大全面减损确定中的证明义务及履行基准

依照 GATT 1994 第 19 条的规定,严重损害进口国的直接竞争产品或同类产品的国内产业,或对进口国的直接竞争产品或同类产品的国内产业产生严重损害的威胁,则可认定为是符合 WTO 保障措施规则中的产业损害的条件。至于产业损害的程度标准,GATT 1994 第 19 条规定产业损害应达到"严重"的程度。对于何种程度的损害可视为"严重",WTO《保障措施协定》第 4 条进行了明确,规定国内产业的重大全面的减损可被认定为"严重损害"。"严重损害"与"实质性损害"相比,其损害的程度更高。[④] "严重损害"标准是一种较高的标准。进口国国内产业必须是将要出现或正在遭受"重大全面的减损"方可被认

---

① Appellate Body Report, *European Communities — Asbestos*, WT/DS135/AB/R, para. 93.
② Appellate Body Report, *Japan — Taxes on Alcoholic Beverages*, WT/DS99/AB/R, para. 112.
③ 同上, paras. 114-118.
④ Appellate Body Report, *US — Lamb*, WT/DS177/AB/R, para. 124.

定为符合 WTO 保障措施规则中的产业损害的条件。①

为准确评估"严重损害",WTO《保障措施协定》第 4 条列举了主管机关评估严重损害或其威胁的客观和可量化的考虑因素,即 WTO《保障措施协定》第 4 条为实施保障措施的成员设立了客观和可量化地评估其严重损害或威胁的义务。依照 WTO《保障措施协定》第 4 条的规定,保障措施实施方应承担如下义务:(1)全面评估义务,进口国主管机构必须全面估量影响国内产业的全部可量化的客观因素。(2)透明度义务,进口国主管机构必须在实施保障措施前出具相关调查报告,必须在调查报告中对全部相关法律问题与事实问题进行分析,必须在调查报告中以可靠准确的事实证据、充分的理由和法律依据充分论证进口致国内产业严重损害的结论。具体而言,保障措施实施国应承担如下具体义务:

第一,主管机关必须审查第 4 条 2(a)款全部列举因素的义务。

《保障措施协定》第 4 条 2(a)款规定了进口国主管机构必须审查第 4 条 2(a)款全部列举因素的义务。进口国主管机关必须全部审查如下因素:国内特定产品的生产量、生产率和销售量;生产特定产品的国内企业的利润和亏损;国内生产特定产品的设备的利用率;生产特定产品的工人的就业情况;进口增加的特定产品在进口国国内市场上所占的份额;按相对值和绝对值计算的特定产品进口增加的数量与比率。进口国主管机构必须全部审查评估上述能够影响进口国国内产业的所有相关的可量化的客观因素,且进口国主管机构的审查评估义务为强制性的必为义务。

在 WTO 争端解决实践中,专家组和上诉机构已多次援用此义务标准审查成员国保障措施的合法性。在美国麦麸案中,专家组认为《保障措施协定》第 4 条 2(a)款为保障措施实施方设立了强制性的审查评估义务,保障措施实施方必须评估第 4 条 2(a)款所有的列举因素。② 在 WTO 韩国奶制品案中,专家组认为韩国 OAI(Office of Administration and Investigation)报告中未对生产率与生产能力利用率等列举因素进行审查和评估③,且韩国对价格、负债率等未

---

① Appellate Body Report, *US — Lamb*, WT/DS177/AB/R, para. 124.
② Appellate Body Report, *US — Wheat Gluten*, WT/DS166/AB/R, para. 96.
③ Panel Report, *Korea — Dairy Products*, WT/DS98/R, para. 78.

列举因素进行了审查,但未解释其选择这些因素审查评估的理由。因而,韩国措施不符合 WTO《保障措施协定》第 4 条 2(a)款规定的主管机关必须审查第 4 条 2(a)款全部列举因素的义务性要求。① 在阿根廷鞋类案中,专家组认为,保障措施实施方主管机构必须评估与进口增加致国内产业损害的事实相关的所有可量化的客观因素,并对其中涉及的法律问题和事实问题进行充分推理和论证,以证实审查因素与事实的相关性。调查报告中的论证应有充分的证据支撑,调查报告中的结论应具有说服力。②

总之,《保障措施协定》第 4 条 2(a)款为保障措施实施方设立了必须评估第 4 条 2(a)款所有的列举因素的强制性审查评估义务,而且,保障措施实施方承担必须在报告中详述对因素的分析和结论的义务。

第二,主管机关有审查与国内产业状况相关的其他未列举因素的义务。

依照《保障措施协定》第 4 条 2(a)款的规定,进口国主管机构必须对国内产业的总体状况进行全面评估才能对是否严重损害国内产业得出正确的判断。因此,进口国主管机构除了必须评估此条款中的列举因素之外,还应评估影响与进口国产业状况有关的其他可量化的客观因素。这些因素涵盖已经存在但尚未产生损害的因素,或与因果关系分析相关的因素。

上诉机构在阿根廷鞋类案中也认为进口国审查主管机构应审查与评估所有的列举因素和其他相关因素。因为,某些列举因素的变化并不能充分证明进口增加导致产业损害。③

专家组在美国麦麸案中也认为进口国审查主管机构对 WTO《保障措施协定》第 4 条 2(a)款未列举的但能对进口国国内产业状况造成影响的其他可量化的客观因素亦负有审查义务。即使主管机构通过审查未列举因素最终得出此因素不影响进口国国内产业状况,此种审查也是进口国审查主管机构必须履行的义务。对于哪些因素属于未列举的但能对进口国国内产业状况造成影响的其他可量化的客观因素,进口国审查主管机构享有自由裁量权,但审查主管机构应解释其属于审查范围的理由。而且,依照 WTO《保障措施协定》第 4 条

---

① Panel Report, *US — Shirt*, WT/DS33/R, para. 134.
② Panel Report, *Argentina — Footwear*, WT/DS121/R, para. 53.
③ 同上, para. 56.

2(a)款的规定,进口国审查主管机构对未列举因素的范围的确定并非完全自由,必须受衡量标准的限制,即未列举因素必须与进口国国内产业状况相关,且此因素必须是可量化的客观因素。进口国审查主管机构对未列举因素的审查和评估义务必须按照WTO《保障措施协定》中的义务性规则进行履行。

第三,主管机关应承担对最近导致严重损害的因素进行审查的义务。

GATT 1994第19条1(a)款和《保障措施协定》第2条第1款中均采用了"正在进口"的措辞,换而言之,WTO保障措施规则均要求的是进口国主管机构必须对正在进口的产品对国内产业正在造成的严重损害或严重损害威胁的情形进行审查和评估。进口国主管机构必须审查和评估进口国最近一段时间的进口状况,进口国主管机构审查和评估的进口国国内产业状况也必须是最近一段时间的。专家组在美国麦麸案中也认为,必须依据最近的产品进口和国内产业状况来确定是否存在严重损害。① 因此,保障措施实施国承担必须对最近的产品进口和国内产业状况进行审查和评估的义务。

总而言之,保障措施实施国的主管机构承担对进口增加导致产业损害的所有相关因素进行全面审查和评估的义务,以保证调查结论的准确性。保障措施实施国的主管机构不仅须承担对《保障措施协定》第4条2(a)款全部列举因素进行审查的义务,而且对与国内产业状况相关的其他未列举因素亦有审查的义务。此外,主管机关有必须是对最近的导致"严重损害"的因素进行审查。

3. 因果关系的证明义务及履行基准

依照《保障措施协定》第2条的规定,进口国调查机构必须证实特定产品的进口激增与进口国国内产业的重大损害或重大损害威胁之间具有必然的因果关系才能采取保障措施。因此,进口国主管机构除了必须承担对进口国存在特定产品的进口激增情形和进口国国内产业的重大损害或重大损害威胁情形的证明义务之外,还必须承担对特定产品的进口激增与进口国国内产业的重大损害或重大损害威胁之间具有必然的因果关系的证明义务。

进口剧增必须是国内产业受到损害或威胁的直接缘由、重要缘由和近因。依照《保障措施协定》第4条2(b)款的规定,进口国调查机构必须依据客观证据证实特定产品的进口激增与进口国国内产业的重大损害或重大损害威胁之

---

① Panel Report, *US — Wheat Gluten*, WT/DS166/R, para. 134.

间具有必然的因果关系,否则调查机构不得作出进口剧增威胁或严重损害某一国内产业利益的结论,进口国不得据此采取保障措施。《保障措施协定》第4条2(b)款亦明确规定,若进口国国内产业的重大损害威胁或重大损害为特定产品的进口剧增之外的缘由所致,则国内产业的重大损害或威胁不得归因于剧增的进口。

《保障措施协定》第4条第2款设定了进口国主管机构在因果关系上的具体证明义务:进口国主管机构在评估因果关系的过程中承担两方面具体义务:一方面,进口国承担证明进口剧增是国内产业受到损害或威胁的直接缘由、重要缘由和近因的义务;另一方面,进口国承担将进口剧增之外导致国内产业受到损害或威胁的原因剔除并不将其归因于进口增长的非归因义务。

《保障措施协定》并未具体规定进口国主管机构应遵循何种步骤和方法来履行因果关系的证明义务。进口国履行因果关系证明义务的具体要求主要通过专家组和上诉机构在 WTO 争端解决过程中明确。进口国主管机构应依照此专家组和上诉机构的解释来履行因果关系的证明义务。[①]

专家组在韩国牛奶保障措施案中分析并建构了证明进口增长与严重损害之间因果关系的基本方法。[②] 专家组依据《保障措施协定》第4条第1款与第2条第1款的规定指出,进口国主管机构在进行因果关系的证明时,必须证明遭受损害或威胁的国内产业情况是不是基于进口剧增的因素所导致。首先,进口国主管机构必须评估同进口国国内产业状况相关的全部可量化的客观因素。其次,若存在特定产品进口剧增之外的其他原因也会导致进口国国内产业出现威胁或损害的后果,进口国主管机构必须廓清其他因素造成的进口国国内产业的损害不属于进口剧增导致国内产业损害的范围。因此,进口国主管机构在履行对因果关系的证明义务的过程中,最先必须确定对产业致损因素的范围,然后对调查因素与进口增长间的因果关系进行证明,并排除与进口剧增不存在因果关系的因素,最后对特定产品进口剧增与国内相关产业的严重损害或威胁状况之间的因果关系存在的进行证明。

专家组在阿根廷鞋类保障措施案中明确了进口增长与产业严重损害之间

---

① Panel Report, *US — Line Pipe*, WT/DS202/R, para. 208.
② Analytical Index: *Agreement on Safeguard*, para. 19.

因果关系是否存在的分析与证明要求。专家组认为,对因果关系的证明必须满足如下要求:首先,进口国审查主管机构必须证明特定产品进口剧增态势与进口国国内产业遭受严重损害或威胁的状态是不是同时产生和存续的。如若不是同时发生,进口国审查主管机构必须解释两者存在因果关系的理由,且此理由必须具有说服力。其次,进口国审查主管机构必须有确切的客观证据能够证明已进口的特定产品在进口国国内市场上同国内相关产业生产的产品已存在激烈竞争的情形。最后,进口国审查主管机构必须对进口增长之外的其他因素进行分析,并证明此项国内产业损害不是由所审查的其他因素造成的。[①] 进口国审查主管机构在履行证明义务的过程中必须依循上述步骤与要求。

总而言之,进口国审查主管机构必须按照 WTO 保障措施规则的具体要求履行其对特定产品的进口激增状况和进口国国内相关产业出现损害或其威胁状况以及两者间存在因果关系的证明义务。只有在进口国审查主管机构履行的证明义务符合 WTO 保障措施规则要求的前提下,进口国所采取的保障措施才具有合法性和正当性。

三、美国基于国家安全的钢铝贸易限制措施违反相符性证明义务

美国基于国家安全的钢铝贸易限制措施主要在如下方面违反 WTO 保障措施实施前提条件规则中相符性证明义务的履行要求:

(一)美国未履行对"未能预见发展"的证明义务

进口钢铝产品数量的逐步增长这种发展态势,美国在 WTO 关税减让谈判时是可以预见到的。促进自由贸易是 WTO 的宗旨和目标,各国加入 WTO 并互相进行关税减让,WTO 其他成员的产品大量进入是必然的现象,是各国谈判者在谈判时能够合理地预期到的情况。各国之所以还加入 WTO,一方面是为了增加本国产品的出口,另一方面是借由大量外国产品进口倒逼国内相关企业的改革和升级。美国不能将国内钢铝企业的改革和升级的失败归责于外国钢铝产品进口,进而采取基于国家安全的钢铝贸易限制措施。所以,美国不符

---

① Panel Report, *Argentina — Footwear*, WT/DS121/R, para.229.

合"不可预见的"的标准,不能基于"不可预见的"大量进口而采取针对进口产品的紧急措施。

  钢铝产品大量进口美国的这种态势并非突发情况,不具有突然性。美国在《钢铁进口对美国国家安全的影响的调查报告》中的调查数据显示,从 2000 年左右钢材产品就开始逐渐大量进口,一直持续 2018 年。因此,钢铝产品大量进口美国的现象是长期存在的,并非具有突发性。因而,美国采取的钢铝贸易限制措施不符合"不可预见的"的标准,不符合 GATT 1994 第 19 条采取产品进口的紧急措施的规则要求。

  美国钢铝产品大量进口则并非贸易转移的结果。美国几乎是世界上对钢铝产品的进口采取限制措施最多的国家,美国多次对外国出口美国的钢铝产品采取保障措施、反倾销措施、反补贴措施,而这只会导致钢铝产品从美国向其他国家转移。美国对钢铝产品的进口采取的多种限制措施只会导致钢铝进口的减少,不会导致美国钢铝产品进口的大量增加。因此,贸易转移不会是导致美国钢铝产品进口的大量增加的"不可预见的发展"。

  美国在采取针对钢铝产品进口的 232 紧急措施之前并未说明"不可预见的发展"的存在。美国商务部所公布的《钢铁进口对美国国家安全影响的调查报告》和《铝进口对美国国家安全影响的调查报告》中,仅对钢铝进口的数量削弱了美国内部经济的情况进行过解释,其中并未对是否存在不可预见的发展导致钢铝进口美国增加的情况进行阐述和证明。即使美国在实施了钢铝贸易限制措施之后或 WTO 争端解决机构启动了钢铝贸易限制措施争端解决程序之后补充解释和证明存在不可预见的发展导致钢铝进口美国增加的情况,也已不符合"不可预见的发展"的证明时间的要求,不具有证明效力。因而,美国违反其应履行的对"不可预见的发展"的证明义务,违反 GATT 1994 第 19 条采取针对进口产品的紧急措施的规则要求。

  美国基于国家安全的钢铝贸易限制措施实质上构成保障措施,但美国在《调整进口钢材关税的总统令》[1]和《调整进口铝关税的总统令》[2]中,宣布对进

---

[1] 83 FR 13361 - 13365, March 28, 2018. https://www.whitehouse.gov/presidential-actions/presidential-proclamation-adjusting-imports-steel-united-states-2/? utm_source = link.

[2] 83 FR 13355 - 13359, March 28, 2018. https://www.whitehouse.gov/presidential-actions/presidential-proclamation-adjusting-imports-aluminum-united-states-2/.

口钢铁产品和铝产品(原产于加拿大、墨西哥、澳大利亚、阿根廷、韩国、巴西和欧盟等地的除外)分别征收25%和10%的额外进口关税,此外美国总统还表示会考虑进一步调整进口关税、实施替代手段或实施配额限制。美国并对"232关税"措施的保障措施的性质做出误导性的认定,以国家安全为名掩盖保障措施之实质。美国未能对"意外情况"、进口"数量大为增加",以及"产品进口量剧增以致损害或威胁进口国国内与进口产品直接竞争产品或相同产品的生产者的利益"等内容进行充分与合理的说明和解释,未清楚证明美国处于"意外情况"之中,未证明存在美国钢铝产品进口"数量大为增加"的状况,未证明美国"国内钢铝生产者存在重大的损害或产生重大的威胁",更未证明钢铝产品进口"数量大为增加"直接导致美国"国内钢铝生产者造成重大的损害或产生重大的威胁",也未证明美国的钢铝贸易限制措施是在"防止或纠正这种损害所必需的程度和时间"的合理限度之内。所以,美国基于国家安全的钢铝贸易限制措施明显违反GATT 1994第19条1(a)款的义务性规定。

采取钢铝贸易限制措施的美国国内主管机关在钢铝进口对国家安全影响的调查报告中未清楚、明确地直接证明存在因国际贸易的不可预见的发展导致钢铝进口剧增并引致美国国内钢铝生产相关产业的重大损害或重大损害威胁的情形。美国也不存在或未公布其他的相关调查报告来充分、合理地解释存在因国际贸易的不可预见的发展导致钢铝进口剧增并引致美国国内钢铝生产相关产业的重大损害或重大损害威胁。更遑论对232争端的详细分析以得出存在"不可预见的发展"的裁定和理由充分的结论。而且,美国未在采取钢铝贸易限制措施之前说明"不可预见的发展"的存在。

(二) 美国未充分履行对"进口增加"的证明义务

1. 美国未充分履行对进口增加程度的证明义务

美国商务部在《钢铁进口对美国国家安全影响的调查报告》和《铝进口对美国国家安全影响的调查报告》中虽列举了钢铝产品进口的增加,但并未对"按绝对值和相对值计算的进口增加的比率和数量"予以评估。美国对进口增加的调查结论并未建立在对进口钢铝产品的质和量同时进行定性和定量的充分评估的基础上。调查报告仅仅证明存在进口增加,并未充分证明钢铝产品的进口增加已经达到导致美国国内产业严重损害或其威胁的程度。而且按照上诉机构的解释,必须存在极其重大的、最近的、突发的、急剧的产品进口剧增情形,而美国并未证明钢铝产品的进口增加是足够近期、足够突然、足够急剧、足够重大,以致其已经达到导致美国国内产业严重损害或其威胁的程度。

美国商务部在《钢铁进口对美国国家安全影响的调查报告》和《铝进口对美国国家安全影响的调查报告》中虽然提到美国钢铝进口的增加,但未对美国钢铝进口的增加的幅度和速度进行说明,故只能证明在一定的期间美国存在钢铝进口增加的状况。美国商务部在《钢铁进口对美国国家安全影响的调查报告》中指出其调查数据是从 2000 年开始调查所得,至今将近 20 年,这实际上证明了美国钢铝进口的增加是持续的、长期的增加,而并非紧急的、突然的增加,美国国内产业尚未达到需要实施保障措施的紧急状态。

美国商务部在《钢铁进口对美国国家安全影响的调查报告》和《铝进口对美国国家安全影响的调查报告》中虽列举了钢铝产品进口的增加,但调查数据是从 2000 年开始调查所得,将近 20 年的调查数据恰说明美国钢铝产品进口的增加是美国加入 WTO 世界自由贸易体系后,依循 WTO 制度安排,所自然形成的进出口贸易量的增加,系美国履行 WTO 贸易自由化义务的必然现象。而且,此种进口增加是持续的、长期的增加,并非突发的不可预料的增加,不会导致国内产业进入需要采取保障措施的紧急情形。依据 WTO《保障措施协定》的规定,成员方仅能在其因各成员正常履行贸易自由化义务却产生进口剧增并致进口国产业损害的特殊情形下才采用保障措施,美国基于国家安全的钢铝贸易限制措施不满足此条件。而且,即使实施保障措施,也应将其对贸易的限制降低到最低程度,严格地限制其实施的条件,但并无证据显示美国已将其钢铝贸易限制措施对贸易的限制降低到最低程度。所以,美国基于国家安全的钢铝贸易限制措施不符合上述要求。美国基于国家安全的钢铝贸易限制措施的实施不满足《保障措施协定》对"进口数量增加"的实质和程度的证明要求。

2. 美国违反合理确定进口增加调查期间的义务

无论是专家组确定的"5 年调查期间",还是上诉机构确定的以"最近"原则为标准确定调查期间。在美国"232 调查"中,美国商务部的《铝进口对美国国家安全影响的调查报告》中的调查期间既不符合专家组确定的"5 年调查期间",也不符合上诉机构确定的以"最近"原则为标准确定调查期间,如《铝进口对美国国家安全影响的调查报告》中表述"商务部认定,自 2001 年调查以来,关键行业对钢铁的需求有所增加。根据 1997 年的数据,2001 年报告确定美国每年在关键行业消耗的成品钢材有 3 368 万吨。商务部根据 2007 年的数据(最新可用数据)更新了这份报告的分析结果,并确定关键行业的国内消费量显著增加,目前在关键行业每年消耗 5 400 万吨钢材。""2000 年至今,外国钢材产品进口美国过量导致钢材市场竞争加剧,外国进口钢材产品逐渐替代国内钢材产品。美国国内钢材生产企业被迫关闭 6 座转炉设备,空置 4 座以上设备。美国钢铁产业 35%的工人失业。且从 2009 年至今美国国内钢铁行业整体平均运营净收入一直为负数。"其中,诸多调查是从 2000 年、2001 年开始,甚至依据 1997 年的调查数据得出调查结论。美国"232 调查"时间跨度太长,完全不符合"5 年调查期间"或"最近调查期间原则",调查数据陈旧,无法证成钢铝产品近期的大量进口导致美国国内钢铝产业损害的结论,调查数据完全不具有说服力。美国"232 调查"完全不符合 WTO《保障措施协定》对进口增加的调查期间的要求。

(三) 美国未履行对"在此条件下"的证明义务

美国"232 调查"并未对美国国内钢铝产品与外国进口钢铝产品在美国市场上的竞争条件进行分析。没有比较进口钢铝产品价格与国内钢铝产品价格,没有审查包括钢铝产品的质量、运输、服务、产品外观、技术标准、消费需求与其他的市场供求因素等在内的综合市场竞争条件。美国"232 调查"缺乏对国内外钢铝产品竞争条件的充分分析,此种缺乏将难以证明钢铝产品的进口与美国国内钢铝产业危机之间存有因果关系。由此,亦可认为美国国内钢铝行业的严重损害或严重损害威胁并非完全由外国进口钢铝产品的竞争引起,可能存在其他因素导致美国国内钢铝产业的严重损害或其威胁,因此,钢铝产品进口之外的其他原因所导致的美国国内钢铝行业的损失不能归责于外国产品进口的增长。因而,美国缺乏对"在此种条件下"的充分证明,难以证成美国基于国家安全的钢铝贸易限制措施符合《保障措施协定》第 2.1 条的规定。因此,美国不符合"在此种条件下"的义务性要求。

(四) 美国未履行对"国内产业"的证明义务

美国对钢材产品的进口采取钢铝贸易限制措施,对从除了加拿大和墨西哥以外的所有国家进口的钢制品征收从价关税 25%。所征税的钢的措施范围为协调关税附表（Harmonized Tariff Schedule，HTS）6位海关税号所代称的产品，主要涵盖的钢产品范围包括但不限于碳及合金成品板材产品、碳及合金成品长材产品、碳及合金成品管材、碳及合金半成品钢材、不锈钢产品。① 美国对铝产品的进口采取钢铝贸易限制措施，对除了从加拿大和墨西哥以外的所有国家进口的铝制品征收从价关税10%。"钢材"为协调关税附表（HTS）6位海关税号所代称的产品。②

但美国从未提出充分证据证明上述限制进口的钢铝产品系与美国国内生产者生产的钢铝产品为直接竞争产品或同类产品，亦从未证明美国国内钢铝产品和上述钢铝进口产品之间在物理特性方面存在多大程度上的相似性，以及外国进口钢铝产品与美国国内生产的钢铝产品适用于美国最终消费者的范围是否重合。美国更未证明在美国消费者的认知上外国进口钢铝产品是否可替代美国国内钢铝产品，以及上述钢铝进口产品能够服务于美国国内钢铝产品相同或类似的最终用户。美国不存在充分的证据用以证明美国国内钢铝产品和上述钢铝进口产品之间存在紧密的竞争关系。所以，在美国未能证明外国进口钢铝产品与美国国内生产的钢铝产品为直接竞争产品或同类产品的情况下，它是无权依据《保障措施协定》对进口美国的上述钢铝产品采取保障措施的。

WTO《保障措施协定》第4条1(c)款将"国内产业"界定为"一成员领土内进行经营的同类产品或直接竞争产品的生产者全体"或"同类产品或直接竞争产品的总产量占这些产品全部国内产量主要部分的生产者"，故而，保障措施采取方必须证明全部此种产品的国内生产商或占主体地位的此种产品的国内生产商遭受严重损害或严重损害威胁。

美国商务部在"232调查"报告中所称的钢铝"国内产业"，没有证据证明其等同于美国国内钢铝"生产商的全体"，也没有证据证明其等同于钢铝的直接竞争产品或同类产品的总产量占钢铝产品国内全部产量的主要部分的生产商。

---

① 协调关税附表（HTS）6位海关税号所代称的产品：1. 7206.10到7216.50；2. 7216.99到7301.10；3. 7302.10及7302.40到7302.90；4. 7304.10到7306.90；5. 这里的分类还包括对这些HTS分类的任何后续修订。

② 这里所指涉的"钢材"为协调关税附表（HTS）6位海关税号所代称的如下产品：1. 未锻轧铝（HTS 7601）；2. 铝条、型材及异型材（HTS 7604）；3. 铝丝（HTS 7605）；4. 铝板、铝片、带材和箔（扁平轧材）（HTS 7606和7607）；5. 铝管和管及铝制管子附件（HTS 7608和7609）；6. 铝铸件和锻件（HTS 7616.99.51.60和7616.99.51.70）；7. 这里的分类还包括对这些HTS分类的任何后续修订。

美国"许多美国钢厂关闭","六座转炉设备关闭和四座以上设备空转"并不能证明美国全部钢铝产品的国内生产商或占主体地位的钢铝产品的国内生产商遭受严重损害或严重损害威胁。

所以,美国并不能充分证明美国所称的"国内产业"为美国领土内进行经营的钢铝的直接竞争产品或同类产品的总产量占此种产品国内全部产量的主要部分的生产商,钢铝的直接竞争产品或同类产品的总产量占钢铝产品国内全部产量的主要部分的生产商。

(五) 美国未充分履行对"严重损害"的评估与证明义务

第一,美国未能充分证明"损害"已达"重大全面减损"标准。

对美国商务部《钢铁进口对美国国家安全影响的调查报告》和《铝进口对美国国家安全影响的调查报告》中的调查数据进行分析发现,在美国"232调查"中,所调查的数据仅能证明美国国内钢铝产业存在减损,难以得出钢铝产品的进口导致美国国内的产业此种"减损"高于倾销和补贴所导致的国内产业的"减损"的结论,不能充分证明美国国内钢铝产业存在"重大"和"全面"的"减损"。

美国在"232调查"报告中表示,"随着钢材进口量增加,美国钢铁产能停滞不前,产量下降"。这只能证明钢铝产品的进口对美国国内钢铝产业造成损害,但未能充分证明钢铝产品的进口对美国国内钢铝产业造成"重大或重要部分的损害或伤害",未充分证明此种减损是"重大的"和"全面的"。美国的"232调查"报告未能以充分合理的事实和法律依据证明其国内产业受到严重损害。

美国"232调查"报告并不能证明存在"明显最近的严重损害"。美国商务部在《钢铁进口对美国国家安全影响的调查报告》中,虽然采用数据证明美国存在实际的钢铝产品进口的增加,但不能证明此种进口增加是"最近的"。因为美国商务部所调查的数据并非最近期间的客观和可证实的数据,部分数据为2000年的数据,并非来自最近时间段的数据资料,所以美国依据2000年的数据所得出的对外国钢铝产品的进口变化趋势与美国国内钢铝产业状况的分析结论均为不准确的。[①] 美国在调查报告中的数据并不能证明钢铝产品的进口

---

① 如《钢铁进口对国家安全影响的调查报告》中声明,自2000年以来,过度进口引发的外国竞争和替代国内钢材,导致六座转炉设备关闭和四座以上设备空转(设备数量减少超过50%),钢铁行业就业人数减少35%,并导致国内钢铁行业整体平均运营净收入自2009年以来为负值。

对美国国内钢铝产业存在"明显最近的严重损害"。美国商务调查的数据陈旧，与美国国内钢铝产业最近的状况并不相关。既然美国调查机关审查的并不都是美国钢铝产品最近的进口数据，那么调查机关确定的也并非美国国内钢铝产业最近的产业状况。

美国在"232调查"中，在确定"重大全面损害"时，并未审查评估与美国国内钢铝产业状况相关的诸种关联因素，未审查实质能够对美国国内钢铝产业造成损害但目前并未显现的因素，未审查其他可能引起与因果关系分析相关的因素。而且，美国也并未对"232调查"机关如何衡量与评估其掌握的事实与数据的证据进而分析得出美国国内钢铝产业现今存在严重损失的调查结论提供合理与充分的说明与解释。因而，美国不能充分证明美国国内钢铝产业现今存在严重损失的结论。

第二，美国未对《保障措施协定》第4.2条列举的严重损害评估因素进行全部审查。

在美国"232调查"中，美国仅对《保障措施协定》第4.2条列举的部分因素进行了列明和审查，缺乏对《保障措施协定》第4.2条所要求的全部因素的审议。美国商务部的《钢铁进口对美国国家安全影响的调查报告》仅列举了钢铁产品进口美国数量增长的比率，钢铁产品进口美国所增长的数量占美国国内钢铁市场的份额，以及钢铁生产设备的利用率、利润和亏损及就业的变化，但未对钢铝产品进口增加的数量、销售水平、产量、生产率、利润的变化进行审查。

美国商务部的《铝进口对美国国家安全影响的调查报告》中仅对铝产品进口美国增长的数量及增长的比率，铝产品进口美国所增长的数量占美国国内铝产品市场的份额，美国国内铝产品的产量、销售水平、亏损及就业的变化，未对生产率、设备利用率、利润的变化进行审查。且美国审查的部分因素的数据仅是依据部分铝产品的数据资料予以分散搜集的，并基于此数据进行评估和分析，在此基础上所获分析结论不能完整代替和说明整个美国国内铝产业的状况。

而且，美国商务部的《钢铁进口对美国国家安全影响的调查报告》和《铝进口对美国国家安全影响的调查报告》未遵循《保障措施协定》第4条第2款(a)、(b)和(c)项及第3条要求保证所有评估因素及相关事实的客观性及可量化性，其报告结论中未能清晰证明列举的因素和事实与所裁定和推理之间具有确定的相关性。

此外,美国"232 调查"机关未依据《保障措施协定》第 3 条第 1 款向钢铝进口的所有利害关系方发出启动调查的通知,未给相关利害关系方提供发表意见与提交证据的机会。利害关系方未能拥有对评估因素发表意见的机会。故而,美国"232 调查"违反了《保障措施协定》第 4 条 2(a)款所要求的调查主管机关必须积极地寻求全部相关信息,应对所有向其提交的事实进行系统的探究或仔细的研究的义务性规定。

综上所述,基于 WTO 争端解决机构的司法实践的分析,美国"232 调查"未履行对《保障措施协定》第 4 条第 2 款列举的每个因素进行全面仔细审查的义务,美国基于国家安全的钢铝贸易限制措施违反《保障措施协定》第 4 条第 2 款和第 3 条第 1 款的义务性规定。

(六) 美国未充分履行对因果关系的证明义务

美国在"232 调查"报告中并未充分证明钢铝产品的进口增加是美国国内钢铝产业遭受的损害的近因、直接原因和重要原因。美国也没有充分证据证明钢铝产品的进口增加导致美国钢铝国内产业遭受重大损害。

首先,美国在"232 调查"报告中,美国并未充分证明钢铝进口增加与美国国内钢铝产业损害同时发生。美国"232 调查"报告中称:"钢材产品在 2017 年前 10 月的进口数量比 2016 年大为增加,进口钢材占美国国内钢材消费量的 30%以上。"但美国"自 2000 年以来"就出现了"6 座转炉设备关闭和 4 座以上设备空转(设备数量减少超过 50%),钢铁行业工人失业率达 35%,国内钢铁行业整体平均运营净收入从 2009 年至今为负数"的萧条状况,所以,美国国内钢铝产业的萧条时间远早于钢铝产品进口增长的时间。因而,美国钢铝产品进口增加与其国内钢铝产业严重损害或其威胁趋势之间不具有耦合性,故而,外国钢铝产品进口增加与美国国内钢铝产业严重损害之间的因果关系不成立。

其次,美国在"232 调查"报告中,并未衡量钢铝产品进口与其国内钢铝产品之间的竞争条件,并未分析业已进口钢铝产品与美国国内市场钢铝产业之间的竞争情况。美国并未分析进口增长以外的其他因素,如价格等其他市场竞争因素,对美国钢铝产业损害的作用和影响程度。决定特定产品的进口增加能否严重威胁或严重损害国内相关产业的关键因素之一就是进口国的市场竞争条件。特定产品的进口增长的趋势与国内相关产业严重威胁或严重损害的现象可能只是暂时的耦合。因此,美国必须详细论证进口产品基于现行的市场竞争条件正逐渐替代国内相关产业生产商所生产的同类产品或竞争产品。而美国在"232调查"报告中并未明确说明国内钢铝产业正在通过市场竞争被进口钢铝产品逐步代替的过程。故而,美国"232调查"报告中外国钢铝产品进口增加与美国国内钢铝产业严重损害之间存有因果关系的声明不具有说服力,外国钢铝产品进口增加与美国国内钢铝产业严重损害之间的因果关系不成立。

再次,美国未排除引起美国国内钢铝产业损害的"其他因素",并将由其他市场竞争因素引起的其国内钢铝产业的损害也归于钢铝产品的进口这一因素。美国在认定美国国内钢铝产业致损因素时,未对非归属因素进行剥离和排除,违反《保障措施协定》第4条2(b)款规定的"增长的进口之外的原因正在同时对国内相关产业造成损害的,则此类损害不得归因于增加的进口"的要求,违反因果关系认定中的"不归因原则"。因而,美国国内市场钢铝产业的损害完全由钢铝产品进口所导致的调查结论不成立。

最后,美国商务部在《钢铁进口对美国国家安全影响的调查报告》中称,自2001年调查以来,关键行业对钢铁的需求有所增加。根据1997年的数据,2001年报告确定美国每年在关键行业消耗的成品钢材有3 368万吨。商务部根据2007年的数据(最新可用数据)更新了这份报告的分析结果,并确定关键行业的国内消费量显著增加,目前在关键行业每年消耗5 400万吨钢材。① 美国商务部在《钢铁进口对美国国家安全影响的调查报告》中用数据证明美国对钢铁的需求增加,此亦可导致钢铝进口的增加。因而,不能说明美国国内钢铝产业遭受的损害是钢铝产品的进口增加所导致。

美国没有充分证据证明钢铝产品进口增长的趋势与美国国内钢铝产业受损害因素下降趋势为同时发生,两者在时间上未能充分吻合。美国未衡量钢铝产品进口与国内钢铝产品之间的竞争条件,并未分析业已进口钢铝产品与美国国内市场钢铝产业之间的竞争情况,美国未排除引起美国国内钢铝产业损害的"其他因素",违反因果关系认定中的"不归因原则"。美国有关钢铝产品进口增

---

① U. S. Department of Commerce, *The Effect of Imports of Steel on the National Security*, 2018.

长严重威胁或严重损害美国国内钢铝产业利益之间存在因果关系的结论不成立。

综上所述,美国虽然在《钢铁进口对美国国家安全影响的调查报告》和《铝进口对美国国家安全影响的调查报告》中分别论述以下几个方面的内容,包括:(1)钢铁或铝对美国的国家安全至关重要;(2)进口数量对美国产业的经济福祉产生不利影响,包括价格下降、工厂关闭、财务困难和资本支出减少等;(3)钢铝产品的过量进口使美国国内生产的钢铝产品遭到替代,削弱了美国的国内经济;(4)国际钢铝产能过剩削弱了美国国内经济。但美国未履行其充分证明的义务,美国未能对"未预见的发展"、"数量增加"和"在此类条件下"的进口、"严重威胁或严重损害美国国内生产者利益"做出适当决定并提供合理和充分的解释。美国基于国家安全的钢铝贸易限制措施不符"进口增加"的程度要求,不符合进口增加的调查期间的基准,不符合"在此种条件下"的标准,不符合"国内产业的"的要求,不符合国内产业的"严重损害"的标准,不符合确定因果关系的要求。美国基于国家安全的钢铝贸易限制措施违反《保障措施协定》第 2 条第 1 款和第 4 条第 1 款与第 2 款的规定。美国基于国家安全的钢铝贸易限制措施违反《保障措施协定》措施实施条件的上述义务性规则,违反规则所设定的美国应承担的 WTO 义务。

第三节　WTO 保障措施实施中禁止性义务的履行问题

一、WTO 保障措施实施中禁止性义务之履行是否合规之争

在美国基于国家安全的钢铝贸易限制措施案中,中国、欧盟、印度等申诉方认为,美国基于国家安全的钢铝贸易限制措施与 WTO 保障措施实施中禁止性规则不符。美国寻求数量限制、自愿出口限制等"灰色区域"措施。因此,美国基于国家安全的钢铝贸易限制措施违反《保障措施协定》第 11 条第 1 款(a)项的规定。美国对进口产品采取保障措施,应不论其来源,但美国却针对不同的国家征收不同的 232 钢铝关税,而且豁免部分国家的 232 钢铝关税。因此,美

国违反《保障措施协定》第 2 条第 2 款"保障措施应针对一正在进口的产品实施,而不考虑其来源"的规定。美国正在超出"防止或补救严重损害并便利调整所必需的限度内"实施保障措施。因此,美国基于国家安全的钢铝贸易限制措施违反《保障措施协定》第 5 条第 1 款的规定。美国超过"防止或补救严重损害和便利调整所必需的期限内"实施保障措施,且未设置不超过 4 年的合理期限,未遵循逐步放宽措施或撤销该措施的规定。因此,美国基于国家安全的钢铝贸易限制措施违反《保障措施协定》第 7 条的规定。

被申诉国美国并不认可中国、欧盟、印度等申诉方的上述指控,认为美国基于国家安全的钢铝贸易限制措施并不违反 WTO 保障措施实施中的禁止性规则。美国认为其基于国家安全的钢铝贸易限制措施未违反《保障措施协定》第 11 条第 1 款(a)项和(b)项、第 2 条第 2 款、第 5 条第 1 款及第 7 条的规定。

双方争议中所涉条款是 WTO 保障措施实施中禁止性规则,即《保障措施协定》第 11 条第 1 款(a)项和(b)项、第 2 条第 2 款、第 5 条第 1 款及第 7 条。双方争议中所涉及的具体问题主要是美国基于国家安全的钢铝贸易限制措施与 WTO 保障措施实施中的禁止性规则的相符性问题,即美国在实施钢铝贸易限制措施中的行为是否符合 WTO 保障措施实施中禁止性规则中的义务性要求。具体而言,双方争议的关键问题是美国是否违反其依据 WTO 保障措施实施中禁止性规则应当履行的禁止采用"灰色区域措施"义务、对应性原则中的义务、保障措施实施限度中的禁止性义务。上述问题即为本部分研究的问题。

二、WTO 保障措施实施中禁止性义务及履行基准

美国在实施基于国家安全的钢铝贸易限制措施中的行为是否符合 WTO 保障措施实施中禁止性规则中的义务性要求问题解决的前提是明晰 WTO 保障措施实施规则中设定的禁止性义务的内容及禁止性义务的具体履行基准。

(一)禁止采用"灰色区域措施"的义务及履行基准

"灰色区域措施"是进出口国之间针对某特定产品进出口所达成的自动限制出口协议或有秩序的销售安排。[①] 出口国多在进口国的威胁下被迫对本国

---

① 周汉民,丘一川.中国入世与《保障措施协定》的运用[J].国际商务研究,2001(1):7-16.

某项特定产品的出口采取"自愿"进行限制的单方行为。①"灰色区域措施"是WTO成员所采取的用以规避GATT 1994第19条和WTO相关规则,实质上违反WTO自由贸易、非歧视和透明度原则的贸易政策措施。②

缘于"灰色区域措施"对WTO法律体系和国际自由贸易体系的破坏性和危害性,《保障措施协定》明确禁止WTO成员采用"灰色区域措施"。依照《保障措施协定》第11条第1款(a)项和(b)项之规定,WTO成员只能在符合WTO保障措施规则的前提下才能对某特定进口产品采取GATT 1994第19条所列出的紧急行动。WTO成员不能通过双边或多边协议、谅解和安排在货物进出口方面寻求、采取或维持任何自愿出口限制、有序销售安排或其他任何类似措施。

自愿出口限制措施和有序销售安排措施属于明确认定的"灰色区域措施",WTO成员必须遵守WTO保障措施规则所设定的禁止采用"灰色区域措施"义务。除此之外,对于具有"灰色区域措施"性质的其他类似措施,WTO成员方也应履行禁止采用的义务。其他类似措施范围广泛:出口方面的措施涵括对进口国国内产业给予保护的出口限制、出口监督、出口价格限定、出口价格监控等;进口方面的措施涵括进口监督、进口许可证、强制进口卡特尔等。无论上述措施采取的是不是自愿的形式,也不论措施是多方还是单方实施,WTO成员均必须履行不予采用上述措施的禁止性义务。③

(二) WTO保障措施实施之对应性义务及履行基准

对应性原则中的义务是专家组和上诉机构在解决保障措施争端的过程中,在审查保障措施实施方在保障措施实施前所调查对象的范围与保障措施所具体施行对象的范围一致性问题时,依据《保障措施协定》第2条所解释与推导出的保障措施实施国所应遵循的义务。④

---

① CESARATTO S. Harmonic and conflict views in international economic relations: A Sraffian view [M]//LEVRERO ES. Sraffa and the reconstruction of economic theory: volume two. London: Palgrave Macmillan, 2013: 223.
② 赵维田.世界贸易组织(WTO)的法律制度[M].长春:吉林人民出版社,2000:229.
③ 陈立虎,黄涧秋.灰色区措施与多边贸易体制[J].现代国际关系,2005(3):49-54.
④ Appellate Body Report, United States — Definitive Safeguard Measures on Imports of Certain Steel Products, WT/DS259/AB/R, para. 439.

《保障措施协定》第 2 条第 1 款确立了保障措施实施前所调查对象的范围①,《保障措施协定》第 2 条第 2 款确立了保障措施所具体施行对象的范围②。而且,两条款均采用"正在进口"的措辞,其含义和指代应为同一范围的国家所出口的产品,即保障措施实施前所调查对象的范围与保障措施所具体施行对象的范围应是同一的。《保障措施协定》第 2 条第 1 款与第 2 款的规定为保障措施实施国设定了义务,即保障措施的实施范围不得不同于之前的损害的调查的范围,禁止基于产品的不同来源而将其排除出保障措施的实施范围,这就是对应性义务。

具体而言,保障措施的实施范围不得不同于保障措施调查的范围。如果调查的特定产品出口国的范围涵括调查国所属的关税同盟或自由贸易区的其他成员,但调查国在具体实施保障措施时却豁免调查国所属的关税同盟或自由贸易区的其他成员,不对其采取限制进口的保障措施。这种情况下,保障措施实施国就违背了其应该承担的对应性义务。③ 对应性义务继续深化解释为,当 WTO 成员在保障措施实施前对涵括关税同盟和自贸区的所有国家和地区的进口的特定产品进行调查,WTO 成员在保障措施实施中也必须对所有国家和地区的进口的特定产品采取保障措施,禁止将关税同盟和自贸区的国家和地区进口的特定产品排除在外。④

对应性义务最早由阿根廷鞋类保障措施案的专家组提出,获得了上诉机构的同意。之后的美国小麦面筋保障措施案中的专家和上诉机构对其给予了更多的支持,在美国钢管保障措施案中确立了对应性原则适用的先决条件,而在美国钢铁保障措施中对应性原则的适用要求又向前迈出一大步,要求进行因果关系项下的非归因分析。对应性原则为 WTO 成员设定了其应承担的具体义务。

1. 对应性义务:限制进口之范围与调查之进口范围不得相异的义务

对应性义务由专家组和上诉机构在阿根廷鞋类案中首次提出。阿根廷鞋

---

① 《保障措施协定》第 2 条第 1 款规定:"一成员只有在根据下列规定确定正在进口至其领土的一产品的数量与国内生产相比绝对或相对增加,且对生产同类或直接竞争产品的国内产业造成严重损害或严重损害威胁,方可对该产品实施保障措施。"
② 《保障措施协定》第 2 条第 2 款规定:"保障措施应针对一正在进口的产品实施,而不考虑其来源。"
③ 肖又贤.WTO 保障措施制度理论与争端解决实践研究[M].北京:法律出版社,2004:188.
④ Appellate Body Report, *United States — Definitive Safeguard Measures on Imports of Certain Steel Products*, WT/DS259/AB/R, para.441.

类案的专家组认为,《保障措施协定》第 2 条第 2 款要求保障措施实施国应不区分产品来源对所有属于调查范围内的产品采取保障措施,也包括对调查范围内的自贸区和关税同盟的成员产品采取保障措施。① 专家组也指出,保障措施实施国应对所有来源的产品采取保障措施,不应根据此产品是来自自贸区和关税同盟内部还是外部而区别对待,这也是保障措施实施国所应遵循的最惠国待遇原则的基本要求。专家组指明,《保障措施协定》第 2 条及其注释已明确规定调查范围和措施实施范围之间具有对应性,保障措施实施国应承担对应性义务。② 上诉机构亦肯定了专家组的解释。

由此,对应性义务被 WTO 争端解决机构所明确,对应性义务对此后的采取保障措施的成员国设定了义务性要求:禁止保障措施实施国所调查进口之范围与限制进口之范围不等同,即保障措施实施国必须保证限制进口之范围与调查进口之范围完全相同。专家组与上诉机构在其后的美国面筋案和美国钢铁案中再次重申保障措施实施国所应承担的对应性义务。

从专家组和上诉机构的解释中可知,《保障措施协定》第 2 条为保障措施实施国设定了必须保证限制特定产品进口之范围与调查特定产品进口之范围应完全相同的具体义务。若保障措施实施国的调查结果认定其国内产业所遭受的严重损害或严重损害的威胁是由所有来源的供给所共同导致的,则保障措施实施国必须对所有来源的进口采取保障措施,不能排除其中个别来源的进口而仅针对排除范围之外的来源的进口采取保障措施。此为《保障措施协定》第 2 条为保障措施实施国设定的对应性义务。

2. 衍生义务:就调查之进口范围与限制进口之范围不等同作合理解释的义务

就调查之进口范围与限制进口之范围不等同作合理解释的义务亦是由对应性义务衍生出的义务。DSB 允许保障措施实施国在特殊情况下背离限制进口之范围与调查之进口范围不得相异的义务,并由此衍生出另一项义务——保障措施实施国必须就调查之进口范围与限制进口之范围不等同作合理解释的义务,此义务在 WTO 争端解决的相关实践中逐渐明确。

---

① Appellate Body Report, *Argentina — Footwear*, WT/DS207/AB/RW, paras. 77-83.
② 同上, paras. 84-87.

若保障措施实施国欲排除保障措施对其所属的自由贸易区的其他成员或其所属的关税同盟的其他成员的适用,保障措施实施国必须提供理由充分且具有说服力的解释与说明。此项义务性要求自阿根廷鞋类案之后开始适用。若保障措施实施国不履行此项解释与说明义务,则视为不满足实施保障措施的条件,其实施的保障措施将不具有合法性与正当性。

在 WTO 争端解决的后续实践中,专家组与上诉机构多次采用此要求来判定保障措施实施国排除行为的非法性。在美国面筋案中,美国对面筋进口剧增状况及其对美国国内面筋行业的影响进行调查,调查范围涵盖所有出口面筋至美国的国家的产品。但美国在实施保障措施时将加拿大排除在外。① 虽然美国对加拿大的出口产品对美国国内面筋行业的影响进行了单独分析,但专家组认为美国的解释与说明理由不充分且不具有说服力,无法证明美国不对加拿大实施保障措施具有合理性。② 上诉机构认同专家组的观点。在美国钢管保障措施案中,上诉机构也认为美国在调查时调查对象包括墨西哥与加拿大,但却未对墨西哥与加拿大采取保障措施,且未对此排除提供合理与充分的理据和解释,因此美国违反了《保障措施协定》第 2 条中对应性原则的义务性要求。③ 上诉机构在美国钢铁保障措施案中进一步明晰了排除的解释义务。上诉机构指出,保障措施实施国主管机构必须履行对调查范围与保障措施实施范围不等同提供合理、充分、明确解释的义务。④ 保障措施实施国应解释其依据何事实与理由能够证明排除自由贸易区与关税同盟外的进口本身也能满足实施保障措施的条件要求。⑤

从专家组和上诉机构的上述解释中可知,《保障措施协定》第 2 条为措施采取国设定了义务,即当调查之进口范围与限制进口之范围不等同时,措施采取国必须就调查进口之范围与限制进口之范围不等同履行充分且合理解释的义务。保障措施采取国必须提供合理的、充分的解释来说明其排除对关税同盟或

---

① Appellate Body Report, *US — Wheat Gluten*, WT/DS166/AB/R, para. 182.
② 同上, para. 177.
③ Appellate Body Report, *United States — Definitive Safeguard Measures on Imports of Certain Steel Products*, WT/DS259/AB/R, para. 197.
④ 同上, para. 444.
⑤ 同上, para. 446.

自由贸易区成员适用保障措施的合理性,还应提供客观的事实证据与合理、充分、明确的解释来证明自由贸易区或关税同盟之外的进口本身已满足其实施保障措施的条件。此为保障措施采取国必须履行的义务。

3. 衍生义务：保障措施采取国排除自由贸易区或关税同盟成员的进口必须履行非归因分析的义务

非归因分析的义务亦是由对应性义务衍生出的义务。依据《保障措施协定》第4条第2款(b)项的规定,某因素虽造成进口国国内产业的损害,但其不属于进口剧增的范畴,此因素所致的国内产业损害不应归因于进口剧增。保障措施采取国应履行非归因性分析的义务,将进口剧增之外的因素所导致的损害区别于进口剧增所导致的损害。

在WTO争端解决实践中,专家组和上诉机构已援用此义务标准来判定保障措施的合法性。在美国钢铁保障措施案中,上诉机构强调,当调查范围与保障措施实施范围不等同时,保障措施实施国对排除自由贸易区或关税同盟成员的进口必须履行非归因分析的义务。①

保障措施实施国在证明特定产品进口剧增与国内产业损害之间具有因果关系的过程中,必须确保特定产品进口剧增以外的因素所造成的国内产业损害不得被归因于保障措施所针对的特定产品的进口。②"保障措施实施国要提供此种充分、合理的解释,保障措施实施国主管机构必须解释其是如何确保保障措施所针对的特定进口产品之外的因素,包括'排除在外的进口产品'所带来的损害影响没有被归因于进口增长的。"③如此,上诉机构对于排除关税同盟和自由贸易区的进口的要求已比原"对应性原则"更向前走了一步:即使遵循了"对应性原则",也要进行因果关系方面的非归因分析。④

在美国钢管案中,上诉机构提出两个选择性的方法来排除自由贸易区等成员的适用:一种方法是在进口剧增导致国内产业损害的调查中未包括保障措

---

① Appellate Body Report, *United States — Definitive Safeguard Measures on Imports of Certain Steel Products*, WT/DS259/AB/R, para. 449.
② 同上, para. 450.
③ 同上, para. 452.
④ Taylor J. Beggar-thy-neighbour?: Why the WTO Appellate Body's enforcement of a rigorous parallelism requirement limits the exemption of regional trade agreement partners from the application of safeguards measures[J]. Manchester Journal of International Economic Law, 2004(5): 112-119.

施实施时被豁免国家的产品进口;另一种方法是虽然在进口剧增导致国内产业损害的调查中包括保障措施实施时被豁免国家的产品进口,但保障措施实施国已通过客观充分的证据和合理充分的解释证明关税同盟或自由贸易区之外的进口已满足保障措施实施条件。① 故而,"排除在外的进口"都要作为其他因素进行"非归因性分析",不存在简单的遵循"对应性原则"即可的状态。

从上诉机构对"非归因性分析"的上述解释中可知,《保障措施协定》第4条第2款为保障措施采取国设定了"非归因性分析"的义务,当调查范围与限制进口的范围不一致时,保障措施采取国具有将"排除在外的进口"作为其他因素进行"非归因性分析"的义务。保障措施采取国主管机关必须提供此种客观的证据和明确、充分、合理的解释,证明其是如何确保保障措施所针对的产品进口剧增之外的因素,包括"排除在外的进口产品"所带来的损害影响没有被归因于进口增长的,此为保障措施采取国必须履行的义务。

(三) 保障措施实施限度的禁止性义务及履行基准

1. 保障措施实施目标方面的禁止性义务

《保障措施协定》第5条第1款设定了保障措施实施国在措施实施目标上所应承担的限制性义务。② 《保障措施协定》第5条第1款要求成员只能在有利于国内产业调整和防止或补救国内产业严重损害所必需的限度内施行保障措施。成员实施具体的保障措施必须符合此目标的限制。保障措施实施国负有不得违背此目标限制的禁止性义务。专家组和上诉机构已在 WTO 争端解决实践中援用此项义务来评判保障措施实施的合法性。

专家组在欧盟诉韩国奶制品案中指出,《保障措施协定》第5条第1款为保障措施实施国设定了在保障措施实施目标方面的禁止性义务,即 WTO 成员不能超出有利于国内产业调整和防止或补救国内产业严重损害所必需的限度内施行保障措施。成员在采取具体保障措施时必须承担在程度上不超越便利调

---

① Appellate Body Report, *United States — Steel Pipe*, WT/DS249/AB/R, para. 198.
② 《保障措施协定》第5条第1款规定:"一成员应仅在防止或补救严重损害并便利调整所必需的限度内实施保障措施。如使用数量限制,则该措施不得使进口量减少至低于最近一段时间的水平,该水平应为可获得统计数字的、最近3个代表年份的平均进口,除非提出明确的正当理由表明为防止或补救严重损害而有必要采用不同的水平。各成员应选择对实现这些目标最合适的措施。"

整和防止或补救严重损害的必需限度的义务。① 而且,保障措施实施国无论是采用关税、数量限制或配额等具体措施均需要遵守保障措施实施目标上的此种禁止性义务。② 保障措施实施国必须确保其所采用的措施不比促进国内产业调整和防止或补救国内产业严重损害所必需的程度更具限制性的义务。③

2. 保障措施实施期限方面的禁止性义务

《保障措施协定》第 7 条为保障措施实施国设定了其在保障措施实施期限限度上的义务。保障措施实施国只能在有利于国内产业调整和防止或补救国内产业严重损害所必需的时间限度内施行保障措施。保障措施的施行期限一般不能超过 4 年。

保障措施实施国在特殊情况下可延长保障措施的施行期限。若保障措施实施国主管机构依据《保障措施协定》第 2 条、第 3 条、第 4 条和第 5 条的规定经过调查确定特定产品的进口仍然严重损害国内产业或对国内产业发展仍存在严重损害威胁,且保障措施实施国的国内产业正在调整的过程中,原保障措施仍然存在继续实施的必要,那么保障措施实施国在通知、磋商和中止减让的水平方面完全遵循《保障措施协定》第 8 条和第 12 条的有关规定情况下,保障措施实施国可延长保障措施的施行期限。但保障措施即使延长实施,其全部实施期不得超过 8 年。

若保障措施的实施期限超过 1 年,保障措施实施国应制定措施逐步放宽的时间表,并依据时间表的安排逐步减轻对特定进口产品的限制。保障措施的实施期限超过 3 年,则保障措施实施国应在不迟于该措施实施的中期审议有关情况,若审议结论是措施已经防止了或补救了国内产业严重损害和国内产业已调整完成,保障措施实施国应撤销此保障措施。若审议结论是措施在防止或补救国内产业严重损害和国内产业调整方面已达一定效果,保障措施实施国应加快对特定进口产品限制的放宽速度。而且,保障措施实施国在措施延长实施的期间所采取的保障措施应比原来实施的保障措施在限制上更宽松,且应保持继续

---

① Panel Report, *Korea — Definitive Safeguard Measure on Imports of Certain Dairy Products*, WT/DS98/R, para. 112.
② 韩立余. WTO案例及评析 1995—1999:下卷[M]. 北京:人民大学出版社,2001:309-310.
③ Appellate Body Report, *Korea — Definitive Safeguard Measure on Imports of Certain Dairy Products*, WT/DS98/AB/R, para. 23.

放宽的趋势。

综上所述,保障措施实施国必须依照《保障措施协定》第 7 条的规定履行其在采取保障措施的过程中必须遵守的保障措施实施期限方面的限制性义务。保障措施为进口国在因不可预见的情况下进口产品激增导致对进口国内产业造成损害及其威胁时采取的临时性的紧急措施,保障措施实施国仅能在便利国内相关产业调整和补救或防止国内产业严重损害的所必需的时间限度内采取保障措施。《保障措施协定》设置保障措施期是为了防止成员滥用其采取保障措施的权利,防止保障措施演变为成员长期使用的贸易保护主义工具。保障措施实施国必须恪守保障措施实施期限方面的限制性义务。保障措施实施方必须恪守保障措施实施的一般期限不得超过 4 年的义务性规定,在特殊情况延长时,保障措施的全部实施期不得超过 8 年的义务性规定。

三、美国基于国家安全的钢铝贸易限制措施背离 WTO 保障措施实施的禁止性义务

(一)美国违反禁止采用"灰色区域措施"规则中的义务

美国的"灰色区域措施"违反《保障措施协定》第 11 条第 1 款(b)项中 WTO 成员不能通过双边或多边协议、谅解和安排在货物进出口方面寻求、采取或维持自愿出口限制或有序销售安排或其他类似措施的规定。《保障措施协定》第 11 条第 1 款(a)项不允许成员对输入的产品实施紧急措施。而美国对钢铝产品的进口采取了 GATT 1994 第 19 条列出的紧急行动,采取了 GATT 1994 第 19 条第 1 款 a 项中的"暂停实施其所承担的义务,或者撤销或修改减让"的"232 关税"措施,而且不符合依照《保障措施协定》实施该条的规定。所以,美国基于国家安全的钢铝贸易限制措施违反《保障措施协定》第 11 条第 1 款(a)项的规定。

美国以采取"232 关税"措施为理由胁迫韩国、阿根廷和巴西三国与美国达成进口配额安排以换取钢铝产品的"232 关税"措施豁免,美国对来自这三个国家的钢铁产品和铝产品免征关税,但后者需限制这些产品对美国的出口总量,即韩国、阿根廷和巴西三国自愿实行出口限制。在美国的胁迫下,韩国承诺减少钢铁出口以换取永久钢铁关税豁免,阿根廷承诺就钢铁和铝产品实施出口配

额以换取永久关税豁免,巴西则对钢铁产品实施出口配额以换取关税豁免。

美国与上述国家间的此类协议采用"有序销售安排"与"自愿出口限制"等形式。① 韩国、巴西与阿根廷等钢铝出口国的自愿出口限制措施表面上是自愿履行单方的出口贸易限制行为,实际上是迫于钢铝进口国美国的施压下而不得不采取的行动,是韩国、阿根廷和巴西等钢铝出口国政府贸易部门或企业在美国政府豁免232钢铁关税的"诱使"之下达成。

韩国、阿根廷和巴西等国通过与美国政府私下达成灰色区域协议以换取永久232钢铁关税豁免的政府间的协议,刻意回避WTO规则禁止其成员采取中止减让和数量限制等限制自由贸易措施的相关规定,违反WTO关税减让和禁止一般数量限制的义务。韩国、阿根廷和巴西等国因与美国政府私下达成灰色区域协议而获得钢铁关税豁免,而美国却对其他诸多成员国的钢铝进口产品征收232钢铁关税,此做法违反WTO非歧视原则,美国背离非歧视和最惠国待遇方面的WTO义务。韩国、阿根廷和巴西等国与美国的灰色区域协议多采取不公开或者半公开形式,透明度低,违反透明度方面的WTO义务。总而言之,美国的"灰色区域措施"背离透明度、非歧视和最惠国待遇方面的WTO义务。美国违反禁止采用"灰色区域措施"的义务性要求。

(二)美国违背对应性义务

1. 违反限制进口之范围不得与调查之进口范围相异的义务

对应性原则要求的美国"232调查"的进口钢铝产品国的范围要与征收"232关税"的钢铝产品国的范围相一致,美国"232调查"的对象是全部来源进口的钢铝产品,则美国基于国家安全的钢铝贸易限制措施所针对的对象也必须是全部来源进口的钢铝产品。因此,美国必须对源自全部钢铝进口产品供给国的产品采取贸易限制措施,无论此钢铝产品供给国是关税同盟内部成员国还是关税同盟之外的国家。

然而,美国在对钢铝进口国采取钢铝贸易限制措施,加征关税时,对加拿大、墨西哥等北美自由贸易区的成员豁免"232关税",此种做法违反了专家组和上诉机构在阿根廷鞋类保障措施案、美国小麦面筋保障措施案、美国钢管保

---

① 张帆. 诉诸灰色区域:特朗普政府伊朗新战略透视[J]. 世界经济与政治,2018(5):。

障措施案中所确立了对应性原则。美国的"232调查"结论是对全球钢铝产能及全部钢铝进口美国的情况的进行调查所得出的调查结论，调查的进口范围涵括全部的钢铝进口美国的国家，但美国在实施"232关税措施"时，却豁免了加拿大、墨西哥、韩国、澳大利亚、巴西等国的"232关税"。美国"232调查"的范围包括了美国所参加的关税同盟或自由贸易区的所有成员国，而在"232关税"征收中美国将部分国家豁免，违背了对应性原则的保障措施所针对的进口产品的范围必须等同于调查的进口产品之范围的义务性要求。美国违反调查之进口范围必须与限制进口之范围必须保持一致的义务。

2. 违反就调查进口范围与限制进口范围不等同作合理解释的义务

美国在实施"232关税措施"时，豁免了加拿大、墨西哥、韩国、澳大利亚、巴西等国的"232关税"。美国在最先的调查包括了全部钢铝进口产品供给国的产品的进口增加情形，且加拿大、墨西哥、韩国、澳大利亚、巴西等国钢铝的进口肇致美国国内钢铝产业严重损害或损害威胁的状况下，美国未解释与证明对北美自由贸易协定（North American Free Trade，NAFTA）成员方加拿大、墨西哥及韩国、澳大利亚、巴西等国不实施保障措施的合理性。美国应提出充分的证明和解释。美国的调查报告有义务对加拿大、墨西哥、韩国、澳大利亚、巴西等不实施保障措施的合理性作明确说明，并说明保障措施所针对的进口产品，即来自加拿大、墨西哥、韩国、澳大利亚、巴西等以外地区所进口美国的钢铝产品本身就能满足《保障措施协定》第2条第1款和第4条第2款中规定的保障措施实施必须符合的先决条件，而且美国必须提供合理与充分的说明与解释以证明其依据何种事实做出此决定。美国没有提供任何关于加拿大、墨西哥、韩国、澳大利亚、巴西等国不实施保障措施和不被加征"232关税"的合理性明确说明，没有提供任何合理的、充分的解释来证明北美自由贸易区及韩国、澳大利亚、巴西等国以外的钢铝进口本身满足了实施保障措施的条件。

美国豁免加拿大、墨西哥、韩国、澳大利亚、巴西等国的"232关税"的实际理由是除加拿大、墨西哥为NAFTA成员方之外，韩国、澳大利亚、巴西等国受美国的胁迫与之达成自愿出口限制协议，韩国、澳大利亚、巴西等国承诺就钢铁和铝产品实施出口配额以换取永久关税豁免。此种协议本身就是违反WTO《保障措施协定》第11条第1款（b）项WTO成员不能通过双边或多边协议、谅解和安排在货物进出口方面寻求、取用或维持自愿出口限制或有序销售安排等类似措施的规定。此非法理由不能成为美国基于国家安全的钢铝贸易限制措施中限制进口之范围不等同于美国"232调查"之进口范围的合理解释。美国怠于解释的行为违反就调查进口范围与限制进口范围不等同作合理解释的义务

3. 违反排除自由贸易区成员的进口必须作非归因分析的义务

美国在豁免加拿大、墨西哥、韩国、澳大利亚、巴西等国的"232关税"之前，必须对排除的北美自由贸易区等成员加拿大、墨西哥以及韩国、澳大利亚、巴西等国的进口进行非归因分析。美国要提供此种充分、合理的解释证明被排除在外的加拿大、墨西哥、韩国、澳大利亚、巴西等国钢铝进口产品对美国钢铝国内产业所引致之损害不能归因于保障措施所针对的产品的进口剧增。美国必须要有合理与充分的理由将钢铝进口产品增加之外的原因所导致的美国国内钢铝产业的损害与钢铝产品进口剧增所导致的美国国内钢铝产业的损害区别开来。美国必须充分地解释和说明其是如何确保保障措施所针对的钢铝进口产品以外的国家，如加拿大、墨西哥、韩国、澳大利亚、巴西等国钢铝进口产品对美国钢铝国内产业所带来的损害影响没有被归因于钢铝进口增长的。

然而，美国的限制钢铝进口的总统令及其执行文件只是公布了豁免的决定，从未对豁免的理由进行解释。美国从未提供合理与充分的解释与说明来证明被排除在外的加拿大、墨西哥、澳大利亚、巴西等国钢铝进口产品对美国钢铝国内产业可能带来的损害不能归因于保障措施所针对的进口增长。美国从未提供充分且合理的理由将钢铝进口产品增加之外的原因所导致的美国国内钢铝产业的损害与钢铝产品进口剧增所导致的美国国内钢铝产业的损害区别开来。美国从未解释其是如何确保保障措施所针对的进口产品以外的因素，包括"排除在外的进口产品"所带来的损害影响没有被归因于进口增长的。美国在进行"232调查"时，未依照对应性原则的要求对排除的北美自由贸易区成员加拿大、墨西哥以及韩国、澳大利亚、巴西等国的进口进行任何"非归因分析"。在美国未提供充分且合理的"非归因分析"的情况下，我们可认定美国背离对应性原则的"非归因分析"义务性要求。

（三）美国违反保障措施实施限度上的禁止性义务

1. 美国违反保障措施实施目标方面的禁止性义务

依照《保障措施协定》第 5 条第 1 款的规定，美国只能在便利国内钢铝产业调整和补救或防止国内钢铝产业严重损害方面所选择对实现这些目标最合适的措施，并应仅在防止或补救严重损害并便利调整所必需的限度内实施钢铝贸易限制措施。《保障措施协定》第 5 条第 1 款为成员设定了保障措施实施数量的限度，成员必须恪守此保障措施实施数量的限度，此为成员应履行的义务。此亦为美国必须履行的义务，美国应确保其基于国家安全的钢铝贸易限制措施与便利美国国内钢铝产业调整和补救或防止美国国内钢铝产业严重损害的目的一致，美国还应承担保证其钢铝贸易限制措施在实施过程中总体上不超出便利国内钢铝产业调整和补救或防止国内钢铝产业严重损害方面必需限度的具体义务。

然而，不论是美国商务部发布的"232 调查"报告，还是美国征收"232 钢铝关税"的总统令，均未证明其所确定的"232 关税"的征收税率能保证美国基于国家安全的钢铝贸易限制措施仅限于防止或补救严重损害并便利调整所必需的限度内，也未证明该钢铝贸易限制措施能总体上不超出防止或补救严重损害并便利调整的必需限度。美国未提供任何证据证明美国在实施钢铝贸易限制措施时遵守了比例原则，使贸易限制措施仅限于便利国内钢铝产业调整和补救或防止国内钢铝产业严重损害方面所必需的限度内。

美国应对基于国家安全的钢铝贸易限制措施符合保障措施实施数量限度承担举证责任，而美国未举证证明基于国家安全的钢铝贸易限制措施符合保障措施实施数量限度，美国应承担举证不力的后果。应认定美国基于国家安全的钢铝贸易限制措施超出便利国内钢铝产业调整和补救或防止国内钢铝产业严重损害方面所必需的限度，即美国违反保障措施实施数量限度方面的 WTO 义务。

2. 美国违反保障措施实施期限方面的禁止性义务

首先，美国"232 措施"的实施文件中并未设置"232 措施"终止实施的期限，美国《1962 年贸易扩展法》的"232 条款"也未设立关于"232 措施"实施的终止期限的规定，因而"232 措施"的适用无终止时间，可根据美国国家政治和经济的需要而长期有效。可见,美国企图对进口特定产品长期实施"232措施",美国并未设定基于国家安全的钢铝贸易限制措施在便利国内钢铝产业调整和补救或防止国内钢铝产业严重损害方面所必需的合理期限,且未存在"232措施"实施后期逐步放宽措施或撤销该措施的规定和意图。所以,美国未设置措施4年终止的合理期限,企图在超过便利国内钢铝产业调整和补救或防止国内钢铝产业严重损害所必需的期限之后基于美国国家政治和经济的需要继续实施保障措施,且未遵循逐步放宽措施或撤销该措施的规定。故而,美国基于国家安全的钢铝贸易限制措施违反《保障措施协定》中对保障措施期限和审议的义务性规定。

其次,美国未设定基于国家安全的钢铝贸易限制措施的实施终止期限,且美国的钢铝贸易限制措施即为保障措施,可视为美国拟长期实施该钢铝贸易限制措施。美国如拟实施超过4年的钢铝贸易限制措施,即延长保障措施期限,其需要证明且必须有充分证据表明钢铝产业正在进行调整,延长保障措施对于防止或补救严重损害仍然有必要,且保障措施的全部实施期不得超过8年。但是美国尚未存在任何官方报告或文件证明美国有必要延长保障措施期限,美国也不存在任何官方报告或文件证明美国钢铝产业正在进行调整,美国延长保障措施对于防止或补救严重损害仍然有必要。美国也不存在任何官方报告或文件表明美国将在美国基于国家安全的钢铝贸易限制措施实施的8年期限到达之时或之前终止该贸易限制措施。

再次,美国基于国家安全的钢铝贸易限制措施的相关政府报告和文件中未存在该钢铝贸易限制措施实施时间若超出1年的情形下,美国拟在措施的实施过程中逐渐放松进口限制措施的计划表,并按计划表中规定的时间和要求逐渐放宽该措施的任何规定。美国的相关政府报告和文件中更未存在美国基于国家安全的钢铝贸易限制措施实施期限超过3年和在期限延长超过4年的情况下,会适当撤销该措施或加快放宽速度的任何规定。美国违反WTO《保障措施协定》在逐渐放宽实施保障措施方面的强制性要求,美国基于国家安全的钢铝贸易限制措施违反逐渐放宽措施的义务。

总而言之,美国不存在充分的证据证明其是在便利国内相关产业调整和补救或防止国内产业严重损害的必需期限内采取保障措施,违反保障措施实施期限方面的禁止性义务。

第四节　WTO保障措施实施的程序正义问题

一、美国基于国家安全的钢铝贸易限制措施是否符合程序正义之争

在美国基于国家安全的钢铝贸易限制措施案中,中国、欧盟、印度均认为该钢铝贸易限制措施违反WTO保障措施实施程序规则。美国在没有先进行适当调查的情况下对有关产品采取保障措施,没有列出关于事实和法律的所有相关问题的调查结果和合理结论的前提下发布调查报告,因此,美国基于国家安全的钢铝贸易限制措施违反《保障措施协定》第3.1条的规定。美国在实施保障措施的过程中,未能善意履行保障措施实施中的通知义务和协商义务。因此,美国基于国家安全的钢铝贸易限制措施违反《保障措施协定》第12条第1、2、3款的规定。

被申诉国美国并不认可中国、欧盟、印度等申诉国的上述指控,认为美国基于国家安全的钢铝贸易限制措施并不违反WTO保障措施实施程序规则。美国认为基于国家安全的钢铝贸易限制措施未违反《保障措施协定》第3条第1款和第12条第1、2、3款的规定。

双方争议中所涉条款是WTO保障措施实施程序规则,即《保障措施协定》第3条第1款和第12条第1、2、3款。双方争议中所涉及的具体问题主要是美国基于国家安全的钢铝贸易限制措施与WTO保障措施实施程序规则是否相符的问题,即美国在实施钢铝贸易限制措施的过程中是否依据WTO保障措施实施程序规则中的义务性要求履行其应承担的义务。WTO保障措施实施程序规则中设定了保障措施实施方的调查义务、通知义务和磋商义务以保证程序正义。在美国基于国家安全的钢铝贸易限制措施案中,双方争议的问题就是美国在实施钢铝贸易限制措施的过程中是否违反WTO保障措施实施程序规则中所设定的调查义务、通知义务和磋商义务,即美国基于国家安全的钢铝贸

易限制措施是否符合程序正义的基准。

二、WTO 保障措施实施程序规则中必为性义务及履行基准

(一) 调查中的透明度义务及履行基准

《保障措施协定》第 3 条第 1 款①规定的是进口国主管机关在保障措施调查时程序方面应遵循的义务。其中"一成员只有在其主管机关根据已经制定的程序进行调查,并按 GATT 1994 年第 10 条进行公开后,方可实施保障措施……"包含了保障措施实施方主管机关在进行调查时应遵循的两方面的义务:一是保障措施实施方有关主管机关在进行调查过程必须遵循法定的程序规则,此规则为进口国国内法中的业已制定的保障措施调查方面的程序性规则;二是保障措施实施方的调查机关在调查过程中务必恪守 GATT 1994 第 10 条透明度原则中的义务性要求。

1. 调查程序中的透明度义务

提高透明度是整个 WTO 体制的基本原则之一。要求实施保障措施前"按照 GATT 1994 第 10 条进行公开"是透明度原则在保障措施调查中的具体运用,也是 WTO 要求成员在进行整个保障措施调查程序中应予以贯彻或体现的保障措施程序法的一项基本义务。

为了能在保障措施调查过程中更好做到或达到透明度提高的要求或标准,《保障措施协定》第 3 条 1 款中规定了保障措施实施方有关主管机关在进行调查过程必须履行的具体义务,即:"该调查应包括对所有利害关系方作出合理公告……公开听证会……"据此,主管机关在调查过程中应做到:

第一,关于保障措施调查过程中的立案、初裁及其他相关事项应当对"所有利害关系方"进行合理通知与公告;第二,通过为特定产品的出口商、进口商与其他利害关系方举行听证会的方式或其他适当的方式,让他们展示有关证据,

---

① 《保障措施协定》第 3 条第 1 款规定:"一成员只有在其主管机关根据以往制定的程序进行调查、并按 GATT 1994 第 10 条进行公开后,方可实施保障措施。该调查应包括对所有利害关系方作出合理公告,及进口商、出口商和其他利害关系方可提出证据及其意见的公开听证会或其他适当方式,包括对其他方陈述作出答复并提出意见的机会,特别是关于保障措施的实施是否符合公共利益的意见。主管机关应公布一份报告,列出其对所有有关事实问题和法律问题的调查结果和理由充分的结论。"

发表意见及对其他利害关系方的陈述进行答复或进行抗辩；第三，征求"公共利益"方面的意见，以决定是否实施具体的保障措施。这里的被征求意见的对象往往是具有普遍性的消费者及其他组织或团体。

其中，举行公开听证会是保障调查程序公正的必要程序。根据美国"232条款"的规定，商务部开展的"232调查"，应当以作出合理通知与公告、举行公开听证会或其他方式向利害相关方提供陈述与调查相关的建议、提交相关信息的机会。因此，在"232调查"程序之中，主管机构承担合理通知与公告的义务，而且应该在合理的时间内举行公开听证会，使与争端有关的各利害关系方能够有参与听证会的机会，并能够在听证会上发表意见和提供证据，并对其他各方的陈述进行答复或抗辩。

《保障措施协定》第 3 条 1 款所设定了国内主管机关在保障措施调查活动中必须承担的义务，且此义务为保障措施实施方必须履行的强制性义务，上述程序性义务在得到国内主管机关履行后有利于透明度原则的提高和贯彻。

2. 调查报告中的透明度义务

依照《保障措施协定》第 3 条第 1 款的规定，保障措施实施方主管机关的调查报告应涵括所有有关的法律问题与事实问题，而且应在调查报告中清楚说明对上述问题的调查结果和据此所推导出的结论，并详述分析过程及其合理充分的理据。而且，《保障措施协定》要求成员的主管机构在调查结束后，应就结果制作调查报告并对外公布。从 WTO 成立后提交到争端解决机构的几个保障措施争端案来看，进行保障措施调查的成员均履行了这一项义务。"所有有关事实问题和法律问题"（all pertinent issues of fact and law）的规定是一种穷尽的要求，以保证调查报告的"完整性"。

在欧共体诉韩国牛奶保障措施案中，专家组认为韩国对有关"严重损害"方面的调查是不充分的，据此所得来的欧共体的进口增长造成"严重损害"的结论也是缺乏足够的依据的。这是因为：韩国在最后的调查报告中没有说明所有必要的据以证明严重损害存在的充分证据理由。[①] 虽然在该案的专家组程序中，韩国又向专家组提交一份补充材料来解释它当时所作出的"严重损害"裁定，并且指出其中一部分的有关"严重损害"的分析已包括在业已发布的中期报

---

① Panel Report, *Korea — Dairy*, WT/DS98/R, paras.58-59.

告中。但是，专家组还是以这些证据及其分析内容没有出现在最终的报告中为由，拒绝了韩国上述的解释和分析。①

由此可知，调查机关在调查报告中不但要列出调查的结果和结论，而且还应列出支持所结论的证据并说明理由。而且，一旦在公布了的报告中缺少有关的证据及其分析和说明，保障措施实施方在调查报告公布后再对调查报告中的证据及其分析和说明的补充，专家组和上诉机构不予采纳。因此，在调查报告中列出调查的结果和结论并详尽列出支持结论的全部的证据和理由是调查机关必须履行的义务。

《保障措施协定》第3条第1款虽然没有对主管机关公布调查报告的方式作硬性要求，但在WTO相关争端的解决过程中，专家组明确提出对调查报告公布报告方式的要求。在阿根廷诉智利农产品保障措施案中，专家组认为法律规定的"公布公告"的意思是"通过某种适当的媒体使一般的公众知晓"（to make generally available through an appropriate medium），而不是简单的"使公众知晓"（making publicly available）②。由此可知，保障措施实施国承担必须通过正规的官方媒体的方式公布调查报告的义务。

（二）通知中的必为性义务及履行基准

GATT 1994第19条的紧急措施规则虽设定了保障措施实施方通知的义务，但未对此作专门的详尽规定。《保障措施协定》第12条则详细规定了保障措施实施方的通知义务。《保障措施协定》第12条第1、2、3款规定保障措施实施方在通知中的必为性义务。

保障措施实施方应当将其启动对产品进口导致国内产业损害的调查及其原因、调查结果和实施或延长保障措施的决定立即通知保障措施委员会。保障措施实施方不仅应将保障措施通知保障措施委员会，还应当详尽通知。保障措施实施方应当通知的信息涵括对特定产品的准确描述、进口剧增严重损害国内产业或对国内产业造成威胁的证据、拟采取的保障措施、保障措施拟实施的具体时间及终止期限、保障措施逐步放宽的计划表。若保障措施实施方欲延长措施的实施，保障措施实施方应向保障措施委员会提交本国有关产业正在进行调

---

① Panel Report, *Korea — Dairy*, WT/DS98/R, para. 69.
② Panel Report, *Chile — Agriculture Products*, WT/DS207/R, para. 18.

整的证据。保障措施委员会或货物贸易理事会可要求保障措施实施方提交其认为应当提交的其他信息和证据。

根据《保障措施协定》第12条的规定,成员在实施保障措施之前,应向保障措施委员会履行有关的通知义务。进行这些通知是成员主管机关在保障措施调查程序中的一项义务性要求。因为保障措施的实施将影响各有关当事方的利益,将调查过程的进展情况及时反馈给他们,以便于他们了解为达到可能的结果而采取必要的措施是非常必要的。因此,进行适当的通知对保证透明度、充分磋商以及调查和实施保障措施的公平性均是必要的。

WTO《保障措施协定》第12条第1、2、4、5款中规定成员的主管机关在保障措施的调查和执行的程序中必须履行通知义务。成员的主管机关必须履行在法定事项上的通知义务、完整通知的义务和立即通知的义务。

1. 法定事项上的通知义务

根据《保障措施协定》第12条第1款①的规定,保障措施实施方应当将其对产品进口导致国内产业损害的调查及其启动原因、调查结果和实施或延长保障措施的决定立即通知保障措施委员会。

根据《保障措施协定》第12条第4和第5款规定,成员主管机关在保障措施调查和执行程序中应向保障措施委员会通知的事项有:(1)一般意义上的保障措施发起及其原因。这里的"发起",法律未明确的在于成员主管机关是受理申请还是立案,一般的理解应当是成员主管机关启动保障措施调查的决定。(2)对特定产品进口剧增严重损害国内相关产业或对国内相关产业形成严重损害威胁的调查结果或结论,即严重损害威胁或严重损害是否存在的证明结论。(3)特定产品进口方调查后所作出的实施具体保障措施的决定,以及如果需要延长,延长保障措施的决定。(4)实施《保障措施协定》第6条规定的临时保障措施。(5)在保障措施调查过程中有关当事方进行磋商的结果、实施保障措施的补偿、保障措施实施中的中期审查结果,以及中止减让或其他义务的报复。② 保障措施实施方必须将上述事项通知保障措施委员会和WTO货物贸

---

① 《保障措施协定》第12条第1款规定:"一成员在下列情况下应立即通知保障措施委员会:(a)发起与严重损害或严重损害威胁相关的调查程序及其原因;(b)就因增加的进口所造成的严重损害或严重损害威胁提出调查结果;以及(c)就实施或延长保障措施决定。"
② 陈佳.WTO《保障措施协定》下的保障措施的善意实施[J].社会科学家,2014(3):99-105.

易理事会。保障措施实施方主管机关在保障措施调查和执行程序中必须履行将上述法律规定必须通知的事项应向保障措施委员会通知的义务。

2. 完整通知的义务

通知的内容是指法律规定通知所涉及的具体内容,这就是被认为容易产生争端的通知内容完整性问题。

依据《保障措施协定》第 12 条第 2 款[1]的规定,保障措施实施方在以下两种情况下必须向保障措施委员会和 WTO 货物贸易理事会通知具体内容:一是对特定产品进口剧增严重损害国内相关产业或严重威胁国内相关产业的调查、分析及结论;二是保障措施实施方所作的实施或延长保障措施的决定及其充分理据。保障措施实施方对此具有完整通知的义务。在上述两种情况下,进行保障措施调查或实施保障措施的成员应当向保障措施委员会提供"所有有关信息",此为保障措施实施方应承担的强制性义务。此处的"所有有关信息"是一种概括性的要求。这一规定因在实践中有弹性而容易引发争议。但不管如何,保障措施实施方在对上述两种情况进行通知时,必须包括如下法定必需通知事项:(1)特定产品进口剧增对国内相关产业所形成的严重损害或严重损害威胁;(2)对特定产品的准确描述;(3)拟采取的保障措施;(4)保障措施拟实施的具体时间及终止期限;(5)保障措施逐步放宽的计划表;(6)在延长措施的情况下提交本国被保护产业正在进行调整的证据;(7)保障措施委员会或货物贸易理事会认为应当提交的其他信息和证据。[2] 上述内容是保障措施实施方在履行通知义务时必须通知的内容。保障措施实施国对上述法定必须通知的信息内容具有完整通知的义务。

3. 立即通知的义务

《保障措施协定》要求就保障措施调查过程中的事项进行通知,而通知时间也非常重要,因为如果利害关系方因通知延误而没有及时得到有关情况,那么

---

[1] 《保障措施协定》第 12 条第 2 款规定:"在第 1 款(b)项和(c)项所指的通知时,提议实施或延长保障措施的成员应向保障措施委员会提供所有有关信息,其中应包括增加的进口所造成严重损害或严重损害威胁的证据、对所涉及的产品和拟议措施的准确描述、拟议采取措施的日期、预计的期限以及逐步放宽的时间表。在延长措施的情况下,还应提供有关产业正在进行调整的证据。货物贸易理事会或保障措施委员会可要求提议实施或延长该措施的成员提供其认为必要的额外信息。"
[2] 同上。

法律设定的通知目的就达不到,相关方的利益就有可能受到损害。

《保障措施协定》第12条第1款规定,保障措施实施方在某些情况下应立即通知保障措施委员会,以及在第5款的规定中亦要求"立即"通知。而且在第4款规定中甚至要求实施临时措施"之前"就要通知。因此,保障措施实施国具有必须将上述法定必须通知的信息内容立即通知的义务。

(三)磋商中的必为性义务及履行基准

磋商指实施保障措施的成员与受这些拟议保障措施影响的成员之间就保障措施程序中的有关事项进行商议,以期达成某种结果,它也是保障措施调查程序中的一项基本要求。[①] 从实践中看,磋商的内容可为进口国拟采取的具体保障措施,可以是贸易补偿事项,亦可以是保障措施调查中所涉及的问题。磋商的目的是为拟议实施保障措施成员与受措施影响成员之间提供交换意见的机会,并希望就某些问题达成满意的解决方案。

依据《保障措施协定》第12条第3款[②]的规定,磋商的法定目的有三点:一是就法律强制性要求进口方所作的通知内容进行审议;二是就保障措施问题交换意见;三是与特定出口成员就补偿性质的减让相等水平达成谅解。为了达成上述磋商的目的,第12条第3款要求拟实施或拟延长保障措施的成员应向产品出口方等有关利害关系方提供事先磋商的充分机会。这表明磋商是保障措施调查过程中的成员方必须履行的程序和义务,拟实施或拟延长保障措施的国家具有向产品出口方等有关利害关系方提供事先磋商的充分机会的义务。

保障措施实施方应在规定的时间限度范围内履行磋商义务。在欧盟诉美国小麦面筋保障措施案中,专家组强调在保障措施实施之前,拟议实施保障措施成员就应与有关成员进行磋商,以便使达成的谅解与具体实施的措施相协调。[③] 而这里的"之前",虽然法律未规定到底是多长时间,但从新西兰诉美国羊肉保障措施案上诉机构有关进口方应为磋商提供"足够的事先协商的机会"的裁定可知,这种时间应足以使有关成员作好有效磋商的准备所需的长度。

---

① 李娟.论WTO框架下保障措施的实施[J].山东社会科学,2009(4):112-115.
② 《保障措施协定》第12条第3款规定:"提议实施或延长保障措施的成员应向作为有关产品的出口方对其有实质利益的成员提供事先磋商的充分机会,目的特别在于包括审议根据第2款提供的信息、就该措施交换意见以及就实现第8条第1款所列目标的方式达成谅解。"
③ Panel Report,*US — Wheat Gluten*,WT/DS166/R,paras. 215-219.

实施保障措施的成员应保证受这些拟议保障措施影响的成员能获得足够的磋商信息,此为磋商义务的基本要求。在上述争端案中,上诉机构认为,从第12条第3款的条文本身可推出有关协商的措施的资料必须在磋商之前提供,并且这些信息应该是第12条第2款中规定的所有"强制性信息",即保障措施实施成员应履行在磋商之前向可能受保障措施影响的其他成员提供进口剧增对其国内相关产业造成的严重损害或严重损害威胁的证据、采取保障措施的日期、关涉的特定产品、保障措施的具体实施情况、逐步放宽进口限制的安排与时间表等的详细信息资料的义务。

三、美国基于国家安全的钢铝贸易限制措施违背 WTO 保障措施实施程序正义规范

(一) 美国违反调查中的透明度义务

1. 美国违反调查程序中的透明度义务

美国违反《保障措施协定》第3条第1款中的"该调查应包括对所有利害关系方作出的合理公告,及进口商、出口商和其他利害关系方可提出证据及其意见的公开听证会或其他方式"的义务性要求。

美国在进行"232调查"之时,并未就钢铝进口召开美国钢铝贸易限制措施的公开听证会,并未给予美国钢铝进口商、出口商和其他利害关系方可提出证据及表达意见的机会,并未给予其他利害关系方表述答复并表达观点的机会,并未就保障措施的实施是否符合公共利益征求钢铝进口商、出口商和其他利害关系方的意见。① 美国是在未举行公开听证会的情况下,仅依据商务部的单方调查所得出的调查结论。

美国在"232调查"过程中未对美国基于国家安全的钢铝贸易限制措施的"所有利害关系方"作出合理公告和通知。美国也未在合理的时间内通过为钢铝产品进口商、出口商和其他利害关系方举行公开听证会或其他适当的方式,让他们展示有关证据、发表意见及对其他利害关系方的陈述进行答复或进行抗辩。美国在做出"232调查"结论之前并未征求"公共利益"方面的意见,以决定

---

① 美国商务部未就对进口钢铝产品发起的"232调查"举行公开听证会,但在2018年7月19日,美国商务部就对进口汽车及零部件发起的"232调查"举行了公开听证会。

是否实施具体的钢铝贸易限制措施。

美国在实施钢铝贸易限制措施前未"按照 GATT 1994 第 10 条进行公开",美国"232 调查"过程和程序违反《保障措施协定》第 3 条第 1 款中调查的透明度要求和程序公正要求,违反 WTO 要求成员在进行整个保障措施调查程序中应承担的 WTO 义务。

2. 美国违反调查报告中的透明度义务

美国虽然是在政府商务部的正规官方网站上公布的"232 调查"报告。但美国"232 调查"报告中仍透露出诸多美国违反 WTO 义务之处。美国违反《保障措施协定》第 3 条第 1 款的规定,美国"232 调查"并未列出其对全部所涉的事实问题与法律问题的调查结果及含充分理据的结论。在"232 调查"报告中,美国未能对美国钢铝贸易限制措施做出适当的认定,未能充分证明存在"不可预见的发展""进口产品数量确属巨大""情况确属严重",以至"对国内产业造成严重损害或威胁",其公布的"232 调查"报告中缺少对上述结论及其证据的充分的分析和说明。因此,美国的调查报告未穷尽对"所有有关事实和法律问题"(all pertinent issues of fact and law)的调查结果和充分理由的报告,未能保证调查报告的"完整性"。因而,美国基于国家安全的钢铝贸易限制措施违反《保障措施协定》调查结论方面的透明度要求。

(二) 美国违反通知义务

美国在征收"232 关税"之前,美国的主管机关应按照《保障措施协定》第 12 条的规定,向保障措施委员会履行相应的通知义务,以保障措施的透明度,保证充分磋商,维护"232 调查"和实施美国基于国家安全的钢铝贸易限制措施的公平性。然而,美国在采取钢铝贸易限制措施之前和之时,均未向保障措施委员会进行通知,未履行美国应承担的相关通知义务,美国违反其应履行的 WTO 义务。美国所违反的具体通知义务如下:

1. 美国未履行对法定事项的通知义务

美国未依据《保障措施协定》第 12 条第 1、2、3、4、5 款的要求就其中规定法定的通知的事项和内容履行通知义务。具体而言,第一,美国主管机关在决定发起"232 调查"时,未将美国基于国家安全的钢铝贸易限制措施的发起及其原因通知保障措施委员会。第二,美国未将钢铝进口增加严重威胁或严重损害美国国内产业的调查结果与调查结论,即严重损害或严重损害威胁是否存在的结论通知保障措施委员会。第三,美国未将"232 调查"后所的实施加征"232 关税"的决定通知保障措施委员会。第四,美国未将在"232 调查"过程中有关当事方进行磋商的结果等所涉事宜向保障措施委员会通报并转报告给 WTO 货物贸易理事会。

2. 美国未履行对法定内容的完整通知义务

美国违反《保障措施协定》第 12 条第 2 款所规定的对法定应通知内容的完整通知义务。美国未对钢铝进口增加严重威胁或严重损害美国国内产业的调查结果与调查结论,以及实施钢铝贸易限制措施的决定的法定必须通知内容履行通知义务。

美国违反《保障措施协定》中关于通知的具体内容的硬性规定,未向保障措施委员会提供与保障措施有关的所有信息。美国未就增加的钢铝进口对美国钢铝产业所造成的严重损害或严重损害威胁、拟实施限制钢铝进口措施的准确描述、对所涉及的钢铝产品种类、拟采取限制钢铝进口措施的开始与结束日期、实施一段时间后对措施逐步放宽的时间表、被保护的国内产业正在进行调整的证据、货物贸易理事会或保障措施委员会认为有必要提供的额外信息等法定必须通知内容的通知保障措施委员会。

3. 美国违反立即通知的义务

美国违反《保障措施协定》第 12 条第 1 款的规定,美国在拟启动"232 调查"之前与之时和在征收"232 关税"之前与之时,未将上述法定应通知事项和内容立即通知保障措施委员会,导致美国基于国家安全的钢铝贸易限制措施的相关利害关系方因通知延误而没有及时得到有关情况,从而缺乏充分的应对时间,进而导致其利益受损。同时,因美国未履行其立即通知的义务,致使 WTO 保障措施委员会缺失对美国基于国家安全的钢铝贸易限制措施相关重要情况的尽早和细致的掌握,导致 WTO 缺乏及早控制和处理美国的此种危害自由贸易的情势。美国应就其违反立即通知义务承担相应责任。

(三)美国违反磋商义务

美国违反《保障措施协定》第 12 条第 3 款的规定,美国在加征钢铝关税之前未向有关出口钢铝产品的利害关系方提供事先磋商的充分机会,违反其在

"232调查"过程中必须履行的磋商的法定程序和义务。

美国在实施"232调查"之前和之时,并未通知受影响的有关成员与美国进行磋商,并在未磋商的情况下就做出"232调查"报告,美国总统依据此调查报告做出加征"232关税"的决定并即刻予以实施。可见,美国未就与有关成员的磋商提供足够的时间和充分的信息。美国在基于国家安全的钢铝贸易限制措施实施之前,未给予有关成员作好有效磋商的准备的时间,未为磋商提供"足够的事先协商的机会"。美国更未在磋商之前将第12条第2款中规定的所有有关协商的"强制性信息"的资料提供给磋商当事方。美国的违反磋商义务的做法导致受影响的当事方无法与美国就其具体实施的钢铝贸易限制措施达成协调与谅解,导致难以维持钢铝关税减让方面的足够平衡。

就补偿磋商而言,美国在基于国家安全的钢铝贸易限制措施实施之前,未就钢铝贸易限制措施与受该措施影响的成员之间就钢铝贸易限制措施程序中的有关事项进行商议,且美国从未为磋商提供"足够的事先协商的机会"。美国并未就拟采取的具体钢铝贸易限制措施、"232调查"中所涉及的问题,和加征"232关税"所造成的相关成员损失的贸易补偿问题给受该钢铝贸易限制措施影响成员提供交换意见的机会。美国根本未考虑对加征"232关税"所造成的相关成员损失的贸易补偿问题。美国未履行其应尽的磋商义务,导致保障措施委员会难以就法律强制性要求美国所作的通知内容进行审议,从而造成受美国钢铝贸易限制措施影响的成员丧失了就美国的钢铝贸易限制措施问题与美国交换意见的机会,进而使因加征"232关税"所造成损失的相关成员无法与美国就补偿性质的减让相等水平达成谅解。

总而言之,美国违反《保障措施协定》第12条中保障措施的通知和磋商的程序性规则的规定,未将美国基于国家安全的钢铝贸易限制措施及其具体实施情况立即通知保障措施委员会。美国未向因钢铝贸易限制措施而受实质影响的利害关系方提供事先磋商的充分机会。美国违背其应承担的通知和磋商义务。

综上所述,美国基于国家安全的钢铝贸易限制措施本质上是为了钢铝进口对美国国内钢铝等制造业的不利影响,保护美国国内钢铝产业,因而,美国基于国家安全的钢铝贸易限制措施在效果和实质上均属保障措施。但美国在实施基于国家安全的钢铝贸易限制措施过程中违反 GATT 1994 和 WTO《保障措施协定》中保障措施实施条件规则所设定的诸多必为性义务与禁止性义务。因此,美国违反 GATT 1994 第 19 条第 1 款(a)项和《保障措施协定》第 2 条第 1 款,第 4 条第 1 款、第 2 款的规定,违反 WTO 保障措施实施条件规则。故而,美国基于国家安全的钢铝贸易限制措施不具有合法性。

第三章

美国基于国家安全的钢铝贸易限制措施与 GATT 1994 一般规则的相符性问题

GATT 1994 一般规则设定了 WTO 成员在货物贸易领域应承担的一般义务。WTO 一般义务指的是具有普遍约束力的 WTO 规则对全体 WTO 成员提出的关于某种行为应当被作为或不作为的要求。WTO 一般义务对全体 WTO 成员均有约束力。美国基于国家安全的钢铝贸易限制措施是否违反货物贸易中的 WTO 一般规则,其判断的依据是美国基于国家安全的钢铝贸易限制措施是否背离具有普适性的 WTO 货物贸易规则中的 WTO 成员应当被作为或不作为的具体义务性要求。

第一节　GATT 1994 最惠国待遇条款中的给惠国义务问题

一、美国的给惠国义务履行是否合规之争

在美国基于国家安全的钢铝贸易限制措施案中,中国、欧盟、印度等申诉方均认为,美国基于国家安全的钢铝贸易限制措施不符合 GATT 1994 中的最惠国待遇原则。美国在对欧盟钢铝产品输入及输入所征收的关税和费用方面,在征收上述关税和费用的方法方面,在输入的规章手续方面,未立即无条件地给予欧盟的相同产品类同美国给予其他国家的相同产品利益、优待、特权或豁免。因此,美国基于国家安全的钢铝贸易限制措施违反 GATT 1994 第 1 条的最惠国待遇条款的规定。美国对中国、欧盟、印度等申诉方的此项指控不认可。美国认为其基于国家安全的钢铝贸易限制措施未违反 GATT 1994 第 1 条的最惠国待遇条款的规定。

双方争议中所涉条款是 GATT 1994 第 1 条的最惠国待遇条款。双方争议中所涉及的问题主要是美国基于国家安全的钢铝贸易限制措施与 GATT 1994

第 1 条的最惠国待遇条款是否具有相符性的问题。双方争议的问题实质上是美国基于国家安全所实施的钢铝贸易限制措施是否违反 GATT 1994 第 1 条的最惠国待遇条款所设定的成员国应承担的义务。

二、GATT 1994 最惠国待遇条款中给惠国义务之履行原则

法律原则对法律义务而言具有先在性和导引性,法律规范系实现法律原则的手段。法律原则蕴含法律所欲实现的价值取向。法律是通过赋予权利和设定义务来实现其价值取向的。法律义务是一种法律上的"应然",所表达的是法律要求义务的主体、承担者应当按照法律所确认和要实现的价值秩序去为或者不为某种行为。[①] 法律价值系衡量和评判法律义务履行成效的终极尺度。

法律原则中的价值导引最惠国待遇条款的解释与适用,也决定国家在给予最惠国待遇方面所应遵循的义务性要求。判断美国基于国家安全的钢铝贸易限制措施是否背离其应承担的 WTO 义务的关键是检视美国是否按照 WTO 相应规则所确认和要实现的法律价值去为或者不为某种行为。裁判美国基于国家安全的钢铝贸易限制措施是否具有合法性,不仅需要判断美国基于国家安全的钢铝贸易限制措施是否违背 WTO 相应规则,还需考量美国基于国家安全的钢铝贸易限制措施是否背离 WTO 相应规则的实质价值取向和诉求。

给惠国给予受惠国及该国物或人的特权或优惠待遇应不低于给惠国已经给予第三国及该国物或人的特权或优惠待遇,此为"最惠国待遇"。缔约国在条约中设立的在约定事项上给予最惠国待遇的条款称为最惠国条款。[②] 各国主要依据最惠国待遇原则及其细化规则相互给予最惠国待遇。

最惠国待遇是国家在相互交往中所逐渐产生的。随着国际政治经济的变迁,最惠国待遇的具体形式与内容也会随之演变,然其法律原则与内在价值取向则相对恒定。具体而言,给惠国在依据 GATT 1994 中最惠国待遇条款履行最惠国待遇给予义务之时必须遵循如下原则:

---

① 舍勒.伦理学中的形式主义和质料的价值伦理学[M].倪梁康,译.北京:商务印书馆,2011:152.
② UNDOC A/33/192(1978)." Article 5 Most favoured nation treatment: Most favoured nation treatment is treatment accorded by the granting State to the beneficiary State, or to persons or things in a determined relationship with that State, not less favourable than treatment extended by the granting State to a third State or to persons or things in the same relationship with that third State."

(一)贸易自由化原则

促进贸易自由化是最惠国待遇原则的内在价值取向。在贸易自由主义与贸易保护主义博弈的过程中贸易自由主义的理论逐渐完善。贸易自由主义者指出,贸易越自由,贸易越有益于社会发展和经济繁荣。故而,国家应尽量促进贸易的自由化,减少政府对经济的干预。

英国的经济学家亚当·斯密在《国富论》中指出,由于在不同国家中同一产品的价格不同,此种价格差别促进国家间的产品贸易,并促使国家偏好于生产在国外有较高售价的产品,进而产生国际生产的分工。国际分工能使资源利用至其最优程度,能提高国际生产率,国际贸易的各方均能从基于国际分工的贸易中获利。故而,自由贸易是促进资源在国际最优化配置的最佳途径。①

大卫·李嘉图在《政治经济学及赋税原理》中提出了比较优势理论,进一步论证了自由贸易的益处,丰富了自由贸易主义的观点。大卫·李嘉图认为产品间的比较优势决定一国产品的生产和出口。由于各国产品具有其相对的比较优势,如此利用国际分工和国际贸易,各方可从贸易中获利。因此,自由贸易是国家基于其比较优势优化配置国际资源的最佳途径。②大卫·李嘉图的比较优势理论诠释了国际贸易产生和存续的原因,揭示了国际贸易的规律,从理论上论证了自由贸易对国际贸易的促进功能。比较优势理论成为国际自由贸易的理论基础。③

比较优势理论的提出促使各国政府偏好制定和施行能促进贸易自由化的制度与措施。在此过程中,最惠国待遇原则应运而生。最惠国待遇原则的确定又为贸易的自由化提供了制度的保障。

在多边贸易体制框架下,最惠国待遇被赋予新的价值。最惠国待遇原则所追求和保障的自由化主要是在多边贸易体制框架下的贸易自由化。WTO成员国依据最惠国待遇原则能自动获得给惠成员国在关税谈判后再行给予第三方的特权、优惠和豁免,能够促进自由贸易利益的长久化与多边化。通过世界贸易组织削减贸易壁垒的制度安排,获取比较利益的贸易模式演化为国际贸易

---

① 斯密.国富论[M].郭大力,王亚南,译.北京:商务印书馆出版社,2015:177.
② 李嘉图.政治经济学及赋税原理[M].郭大力,王亚南,译.南京:译林出版社,2014:251.
③ 张军."比较优势说"的拓展与局限:读林毅夫新著《新结构经济学》[J].经济学,2013(3):335-342.

的主导模式。

(二) 贸易平等原则

1. 无条件性

最惠国待遇原则中的无条件的价值取向有其充裕的理论渊源。《联合国宪章》中的平等原则系最惠国待遇原则中无条件性的来源与理据。① 国家间平等交往的实践提示了最惠国待遇原则中无条件性存在的现实价值。"无条件性"作为平等原则的内在基准,是通过设立法律获取人类福祉的内在要求。②

二战后,世界贸易组织建构了以最惠国待遇原则为基本原则的多边自由贸易体制,通过建构公平、开放与非歧视的国际贸易秩序增进世界经济的繁荣。联合国国际法委员会指出,最惠国待遇原则是基于国家主权平等所推导出的普遍性规则③,是国家应承担的一般义务。

源于最惠国待遇原则的平等的价值取向,最惠国待遇应为无条件平等的待遇而非有条件平等的待遇。无条件最惠国待遇是平等原则在优惠待遇领域的必然要求,有利于防止歧视和避免国际贸易争端的发生。④

2. 不低于优惠待遇

给惠国给予他国的待遇应不低于其给予第三国的优惠待遇的具体实施标准。⑤ 最惠国待遇原则强调的是给予他国平等的和非歧视的贸易机会和待遇,并非要求给惠国给予最大和最多的优惠。⑥ 最惠国待遇原则并非指受惠国享有优先的特权或豁免,而是指同受惠国与其他第三国享有同等待遇。

最惠国待遇的真正价值在于保障国家在贸易上的平等权利,杜绝极特殊国家享有凌驾于他国之上的特殊优惠地位。⑦ 最惠国待遇迎合市场机制对平等

---

① 张蕾蕾.美国国际法思想的演进与《联合国宪章》[J].国际论坛,2017,19(3):20-25+79-80.
② 博登海默.法理学:法律哲学与法律方法[M].邓正来,译.北京:中国政法大学出版社,1999:252-257.
③ 劳特派特.奥本海国际法:上卷[M].北京:商务印书馆,1971:114.
④ 卡伯特森.美国关税委员会代理主席威廉姆斯·S.卡伯特森致国务卿查尔斯·E.休斯的信(1922年12月14日)[M]//克拉伯.美国对外贸易法和海关法[M].蒋北康,译.北京:法律出版社,2000:1047.
⑤ 《最惠国待遇》,联合国贸易和发展会议有关国际投资协议问题的系列文件,UNCTAD/ITE/IIT/10(Vol.Ⅲ)/1999,第5页.
⑥ 张克文.关税与贸易总协定及其最惠国待遇制度[M].武汉:武汉大学出版社,1922:62.
⑦ 黄立,李贵英,林彩瑜.WTO 国际贸易法论[M].台北:元照出版公司,2001:50.

自由贸易的内在诉求,发挥了市场机制的主导作用,成为推动国际贸易自由化的必由之路。

三、GATT 1994 最惠国待遇条款中给惠国义务及履行基准

最惠国待遇原则在 WTO 法律原则体系中处于主导地位,它是国际贸易体制的柱石。[①] 既然最惠国待遇原则是 WTO 法的基本原则,最惠国待遇原则通过条款所设定给 WTO 成员的义务应为 WTO 的一般义务。最惠国待遇原则在 WTO 货物贸易领域中适用时具体存在如下义务性要求:

(一) 自动无和条件给予最惠国待遇的义务

GATT 1994 第 1 条第 1 款[②]为最惠国待遇条款。条款中含有"立即无条件"的要求,说明 WTO 成员在履行给予最惠国待遇义务时必须遵循自动性和无条件性的要求。WTO 成员承担应当立即、无条件地给予 WTO 成员最惠国待遇的义务。

在 WTO 实践中,关于对"无条件性"的理解,专家组在"欧共体—关税优惠"案[③]中将"无需受任何条件的约束或限制"等同为"无条件"。在"加拿大影响汽车产业的措施案"中,专家组认为无需受任何条件的约束是"无条件"的一般涵义。最惠国待遇条款中的"无条件"系指 WTO 成员已经给予原产自某成员方产品的优惠应当不附加任何条件的给予原产自其他成员方相同或类似产品,且必须保证在最惠国待遇的给予上的无条件性。[④] 无条件性是 GATT 1994 第 1 条第 1 款最惠国待遇条款给成员方设定的义务,成员方必须履行。成员方在给予他方诸种特权或优惠时不得要求他方具备给惠国另加的条件或给付相应的补偿。他方在遵守最惠国待遇条款的基础上可自动享受给惠国提供的特权或优惠。

在"加拿大-汽车产业"案[⑤]中,专家组认为需依照 GATT 1994 最惠国待遇

[①] 董静然.最惠国待遇条款与国际投资争端解决程序法律解释研究[J].国际商务(对外经济贸易大学学报),2018(5):131-142.
[②] GATT 1994 第 1 条第 1 款规定"……任何缔约方给予来自或运往任何其他国家任何产品的利益、优惠、特权或豁免应立即无条件地给予来自或运往所有其他缔约方领土的同类产品。"
[③] Panel Report, *EC-Tariff Preferences*, WT/DS231/R, paras. 59-60.
[④] 朱榄叶.世界贸易组织法经典案例选编[M].北京:北京大学出版社,2018:240.
[⑤] Panel Report, *Canada — Autos*, WT/DS139/R, paras. 22-25.

条款的宗旨、目的及条款的上下文语境来明晰"无条件"的确切涵义。专家组明确指出,"无条件"是给惠国必须承担的一项义务,而不仅仅是指平等给予的利益。给惠国必须将其已给予某成员方特定产品的特权或优惠应无区别的给予所有其他 WTO 成员方的相同或类似产品。给惠国承担"无条件"给惠义务,给惠国无需考虑其他 WTO 成员方的相异的国家情况,也不能要求其他 WTO 成员方作出任何补偿或对待给付等行为,就应将其已给予某成员国特定产品的特权或优惠无区别与非歧视地给予所有其他 WTO 成员方的相同或类似产品。

专家组同时强调,GATT 1994 最惠国待遇条款涵括两方面的要求:一是优惠待遇的地给付不受任何条件的约束和限制;二是已给予某成员方特定产品的特权或优惠必须无区别与非歧视地给予所有其他 WTO 成员方的相同或类似产品,给惠国不能仅给予部分成员方的产品以特权或优惠,而将另一部分成员方的产品排除在特权或优惠范围之外。"无条件"的界定必须结合"优惠、利益、特权与豁免""原产地"和"相似产品"的界定,"无条件"就是给惠国将"原产于"某成员方特定产品所享有的"优惠、利益、特权与豁免""无条件地"给予"原产于"所有其他 WTO 成员方的"相似产品"。GATT 1994 最惠国待遇条款中的"无条件"主要指的是不得附加与特定产品原产地相关的任何条件,即给惠国给予最惠国待遇不得存在国别的歧视与产品产地的歧视。

由此可见,WTO 成员承担无条件将其已给予部分成员方的优惠给予所有其他成员方的义务。无条件给惠义务要求给惠国在给予其他成员方最惠国待遇时应当不添加任何与产品产地有关的条件。成员方所履行的此种无条件的给予优惠义务的行为应该是自动的。当给惠国给予某成员方的特权与优惠超出 WTO 其他成员方享有的利益、特权与优惠时,给惠国即应立即履行无条件的给惠义务,自动给予所有 WTO 其他成员此种利益、特权与优惠,而无需再通过多边或双边谈判与 WTO 其他成员方达成新的最惠国待遇给付协议。WTO 成员承担自动将其已给予部分成员方的优惠给予所有其他成员方的义务。

(二)给予所有 WTO 成员同等最惠国待遇的义务

GATT 1994 最惠国待遇条款要求给惠国应将其给予某成员方的特权与优惠给予所有来自其他 WTO 成员方的同类产品。条款中的"所有"一词要求 WTO 成员必须承担非歧视和平等给予特权与优惠的义务。"多边最惠国条款能够防止双边协定的弊病,避免贸易强国强加不公平的贸易条件。多边最惠国条款能将贸易特权与优惠平等地赋予贸易弱国,使贸易弱国享有在国际贸易中与贸易强国平等的竞争条件。"①最惠国待遇条款为 WTO 成员设立了非歧视给予优惠的义务。

第一,WTO 成员承担给予其他成员同等的"利益、优惠、特权或豁免"的义务。

GATT 1994 第 1 条第 1 款规定的"任何产品的""所有其他缔约方"的表述,均明示了全体 WTO 成员在履行最惠国待遇义务时应遵从的非歧视的义务要求。给惠国负有将同等的"优惠、利益、特权或豁免"给予所有其他 WTO 成员方的义务。何种待遇归属"优惠、利益、特权或豁免"的范畴,必须针对个案进行具体分析。具体而言,如下情形一般被视为贸易中的"优惠、利益、特权或豁免":(1)税费的优惠,如关税豁免、费用豁免、关税配额的分配优惠;(2)市场准入的优惠,如进口便利条件、进出口手续上的便利、进入某一成员方国内市场的机会。(3)其他优惠,如在某一成员方国内的有利竞争条件、获得认证程序的途径的优惠。优惠待遇的判断标准是,来自不同成员国的相同或类似产品是否因与产品本身无关的缘由而享有不同的待遇,进而使某成员方的产品取得更多的机会或更有利的竞争地位。同时,其他 WTO 成员方仅在相同或类似的产品上享有同等的"优惠、利益、特权或豁免"。就货物贸易领域而言,非歧视义务要求给予最惠国待遇的成员方不能将优惠排斥或不适用于个别进出口产品,要求给惠国必须将最惠国待遇适用于全部进出口产品。②

第二,WTO 成员承担在所有与进口或出口相关的法规和手续上给予WTO 成员最惠国待遇的义务。

根据 GATT 1994 第 1 条第 1 款③的规定,给惠国不仅需在货物进出口方

---

① 郭桂环.最惠国待遇条款的适用对中国的启示[J].人民论坛,2013(5):250-251+241.
② 蔡宏波,扈爽,赵田园.WTO 成员方会利用最惠国待遇条款"搭便车"吗:基于中国参与多边贸易谈判的实证研究[J].国际贸易问题,2016(2):64-73.
③ 根据 GATT 1994 第 1.1 条规定:"在对进口或出口、有关进口或出口或对进口产品的国际支付转移所征收的关税和费用方面,在征收此类关税和费用的方法方面,在有关进口和出口的全部规章手续方面,以及在第 3 条第 2 款和第 4 款所指的所有事项方面,任何缔约方给予原产于或运往任何其他国家(或地区)的产品的任何利益、优惠、特权或豁免,应当立即无条件地给予原产于或运往所有其他缔约方境内的同类产品。"

面给予所有 WTO 成员最惠国待遇,而且在进口货物在国内销售的相关国内法规与国内税费方面也应给予所有 WTO 成员最惠国待遇。

具体而言,给惠国应给予进口产品最惠国待遇的事项的范围为：(1)特定进出口产品的相关费用与关税。其中涵括：对进出口特定产品本身所征收的任何关税与费用及与特定产品进出口相关的任何关税与费用。(2)与进出口有关的国际支付转账所征收的关税和费用。(3)征收上述税费的方法。(4)与进出口相关的所有规章与手续方法。(5)与特定产品进出口相关的任何国内税与国内费的征收。(6)特定进口产品在进口国国内市场上销售及与此相关的运输、分销、购买等方面的法规。给惠国在上述事项上均给予 WTO 成员无条件的、互惠的和普遍的最惠国待遇。

给惠国在所有与进口或出口相关的法规和手续上给予 WTO 成员最惠国待遇。给惠国实施的能够影响到特定产品进出口过程、关税和费用的任何措施均可视为与特定产品进出口相关的所有手续与法规,其中涵括给惠国的进出口措施及对特定产品进出口给惠国存在实质影响的措施。

在 WTO 争端解决实践中,为减少成员在货物进出口中的法律与贸易壁垒,专家组和上诉机构多对最惠国待遇条款进行扩张解释。如专家组在"欧共体—香蕉Ⅲ"案①中将与关税配额分配有关的措施解释为属于"与特定产品进口有关的手续与法规"的范畴。专家组在"美国—禽肉"案②中将"与特定产品进口有关的手续与法规"扩张解释为产品进口及其他相关方面的措施和其他对产品进口存在实质影响的措施。

四、美国背离 GATT 1994 最惠国待遇条款中的给惠国义务

美国仅对部分 WTO 的成员出口到美国的钢铝产品分别加征 25% 和 10% 的"232 关税",违反 GATT 1994 第 1 条第 1 款的规定,未对所有 WTO 成员出口到美国的钢铝产品征收同等关税,违反最惠国待遇给予上的无条件的和普遍的标准和要求。在对中国、欧盟、印度等某些 WTO 成员方出口美

---

① Panel Report, *EC — Bananas* Ⅲ, WT/DS27/R/USA, 22 May 1997, p308, para. 7. 69.
② Panel Report, *US — Certain Measures Affecting Imports of Poultry from China*, WT/DS392/R, para. 410.

国的钢铝产品所征收的关税和费用方面、在对中国、欧盟、印度等某些国钢铝产品输入的规章手续方面，美国违反其应履行的将对来自或运往其他WTO成员的钢铝产品所给予的利益、优待、特权，立即无条件地给予中国、欧盟等这些WTO成员方的钢铝产品利益、优待、特权的义务。美国实施基于国家安全的钢铝贸易限制措施，对钢铝等进口产品采用与GATT 1994第1条第1款规定的最惠国待遇原则相抵触的措施来实施国内"232关税"，对来自某些WTO成员的进口钢铝等产品加征进口关税。美国违反不应对进口产品或他国产品采用其他与最惠国待遇原则有抵触的办法来实施国内税或其他国内费用的义务。

美国颁布法令实施针对钢铝贸易限制措施的豁免：基于关税自贸区等原因对加拿大、墨西哥的"232关税"进行豁免；基于韩国等国采取自动出口限制政策而对韩国等国的钢铝等产品的"232关税"进行豁免。但是，美国对来自中国、欧盟等某些WTO成员方的进口钢铝产品加征"232关税"。美国对来自加拿大、墨西哥、韩国等国进口的钢铝产品所给予的利益、优待、特权和豁免，未立即无条件地给予来自中国、印度、土耳其等这些WTO成员方的钢铝产品。

美国以关税豁免的方式免除韩国等国的"232关税"，使韩国等享受"232关税"豁免的国家的钢铝产品获得以低关税进入美国市场的机会，使其在美国国内相较于中国的钢铝产品而言享有更有利的竞争地位和优势。这造成原产于被加征"232关税"的国家和享受"232关税"豁免的国家的进口产品由于同产品自身特质不相关的其他标准而被给予不同的待遇，进而使得享受"232关税"豁免的国家的产品取得有利的竞争条件或地位。美国的此种做法违反其应承担的对源自任何国家（或地区）的产品所给予的特权、优待、豁免或利益应当立即无条件地给予源自所有其他成员的相同产品的义务。

美国在给予其他成员豁免"232关税"的优惠时附加要求成员进行自动出口限制的条件，且WTO的各成员方只有与美国谈判达成自动出口限制协议后，方能享有豁免"232关税"的优惠，因此，美国违反了无条件给予最惠国待遇的义务。其他成员方如未与美国谈判达成自动出口限制协议则不能享有"232关税"豁免的优惠。因此，美国违反自动给予最惠国待遇的义务及未履行给予其他成员同等的"利益、优惠、特权或豁免"的义务。综上，美国未履行无条件和自动将其已给予部分成员国的豁免"232 关税"的优惠给予所有其他成员国的义务。

第二节　GATT 1994 关税减让义务的履行问题

一、美国关税减让义务之履行是否合规之争

在美国基于国家安全的钢铝贸易限制措施案中,中国、欧盟、印度等申诉方均认为,美国基于国家安全的钢铝贸易限制措施不符合 GATT 1994 中的关税减让规则。美国的"232 关税措施"违反美国给予欧盟的待遇不得低于美国在减让表中的承诺,违反对欧盟出口美国的钢铝产品免征减让表所列普通关税的超出部分,免征超过于减让表所规定的任何其他税费,或免征超过美现行法律规定以后要直接或授权征收的任何其他税费的规定。因此,美国基于国家安全的钢铝贸易限制措施违反 GATT 1994 第 2 条第 1 款(a)和(b)项的规定。美国对中国、欧盟、印度等申诉方的此项指控不认可。美国认为其基于国家安全的钢铝贸易限制措施未违反 GATT 1994 第 2 条的关税减让规则的规定。

双方争议中所涉条款是 GATT 1994 第 2 条第 1 款(a)和(b)项的关税减让规则。双方争议中所涉及的问题主要是美国基于国家安全的钢铝贸易限制措施与 GATT 1994 第 2 条第 1 款(a)和(b)项的关税减让规则是否具有相符性的问题。双方争议的问题实质上是美国在实施钢铝贸易限制措施的过程中是否违反 GATT 1994 第 2 条第 1 款(a)和(b)项的关税减让规则所设定的成员方应承担的关税减让义务。

二、GATT 1994 关税减让义务及其履行的必要性

关税减让是 WTO 成员应承担的最基本的义务,是一国(地区)准入成为 WTO 成员最基础的条件。美国是否依照 WTO 规则履行其关税减让义务是判断美国基于国家安全的钢铝贸易限制措施是否具有合法性的重要标准。

(一)关税减让义务

GATT 1994 中的规定美国关税减让义务的规则主要规定在 GATT 1994

第2条第1款(a)项①和(b)项②中。此条款要求 WTO 成员方给予其他 WTO 成员方的待遇不得低于其在减让表中承诺的关税水平。

GATT 1994 中规定的关税减让表具有法律效力和法律约束力,美国在关税减让表中的承诺设定了美国的关税减让义务。关税减让表是各 WTO 成员方通过关税减让谈判所达成的关税减让承诺的记载。此承诺具有法律效力,对承诺国具有强制约束力。关税减让表即是可明确适用的具有法律约束力的规则,可直接适用于具体个案中相关争端的解决。关税减让表记载了关税减让谈判的成果,也是后续的关税减让实施的依据,关税减让表具有明确适用性。关税减让表中的主体具有特定性。主体具有特定性是国际条约法规则的特征之一。关税减让表主要是为特定主体设定了应承担的关税减让义务,以及关税减让的基准和行为要求。因此,美国在关税减让表中的承诺则设定了美国的关税减让义务,此义务对美国具有法律约束力,美国应严格依照其在关税减让表中的承诺履行其对来自他国的进口产品的关税减让义务。

(二)关税减让义务履行必要性

促进多边自由贸易,实质性削减关税和其他各种贸易壁垒,是世界贸易组织的宗旨和职能。自由贸易主义是世界贸易组织自由贸易理念的来源。

自由贸易主义反对国家对国际贸易进行干预,反对贸易保护主义,因为贸易保护主义支持国家通过各国政策工具对国际贸易进行干预。③ 自由贸易主义认为:"自由贸易是历史发展的总方向和总趋势。自由贸易能促进世界繁荣,保护贸易却会阻滞世界各国的发展。"④"政府不应干涉经济,干涉只会阻滞经济发展。"⑤"政府短视的贸易政策安排会将贸易引入歧途,二战后,各国均意识

---

① GATT 1994 第2条第1款(a)项规定:"一缔约国对其他缔约国贸易所给的待遇,不得低于本协定所附这一缔约国的有关减让表中有关部分所列的待遇。"
② GATT 1994 第2条第1款(b)项规定:"一缔约国领土的产品如在另一缔约国减让表的第一部分内列名,当这种产品输入到一减让表所适用的领土时,应依照减让表的规定、条件或限制,对它免征减让表所列普通关税的超出部分。对这种产品,也应免征超过于本协定签订之日对输入或有关输入所征收的任何其他税费,或免征超过于本协定签订之日进口领土内现行法律规定以后要直接或授权征收的任何其他税费。"
③ 斯蒂格利茨,沃尔什.经济学[M].黄险峰,张帆,译.北京:中国人民大学出版社,2013:291.
④ 曼昆.经济学原理:微观经济学分册[M].梁小民,梁砾,译.北京:北京大学出版社,2015:247.
⑤ 斯密.国富论[M].郭大力,王亚南,译.北京:商务印书馆出版社,2015:357.

到自由贸易的优势而尽力减少对贸易的限制。"①

关税是国家实施进出口贸易的重要工具。自由贸易主义者秉持关税政策将破坏国际贸易的观点,主张减少或废止关税。自由贸易主义者此种观点的得出主要是基于比较优势理论。自由贸易主义者认为,国家之间的经贸发展是紧密相连的,世界各国经济利益相互依存。自由贸易能促使国家投身于其具有优势的产品的生产,此亦为比较优势理论的核心理念。因此,基于比较优势理论的自由贸易理念,自由贸易主义者排斥各国政府阻碍自由贸易的关税政策。②

与此同时,贸易自由主义者也意识到国家存在的必然性和现实性。国家的关税政策不可能完全消亡,但可通过国家的关税减让政策在一定程度上促进贸易自由化。故而,世界贸易组织要求国家在互惠主义的基础上,采取关税减让措施,并将保证关税壁垒持续缩减作为其减少贸易壁垒与促进贸易自由化的长期目标,因此,关税减让必须是实质性的。为保证关税减让的有效和持续施行,世界贸易组织设置了专门的关税减让制度,并设立了每个 WTO 成员均必须承担的关税减让义务。

综上所述,鉴于自由贸易系促进国际经济繁荣的重要途径,为推动自由贸易,世界贸易组织应运而生,而促进自由贸易的关键在于降低关税壁垒,因此,关税减让法律制度为 WTO 法不可或缺的组成部分,且关税减让法律制度设立了各成员国的关税减让义务,以实现实质性的关税消减,达致有效促进自由贸易的终极目标。

三、美国基于国家安全的钢铝贸易限制措施未恪守关税减让义务

(一) 美国违反给予待遇不得低于减让表中规定的义务

GATT 1994 第 2 条第 1 款(a)项规定,一缔约国给予其他缔约国的贸易待遇"不得低于本协定所附这一缔约国的有关减让表中有关部分所列的待遇"。换而言之,即为 WTO 成员方不得采取低于其在关税减让表中承诺的税率。专家组在加拿大诉日本云松板材进口关税案③中认为,"不得低于……有关减让

---

① 斯蒂格利茨,沃尔什.经济学[M].黄险峰,张帆,译.北京:中国人民大学出版社,2013:849.
② 同上,49-63.
③ Panel Report, *Canada/Japan — Tariff on Imports of Spruce, Pine, Fir (SPF) Dimension Lumber*, BISD 36S/167, para.56.

表中有关部分所列的待遇"要求成员方必须遵守其在关税减让表中所作的承诺,成员方所制定的关税税则应严格依照关税减让表的限定税率,成员方在对进出口产品征收关税时不能违背其在关税减让表中对相应产品关税税率所作的承诺。[1]

依据 GATT 1994 第 2 条第 1 款(a)项的规定,美国承担给予其他 WTO 成员方进口美国钢铝等产品的贸易待遇不得低于美国在关税减让表中承诺的税率。美国在 GATT 1994 的关税减让表中对这些钢铁和铝产品承诺的约束性关税基本上都是零,最高也不超过 6%。然而,2018 年 3 月 23 日,美国依据《1962 年贸易扩展法》第 232 条宣布将对源自中国、欧盟、印度等 WTO 成员方的进口钢材征收 25% 的关税,对铝产品征收 10% 的关税。显然,美国的"232 关税措施"违反美国给予其他 WTO 成员方的待遇不得低于其在减让表中的承诺,美国没有严格按照其关税减让表的承诺来履行其关税减让的义务,美国违反"不得低于减让表中规定待遇"的减让义务。

(二) 美国违反必须遵守减让表所列条件、条款或限制的义务

依照 GATT 1994 第 2 条第 1 款(b)项的规定,产品的进口方必须遵守减让表所列规定、条件或限制,必须依照减让表中规定的税率对对应产品进行征税,不得高于减让表中所设定的关税税率。在 1989 年的美国食糖限制案[2]中,专家组基于对 GATT 1994 第 2 条第 1 款(b)项的条文和 GATT 1994 的宗旨的分析后认为 WTO 各成员在关税减让表中所作的承诺不是对成员关税减让义务的限制,而是对成员的关税制定权利的限制。专家组强调,GATT 1994 第 2 条第 1 款(b)项设定成员国必须遵守减让表所列规定、条件或限制的义务,并非限制成员方在关税减让上的承诺,恰与之相反的是,要求成员国恪守其在关税减让谈判中所达成的规定、条件或限制来制定该成员方的关税税则并严格遵照履行。产品的进口方必须遵守减让表所列规定、条件或限制的义务是成员履行关税减让义务的保证。[3]

依照专家组对 GATT 1994 第 2 条第 1 款(b)项规定的解释,美国应严格遵

---

[1] Panel Report, *Canada/Japan — Tariff on Imports of Spruce, Pine, Fir (SPF) Dimension Lumber*, BISD 36S/167, para. 97.

[2] Panel Report, *United States — Imports of Sugar from Nicaragua*, BISD 27S/69, para. 56.

[3] 同上, paras. 59-67.

循其在关税减让表中的承诺,限制其制定"232 关税"的权利,美国不能任意违背其所做出的关税承诺,美国应严格遵从其在关税减让谈判中所达成的规定、条件或限制来制定该国的关税税则并严格遵照履行。美国应自减让表生效之日起,依照其在减让表中的关税减让承诺,对其他 WTO 成员方出口至美国的钢铝产品免征减让表所列普通关税的超出部分,免征超过于减让表所规定的任何其他税费,或免征超过美现行法律规定以后要直接或授权征收的任何其他税费。然而,美国依据《1962 年贸易扩展法》第 232 条采取美国基于国家安全的钢铝贸易限制措施,对诸多 WTO 成员方出口至美国的钢材产品征收 25%的关税,对铝产品征收 10%的关税,远超过美国在 GATT 1994 的关税减让表中对这些钢铁和铝产品承诺的 0~6%的约束性关税。美国对某些钢铁和铝产品征收的进口关税,超过了作为 GATT 1994 附件的美国承诺减让表中所承诺的税率,并且没有对超过承诺减让表所承诺关税部分和所有超过美国在 GATT 1994 签订当日或当日生效法规在其后实施的税费部分给予免除。美国未遵从其在关税减让谈判中所达成的条件、条款或限制来制定该国的关税税则,并未履行其在关税减让表中的承诺,公然背离关税减让表对美国关税制定权的限制,任意违背其在谈判中所达成的关税减让的"规定、条件或限制"。美国的"232 关税"措施违反 GATT 1994 第 2 条第 1 款(b)项的规定,违反"减让表所列规定、条件或限制"的遵守义务。

第三节　贸易政策实施中的透明度义务问题

一、美国的贸易政策实施透明度义务之履行是否合规之争

在美国基于国家安全的钢铝贸易限制措施案中,中国、欧盟、印度等申诉方均认为,美国基于国家安全的钢铝贸易限制措施不符合 GATT 1994 中的贸易政策实施规则。美国在实施基于国家安全的钢铝贸易限制措施的过程中未能以统一、公正和合理的方式管理有关措施的法律,法规,决定和裁决。因此,美国基于国家安全的钢铝贸易限制措施违反 GATT 1994 的第 3 条第 1 款的规

定。美国对中国、欧盟、印度等申诉方的此项指控不认可。美国认为其基于国家安全的钢铝贸易限制措施未违反 GATT 1994 的第 3 条第 1 款的贸易政策实施规则的规定。

双方争议中所涉条款是 GATT 1994 的第 3 条第 1 款的贸易政策实施方式的条款。双方争议中所涉及的问题主要是美国基于国家安全的钢铝贸易限制措施与 GATT 1994 的第 3 条第 1 款的贸易政策实施方式规则是否具有相符性的问题。双方争议的问题实质上是美国在实施基于国家安全的钢铝贸易限制措施的过程中是否违反 GATT 1994 的第 3 条第 1 款的贸易政策实施方式的条款所设定的成员方应承担的义务,即美国是否背离透明度原则下贸易政策实施规则中的义务性要求及其价值取向。

二、GATT 1994 贸易政策实施规则中的透明度义务

法律上的透明度是指一项法律规则或法律程序应该为人所知。详而言之,法律上的透明度系指法律规则及其功能与效力被人所易得和所知悉,义务的承担方与权利的享有方能清楚明晰相关法律法规所设定的具体义务与权利。适用者和执行者应当严格依据规定来适用和执行法律,从而使相关当事方能够预见行为的后果,进而采用更为合适与合法的行为。①

国际法的透明度不仅指国际法规则及所设程序能够被获得和知悉,而且指各国政府依照国际法制定本国相关法律法规及政府行为能够被获得和知悉。② 透明度原则要求国家和国际组织等国际法主体所制定的法律及规则能够被获得和知悉,且国家和国际组织等国际法主体也应遵照此法律及规则而采取行动或措施。透明度原则不仅要求应当公开实体性法律,还要求程序上必须保持公正。

GATT 1994 第 10 条是透明度原则的专项条款。GATT 1994 第 10 条第 3 款(a)项具体规定了成员国的实施贸易条例的义务性要求。GATT 1994 第 10 条第 3 款(a)项③要求各成员方应以合理、公正与统一的方式实施已经公布的

---

① 张潇剑.WTO 透明度原则研究[J].清华法学,2007(3):130-139.
② 彼得斯,戴瑞君.国际法的透明度转向[J].国际法研究,2015(1):30-38.
③ GATT 1994 第 10 条第 3 款(a)项规定:"缔约各方应以统一、公正和合理的方式实施本条第 1 款所述的所有法令、条例、判决和决定。"

各项法令、条例、判决和决定,此贸易政策实施要求是透明度原则为WTO各成员方设定的法律义务之一。

各成员方在实施贸易政策时必须遵循透明度原则的义务性要求。WTO透明度原则能保持世界自由贸易体制的稳健性,为跨国贸易提供透明与公开的法制环境,有助于让国际贸易更趋自由化。

透明度原则下的贸易政策实施规则要求成员国执行实施措施时,应保证执法统一、公正和合理,即执行程序正当。正当地实施措施是执法程序的透明要求,以保障信息对称、执法正义。执行程序透明是程序正当的必然要求。

贸易政策实施中透明度义务有其存在的深刻法理基础,有其存在的必要性及合法性。贸易政策实施规则中设置透明度义务的目的是保障程序正义。在贸易政策实施中,程序正义对于保障WTO成员享有公平待遇有着极其重要的意义与作用。

首先,贸易政策贯彻程序正义的价值取向,能够维护利害关系方的自主意志和权利,能够保证利害关系方有参与裁决或决定过程及发表意见的机会,能使裁判或决定在充分考虑利害关系方意见的基础上作出,进而维护利害关系方的合法权利。

其次,贸易政策贯彻程序正义的价值取向,能够保障各利害关系方的平等参与权,使各利害关系方具有公平竞争的平等机会,使各利害关系方具有平等行使权利的地位和机会。

再次,贸易政策贯彻程序正义的价值取向,能够使实施者获取和充分考虑各利害关系方的诸多不同意见,使贸易政策的实施尽量迎合各方诉求,进而有利于贸易争端的解决。[①]

三、贸易政策实施规则中的透明度义务的履行基准

WTO成员方在其贸易政策实施的过程中必须履行透明度义务,以保证贸易政策实施中的程序正义。美国在实施基于国家安全的钢铝贸易限制措施的过程中是否依照WTO规则履行其应承担的透明度义务是判断该钢铝贸易限制措施是否具有合法性的重要标尺。

---

① 田平安.程序正义初论[M].北京:法律出版社,2003:98.

(一) 贸易条例迅速公布的义务

GATT 1994 贸易条例的实施规则①设立了成员的贸易条例迅速公布的义务。此义务要求成员应迅速公布关涉贸易的法律与法规及行政裁定与司法判决。成员应迅速公布相关特定产品的进出口关税税率与收费、特定产品在进口国或出口国的国内税税率与收费、特定产品的海关归类或海关估价。此外，进口国或出口国在特定产品的运输、销售、仓储、保险、检验等方面所设立的各种限制性或禁止性规定及具体要求均应迅速公布。再者，成员方之间所签订和实施的贸易协议也应迅速公布。

至于 GATT 1994 第 10 条第 3 款(a)项中的"法令、条例、判决和决定"是指法令、条例、判决和决定的本身还是其适用与实施。专家组和上诉机构在 WTO 争端解决的实践中对此问题进行了明晰。专家组和上诉机构认为其指法令、条例、判决和决定的实施。②专家组在阿根廷皮革案中也认为其指法律文件的实施。上诉机构在欧共体特定海关事项案中进一步指出法律文件的实施涵括关涉实施措施的所有行为、程序或事项，包括实施、适用与执行 GATT 1994 第 10 条第 1 款所述法律文件的行为与措施。因此，WTO 成员方公布与实施的既涵括与贸易有关的法律文件本身，也涵括实施与贸易有关的法律文件的行为，也涵括其他相关配套法律文件。③

(二) "统一"、"公正"和"合理"实施的义务

成员方实施与贸易有关的法律文件应遵循"统一"、"公正"和"合理"的义务性要求。

对于"统一"实施与贸易有关的法律文件的标准，专家组在阿根廷皮革案中指出，"统一"词语本身的涵义在字典中的解释是："有相同特点、模式、样式、标

---

① GATT 1994 第 10 条第 1 款规定："缔约国有效实施的关于海外对产品的分类或估价，关于税捐或其他费用的征收率，关于对进出口货物及其支付转账的规定、限制和禁止，以及关于影响进出口货物的销售、分配、运输、保险、存仓、检验、展览、加工、混合或使用的法令、条例与一般援用的司法判决及行政决定，都应迅速公布，以使各国政府及贸易商对它们熟习。一缔约国政府或政府机构与另一缔约国政府或政府机构之间缔结的影响国际贸易政策的现行规定，也必须公布。"
② Appellate Body Report, *European Communities — Selected Customs Matters*, WT/DS315/AB/R, para. 200.
③ 同上，paras. 224-225.

准或规则且始终保持统一,不因时间、地点、环境的不同而不同。"①在与贸易有关的法律文件的实施方面,"统一"应指成员方应给予不同的进口方同等的待遇,不因时间、地点、环境的不同而不同。"统一"标准要求成员方以一致和可预见的方式实施与贸易有关的法律文件。②

对于"公正"实施与贸易有关的法律文件的标准,专家组在欧共体特定海关事项案中指出,"公正"是指公平、非歧视、无偏见或无偏私。③ 故而,"公正"实施指应当以公平、非歧视、无偏见或无偏私的方式执行或适用与贸易有关的法律文件。④

对于"合理"实施与贸易有关的法律文件的标准,专家组在欧共体特定海关事项案中指出,"合理"是指合乎理性、理智的、不荒诞的意思。⑤ "合理"实施是指与贸易有关的法律文件的执行或适用应是合乎理性和理智的,在同等条件下,不存在其他更合理的措施。

专家组在阿根廷皮革案中认为,实施与贸易有关的法律文件必须分别各自满足"统一"、"公正"和"合理"实施的义务性要求。⑥

四、美国基于国家安全的钢铝贸易限制措施违反贸易政策实施的透明度义务

GATT 1994 第 10 条第 3 款(a)项为美国等 WTO 成员方设定了以统一、公正和合理的方式实施进出口贸易的所有法令、条例、判决和决定的义务。美国基于国家安全的钢铝贸易限制措施在诸多方面违反贸易政策实施的义务性要求,背离透明度原则在成员国实施贸易政策方面的程序公正的价值取向和义务要求。

---

① Shorter Oxford English Dictionary[M]. 5th ed. Oxford: Oxford University Press, 2002: 3444.
② Panel Report, *Argentina — Measures Affecting the Export of Bovine Hides and the Import of Finished Leather*, WT/DS155/R, para. 83.
③ 同①,1325.
④ 同②,para. 100.
⑤ 同①,2482.
⑥ ERSKINE D H. The United States-EC dispute over customs matters: Trade facilitation, customs unions, and the meaning of WTO obligations[J]. Social Science Electronic Publishing, 2007: 429-435.

(一) 美国违反"统一"、"公正"和"合理"实施"232 条款"的义务

美国未以"统一"、"公正"和"合理"的标准实施贸易的法令、条例、判决和决定。在美国基于国家安全的钢铝贸易限制措施争端中,WTO 争端解决机构对美国的贸易条例公布和实施义务的审查范围既包括美国基于国家安全的钢铝贸易限制措施相关法律文件本身,如美国《1962 年贸易扩展法》的"232 条款";也包括适用美国基于国家安全的钢铝贸易限制措施法律文件的行为,如"232 调查"行为和加征"232 关税"的行为等;还包括使美国基于国家安全的钢铝贸易限制措施相关法律文件产生实践效果的法律文件,如调整进口钢材关税的总统令和调整进口铝关税的总统令等。

美国并未将所有普遍适用于贸易的法令、条例、判决和决定迅速公布。美国违反将与贸易相关的法律文件迅速公布的义务。此义务要求美国应迅速公布关涉贸易的法令、条例、判决及决定。美国应迅速公布相关特定产品的进出口关税税率与收费、特定产品在进口国或出口国的国内税税率与收费、特定产品的海关归类或海关估价。此外,美国在特定产品的运输、销售、仓储、保险、检验等方面所设立的各种限制性或禁止性规定及具体要求均应迅速公布。美国未将其与他国之间所签订和实施的贸易协议迅速公布,故美国违反其应承担的迅速公布贸易协议的义务,如美国未将其与韩国、阿根廷、巴西所达成的自动出口限制以永久豁免"232 关税"的协议予以公布。

美国在履行公布和实施贸易规则的义务时应遵循"统一"的标准,美国必须确保美国贸易法律法规以一致的、可预见的方式施行。即使在不同的时间和地点,美国必须给予不同的外国同类产品的出口商同等的待遇。美国违反实施义务的"统一"的标准,美国给予不同的国外出口商不平等的待遇。如美国对加拿大、墨西哥、韩国出口商的钢铝产品豁免"232 关税",而对中国等 WTO 成员方出口商的钢铝产品加征"232 关税"。可见,美国贸易法未以一致的、可预见的方式施行。美国因产品来源地的不同而采取不平等的歧视性的做法违反实施义务的"统一"的标准。

美国在履行公布和实施贸易规则的义务时应遵循"公正"的标准,美国必须以公平的、不偏私的、非歧视的方式适用或执行相关法律法规。在依规定保密信息的公开方面,成员方应平等对待商业利益相冲突的其他成员方。美国违反

实施义务的"公正"的标准,未以公平、非歧视、无偏见或无偏私的方式执行或适用相关法律法规。WTO其他成员方在向美国出口钢铝产品方面存在商业利益的竞争和冲突关系,而美国未平等对待商业利益相冲突的不同当事方。美国在适用或执行相关法律法规方面存在不公平和歧视性的做法,违反实施义务的"公正"的标准。

美国在履行公布和实施贸易规则的义务时应遵循"合理"的标准,美国公布和实施贸易规则的行为或决定必须是衡平的、合适的以及基于理性的。美国在实施贸易规则的行为或决定时,基于美国优先的原则,为本国利益不惜损害其他多数WTO成员方的利益,此做法是非衡平的、不合适的以及不理性的,违反了美国在履行公布和实施贸易规则的义务时所应遵循的"合理"标准。

总之,美国在履行公布和实施贸易规则的义务时对"统一"、"公正"和"合理"三项标准均不满足。美国此种实施贸易规则的行为可能导致世界贸易组织所建构的国际自由和公平贸易体系崩溃的危害后果发生,因此,美国基于国家安全的钢铝贸易限制措施违反贸易规则实施义务。

(二)美国仅部分履行对贸易条例的公布与实施义务

美国实施对钢铝进口的特定措施时,均迅速公布了与措施有关的法令、条例、判决和决定,钢铝出口国政府和贸易商均能尽快获知美国对钢铝进口所实施的各种特定措施。美国均及时公布了加征的钢铝关税税率及钢铝产品的海关归类。美国不仅公布了对钢铝进口的特定措施的相关法律文件本身,如《1962年贸易扩展法》的"232条款"。① 而且,美国还公布了特定法律的具体适用文件,如美国商务部下属的产业和安全局颁布的《关于钢铁和铝产品进口调整措施的排除申请程序及反对排除程序的暂行条例》②

美国实施加征钢铝关税的总统令的过程中,基本依照法定程序和规则以可预见和相一致的方式施行钢铝关税加征的相关规定,不因时间、地点与环境而变更。因此,美国在实施加征钢铝关税的总统令方面基本符合"统一"的标准。美国在适用或执行基于国家安全的钢铝贸易限制措施的相关法律法规时均采

---

① 19 U. S. C. A. § 1862:https://www.gpo.gov/fdsys/granule/USCODE-2011-title19/USCODE-2011-title19-chap7-subchapII-partIV-sec1862.

② Interim Final Rule,http://t.cn/Rnc2lkn.

用非歧视的、不偏私的、公平的方式。美国对所有依照总统令需加征钢铝关税的国家均加征同等税率的关税,且不存在不同等待遇,在信息的公开上均平等对待。因此,美国在实施加征钢铝关税的总统令方面基本符合"公正"的标准。

综上所述,美国虽然在部分美国基于国家安全的钢铝贸易限制措施的履行方面遵守了贸易条例的公布与实施义务,但其在核心的美国基于国家安全的钢铝贸易限制措施的履行方面违反"统一"、"公正"和"合理"实施贸易条例的义务。美国未能证明其对贸易条例的不当实施不会造成危害后果。而且美国的违反"统一"、"公正"和"合理"实施贸易条例的义务的行为已导致贸易歧视的产生,破坏最惠国待遇原则的普遍适用,助长相关成员方寻求自动出口限制的灰色措施,导致国际经济秩序的混乱等严重后果,具有极大危险性。

第四节 GATT 1994 取消一般数量限制义务的履行问题

一、美国的取消一般数量限制义务之履行是否合规之争

在美国基于国家安全的钢铝贸易限制措施案中,中国、欧盟、印度等申诉方均认为,美国基于国家安全的钢铝贸易限制措施是美国在除征收税捐或其他费用以外设立或维持配额等其他措施以限制或禁止其他产业的钢铝产品的输入,因此,美国基于国家安全的钢铝贸易限制措施违反 GATT 1994 的第 11 条的取消一般数量限制规则的规定。美国对中国、欧盟、印度等申诉方的此项指控不认可。美国认为基于国家安全的钢铝贸易限制措施未违反 GATT 1994 的第 11 条的取消一般数量限制规则。

双方争议中所涉条款是 GATT 1994 的第 11 条的取消一般数量限制条款。双方争议中所涉及的问题主要是美国基于国家安全的钢铝贸易限制措施与 GATT 1994 的第 11 条的取消一般数量限制条款是否具有相符性的问题。双方争议的实质问题是美国在实施基于国家安全的钢铝贸易限制措施的过程中是否违反 GATT 1994 的第 11 条的取消一般数量限制条款所设定的成员方应承担的义务,即美国是否背离取消一般数量限制规则中的义务中的禁止性义务。

二、取消一般数量限制义务履行之必要

数量限制系在进出口贸易中国家利用法律与政策的安排,设定进出口总量或总价限额,限制特定产品的进出口数量,以实现其管理进出口贸易和保护国内产业经济的目标。数量限制措施属于非关税壁垒的范畴,其可分为广义的数量限制措施与狭义的数量限制措施。广义的数量限制措施是指能够直接或间接达到限制进出口产品的数量效果的所有措施,其涵括有序销售安排、许可证、自动出口限制、配额等措施。狭义的数量限制措施是指仅通过配额和许可证等直接限制进出口产品的数量的措施来管理贸易。① GATT 1994 中的数量限制系指狭义的数量限制措施。②

20 世纪三四十年代,各国滥用数量限制措施。有些数量限制措施在有些国家内部逐一法律化,形成了非关税壁垒。数量限制措施的广泛实施,对国际贸易造成了极大损害。数量限制扭曲了贸易产品的正常流转。违背贸易规律的限制进出口数量措施阻滞资源在世界范围内地合理配置和使用,对来源于受限制的出口国产品构成歧视,阻碍公平竞争。数量限制是个别国家用以肢解国际自由贸易之工具,严重侵蚀了最惠国待遇原则。

数量限制措施较关税措施而言具有更大的危害性。具体表现为:

首先,数量限制措施比关税限制措施更灵活且针对性更强。

关税限制措施是进口国采取加征关税措施,迫使出口方抬高产品在进口国内的售价,以使进口产品在进口国国内丧失在价格上的竞争优势,从而通过减少需求的方式而达到限制与减少进口的目标。关税限制措施需经法定程序修改关税税率,且关税税率确定后将较为长期适用,不能随意更改。数量限制措施的采取方式较为灵活,政府多通过行政决定就能快速针对特定国家的特定产品采取措施。

其次,数量限制措施比关税限制措施更具有歧视性与隐蔽性。

关税限制措施的税率拟定后,需依据法定程序向公众公布后再执行,所有

---

① 赖勇夫.试论禁止数量限制措施的必要性[J].中国国际财经,2018(1):266-267.
② GATT 1994 第 11 条第 1 款对数量限制的主要内容作了明确规定:"任何缔约国除征收税捐或其他费用之外,不得设立或维持配额、进出口许可证或其他措施以限制或禁止其他缔约国领土的产品的输入,或向其他缔约国领土输出或销售出口产品。"

进出口商均能清楚关税限制措施的具体税率。但数量限制措施多数情况下不对所有的进出口商公开,可对不同的出口方采取不同的数量限制,且根据需要进口国可变更数量限制。由此,为防止一般数量限制措施的滥用,WTO对所有WTO成员设置了取消一般数量限制的义务性规则。

GATT 1947缔结时,数量限制的义务性规则就已确立。GATT 1994中数量限制的义务性规则更为具体和丰富,GATT 1994详细规定了成员采取数量限制措施的限制性条件。其中,GATT 1994第13条非歧视地实施数量限制条款与第11条取消一般数量限制条款为数量限制的主要条款。此外,GATT 1994第12条、第14条、第15条、第19条均对数量限制措施的实施进行规制。可见,不得采取一般数量限制措施已成为WTO成员应履行的普遍性义务。

三、取消一般数量限制义务的履行基准

WTO为实现其自由贸易的宗旨,设立了全体WTO成员必须承担的取消一般数量限制的禁止性义务。美国在实施基于国家安全的钢铝贸易限制措施的过程中是否违背了取消一般数量限制的义务亦为衡量该措施是否具有合法性的重要标准。

(一)不得设立或维持配额的义务

WTO成员在对外贸易中承担不能限制进出口产品的金额与数量,也不能将进出口产品的金额与数量在限定范围内进行分配使用的义务。WTO成员作为进口方承担不得采用进口直接限制措施的义务。进口方不能在特定时期内限制进口产品的金额与数量,进口方不能在限定范围内分配从何方出口商进口何种产品及进口数量,进口方不能对国内进口商分别规定进口数量限制。WTO成员不得采用绝对配额。

WTO成员是否不得采取关税配额呢?这需要判别关税配额是否属于GATT 1994第11条第1款之"配额"措施。关税配额是否属于关贸总协定第11条第1款的数量限制措施一直存有争议,即关税配额是否包括在该条所称的"配额"之内。直接的进口配额(绝对配额)属于数量限制措施是没有疑问的。然而关税配额就不同了。早在WTO成立之前,在1994年关于《欧共体——香

蕉进口制度》(EEG — Import Regime for Bananas)的专家组报告中①,专家组就指出：许多缔约方的加入减让表中都规定有关税配额,并且缔约方全体从来都不认为关税配额属于 GATT 1994 第 11 条第 1 款中的"限制"的范围。专家组还指出,缔约方全体从来不仅仅因为关税配额的不利贸易效果而认为高关税税率构成第 11 条第 1 款范围内的数量限制。② 在 2001 年的"美国钢铁保障措施案"(U.S. — Line Pipe safeguards)的专家组报告中,专家组指出：在 GATT 1947 和 GATT 1994 中的关税配额并不是配额或数量限制。③

因此,关税配额不属于 GATT 1994 中的数量限制措施。真正属于数量限制措施的进口配额仅仅是指进口绝对配额。WTO 成员在国际贸易中应承担不得采用进口绝对配额的义务。

(二) 不得设立或维持进出口许可证的义务

数量限制阻滞国际自由贸易的稳健发展,许可证制度系数量限制的主体措施之一,是在一定程度上与配额制相配套的一项贸易保护措施。WTO 成员承担不采用有数量限制效果的进口许可证义务,有义务取消与数量限制密切相关的许可证制度。

WTO 成员方不得将许可证与进口配额挂钩,管制配额项下的商品进口。WTO 成员不得按照进口配额的分配办法来审核进口商的申请。WTO 成员若只对分到配额的进口商才可在配额限度内取得进口许可证,超出配额以外的申请则一概不予准许而无法进口,以此来直接控制进口数量,并可对进口的来源国别或地区加以指定而形成歧视性进口,此种做法是违反 WTO 成员方应承担的不得设立或维持进出口许可证的义务的。WTO 成员仅允许在特殊情况之下,为保证国际收支平衡、保证幼稚产业,在保持透明度与非歧视的前提下设立或维持进出口许可证。

---

① Panel Report, *EEC — Import Regime for Bananas*, WT/DS38/R, paras. 138-139.
② Panel Report, *European Economic Community — Payments and Subsidies Paid to Processors and Producers of Oilseeds and Related Animal-Feed Proteins*, BISD37S/86, para. 150.
③ Panel Report, *United States — Definitive Safeguard Measures on Imports of Circular Welded Carbon Quality Line Pipe from Korea*, WT/DS202R, para. 169.

(三)不得设立或维持限制或禁止产品进出口的其他措施的义务

WTO成员应承担不得设立或维持限制或禁止产品进出口的其他措施的义务。其中"其他措施"的认定标准对于判断WTO成员是否违反此义务极为重要。

对于实施数量限制的"其他措施"的认定标准,GATT 1947时期审理的1988年的"日本半导体案"中的判词可称之为是关于该问题的最经典的阐述。专家组认为,第11条第1款中的措辞是广泛(comprehensive)的。它适用于各缔约方对进口、出口或销售供出口的产品所采取或维持的除关税、国内税或其他费用外的禁止或限制的一切措施。① 其次,专家组认为,GATT 1994第11条第1款同GATT 1994的其他条款规定不同,采用的是"措施"的措辞,并非仅指法律或法规,此措辞清晰地表示,成员方设立或维持的限制出口或销售供出口的产品的任何措施都在本条的涵盖之下,而不论该措施的法律地位如何。专家组进一步指出,先前的案例也支持他们的结论,即确定一项措施是否属于第11条第1款涵盖之下时,此措施的法律地位并不必然是决定性因素。然而,专家组也认为,并非全部的非强制性措施都能涵盖于第11条第1款之下。只有满足两个实质标准,非强制性措施才能涵盖于第11条第1款的范围之内:第一,有合理的理由相信存在足够的激励或阻碍实施非强制性措施的因素;第二,限制以低于特定公司成本价格的半导体出口的措施的实施,本质上依赖于政府的行动或干预。专家组认为,如果符合此两项标准,那么成员方就是以实施强制性命令的方式来实施的此措施,故而,此措施与强制性命令之间仅存在形式上的而非实质上的区别。②

"日本半导体案"专家组对第11条第1款的解释成为之后许多专家组在解决与此相关问题时的依据。例如,在WTO争端解决机构审理的"日本胶片案"中,专家组重申"日本半导体案"中确立的两个标准。并且进一步指出,非强制性的、劝说性的措辞(hortatory wording)都能与具有法律强制性的措施产生类似的效果。③ 也就是说该案专家组似乎走得更远,连劝说性措辞都有可能作为

---

① Panel Report, *Japan — Trade in Semi-Conductors*, BISD 35S/116, para.104.
② 同上, paras.106-109.
③ Panel Report, *Japan — Measures Affecting Consumer Photographic Film and Paper*, WT/DS44/R, para.49.

一项政府措施而被涵盖于第 11 条第 1 款之下。接着该案专家组又进一步指出,过去的 GATT 1994 案例表明,如果其中有足够的政府干预,一项行为是由私人所采取的事实并不能排除该行为被认为是政府行为的可能性。然而,在这方面很难建立界线分明的原则,因此,这种可能性需要进行个案判断。① 而在 WTO 争端解决机构审理的"印度汽车案"一案中,专家组也引用"日本半导体案",并进一步指出第 11 条第 1 款包含三个层面:(1)所涉及的行为是不是政府措施;(2)该措施是否不同于关税、国内税或其他费用;(3)该措施是否限制进口。"措施"一词被给予了宽泛的定义,专家组同意"日本胶片案"(Japan-Film)中的观点,即"措施"甚至比 GATT 第 3 条第 4 款的要求更宽泛。"日本半导体案"中以行政指导(administrative guidance)形式出现的非强制性的政府行为也属于第 11 条第 1 款下的"措施",因为它产生了足够的刺激或阻碍以使私人有所行动。② 而关于其他措施的如此宽泛的解释又被随后的"日本胶片案"中对第 23:1(b)条中的"措施"的解释所认同,以及在 WTO 争端解决中更广泛地认同。关于此点,专家组引用了"危地马拉水泥案"脚注 47 来证明:根据 GATT 1947 下建立的习惯做法,一项"措施"可以是成员的任何一种行为,而不管有无法律拘束力。它甚至包括一个政府没有拘束力的行政性指导行为。一个措施也可以是一国政府的不作为。这些措施看起来包括了 GATT 1994 下不同条款中的关于"measure"的解释,当然也包括第 11 条第 1 款。③

而在"阿根廷兽皮案"中,专家组认为,"其他措施"包括宽泛的剩余种类(broad residual category)④更显示了第 11 条第 1 款意义内的其他措施的宽泛性。然而,专家组强调指出,当这些措施本身没有贸易限制性时,成员没有义务排除这些政府措施可能使私人直接或间接限制贸易的可能性。因为专家组认为:第 11 条第 1 款在保证这些措施与该条相符之外,在采用或维持这些政府措施时,政府并没有"尽职调查"的义务。⑤

---

① Panel Report, *Japan — Measures Affecting Consumer Photographic Film and Paper*, WT/DS44/R, para. 56.
② Panel Report, *India — Measures Affecting the Automotive Sector*, WT/DS175/R, para. 119.
③ 同上,para. 18.
④ Panel Report, *Argentina — Measures Affecting the Export of Bovine Hides and the Import of Finished Leather*, WT/DS155/R, para. 17.
⑤ 同上,para. 19.

总结上述专家组的观点，笔者得出如下结论：GATT 1994 第 11 条第 1 款的"措施"的范围是相当广泛的，即包括了除关税、国内税或其他费用外的一切行为或不作为。但是，并不是所有的除关税、国内税或其他费用外的行为或不作为都属于第 11 条第 1 款"措施"。很明显，强制性的对货物数量具有直接限制作用的政府措施当然属于该条款，而对于非强制性的措施，只有满足以下条件，一项行为或不作为才能被认为是第 11 条第 1 款意义上的"措施"：(1)该行为或不作为是政府措施。只有政府措施才受该条款所约束。此处政府措施既包括政府直接采取的措施，也包括可归责于政府的措施，即如果一项措施虽然是由私人所采取的，但是该措施是在足够的政府干预下产生的，则该措施可被归因于政府措施，受第 11 条第 1 款约束。(2)存在足够的政府激励或阻碍。一项措施虽然是非强制性的，对私人行为没有约束力，但是如果政府的措施产生了足够的激励或阻碍，使得私人按照政府的期望有所行动，则该措施受第 11 条第 1 款约束。(3)该政府措施具有限制性。政府采取一项措施的目的是限制货物的进出口，如果措施本身没有限制性，即使私人根据这些措施直接或间接进行贸易限制，这些私人行为也不能归责于政府，政府并没有义务调查其不具有限制性的措施在实施过程中有无产生贸易限制的结果。

四、美国基于国家安全的钢铝贸易限制措施背离取消一般数量限制义务

美国总统在美国基于国家安全的钢铝贸易限制措施公告中指出："只要与我们有一个安全的关系，我们欢迎任何国家与美国商讨解决该国出口所导致的美国国家安全问题的替代救济措施。"美国总统要求，如果任何国家想要获得关税赦免，那么必须通过政府之间的谈判才能实现。美国实际上提出以自愿出口限制为主的替代措施。

此种以自愿出口限制为主的替代措施，无论其措辞为何，但其存在足够的激励因素使其他 WTO 成员方对钢铝产品的出口采取禁止或限制的措施。美国总统在美国基于国家安全的钢铝贸易限制措施公告中要求 WTO 成员方自动对钢铝产品的出口采取禁止或限制的替代措施的措辞虽为劝说性的非强制

性的措辞,但其能与具有法律强制性的措施产生类似的效果。

美国要求 WTO 成员方自动对钢铝产品的出口采取禁止或限制的替代措施的说辞包含在美国基于国家安全的钢铝贸易限制措施总统公告中,且其所涉及的行为应是政府措施,并且此措施是不同于关税、国内税或其他费用的替代措施,此替代措施的最终目的是限制和减少钢铝进口美国。而且,此政府的措施包含了足够的激励,迫使 WTO 成员方为获得钢铝"232 关税"的豁免而自动对钢铝产品的出口采取禁止或限制的替代措施。

而且,美国的此措施已产生了实际的数量限制效果。美国以采取"232 关税"措施为理由胁迫韩国、阿根廷和巴西三国与美国达成进口配额安排以换取钢铝产品的"232 关税"措施豁免,美国对来自这三个国家的钢铁产品和铝产品免征关税,但后者需限制这些产品对美国的出口总量,即韩国、阿根廷和巴西三国自愿采取出口限制。2018 年 3 月 28 日,韩国首先提出自愿减少本国钢铁对美国的出口以换取美国对韩国的永久钢铁关税豁免。6 月 1 日,阿根廷提出就钢铁和铝产品对美国的出口自动实施出口配额以换取美国对阿根廷的永久性钢铝关税豁免。巴西则通过对钢铝产品实施自愿出口配额以换取美国对巴西的钢铝关税豁免。因此,美国的这一措施具有数量限制的效果,构成 GATT 1994 第 11 条第 1 款中禁止数量限制的"其他措施"。美国的此行为违反不得采用数量限制的义务。

美国商务部在《钢铁进口对美国国家安全影响的调查报告》中建议美国总统以 2017 年进口水平的特定百分比为标准实行全球配额,对所有进口钢铁产品实行配额限制。美国商务部在《铝进口对美国国家安全影响的调查报告》中建议对各国出口美国的铝产品设置配额,配额为该国 2017 年向美国出口铝规模的 86.7%。

虽然美国总统暂时未实行配额,但不代表未来美国在征收"232 关税"不能达到振兴美国钢铝行业的目的的情况下,美国总统不会采纳调查报告的第一种方案,对钢铝进口产品实行配额。在 WTO 争端解决机构受理的美国基于国家安全的钢铝贸易限制措施案中,中国、欧盟、印度等均将 232 后续措施也作为涉案措施。美国若在后续对出口美国的所有钢铝产品施加配额,美国则违反其禁止采用数量限制的义务。

第四章

GATT 1994"安全例外条款"适用于美国基于国家安全的钢铝贸易限制措施的所涉问题

GATT 1994 第 21 条为"安全例外条款",也是抗辩条款和免责条款。如果 WTO 成员方的措施符合 GATT 1994 第 21 条的规定,则可免除其违反 WTO 义务的责任。美国基于国家安全的钢铝贸易限制措施是否符合 GATT 1994 第 21 条"安全例外条款"的规定?是否可因此免除其违反上述 WTO 义务的责任?这些都是本章将研讨的内容。

第一节　GATT 1994"安全例外条款":美国基于国家安全的钢铝贸易限制措施的抗辩依据

"安全例外条款"有其存在的必要的和合理性,但"安全例外条款"也存在语义模糊性的问题,从而导致各国立足于本国国家利益的保护而对"安全例外条款"作出不同的解释。美国亦通过对"安全例外条款"的扩张解释以证成美国基于国家安全的钢铝贸易限制措施的合法性和正当性,援用"安全例外条款"作为美国背离 WTO 义务的免责和抗辩依据。

一、GATT 1994"安全例外条款"在美国基于国家安全的钢铝贸易限制措施案中所涉争议

在美国基于国家安全的钢铝贸易限制措施案中,美国抗辩称基于国家安全的钢铝贸易限制措施是国家安全措施,符合 GATT 1994 第 21 条的"安全例外条款"的规定。依据 GATT 1994 第 21 条的"安全例外条款"的规定,GATT 1994 不得解释为阻止任何缔约国为保护其国家基本安全利益而对某些事项采取其认为必须采取的任何行动。美国宣称,其采取基于国家安全的钢铝贸易限制措施的目的是保护美国的"国家基本安全利益",因此,美国认为其有权根据自身安全利益的需要采取其认为必须采取的措施。美国有采取安全措施的绝对自决权,WTO 争端解决机构对此无审查和裁决的权力。

| 第四章　GATT 1994"安全例外条款"适用于美国基于国家安全的钢铝贸易限制措施的所涉问题 |

中国、欧盟、印度等申诉方认为，WTO争端解决机构对美国基于国家安全的钢铝贸易限制措施有审查和裁决的权力，美国对国家安全事项并不享有绝对的排他的自决权。美国基于国家安全的钢铝贸易限制措施实质是保障措施，其保护的是美国国内产业利益，并非"国家基本安全利益"。美国基于国家安全的钢铝贸易限制措施并非保护国家安全"必需"采取的措施。美国并不存在需要采取基于国家安全的钢铝贸易限制措施的"国际关系紧急情况"。美国援用"安全例外条款"抗辩违反善意原则。

双方争议中所涉条款为 GATT 1994 第 21 条的"安全例外条款"。根据此条款规定，成员国可基于保护国家基本安全利益的需要对 GATT 1994 要求公开的资料进行保密。成员国可基于保护国家基本安全利益的需要采取其认为必须采取的违反 GATT 1994 所设义务的任何行动或措施，只要此行动或措施是依照《联合国宪章》要求为维持国际和平和安全而采取的，或是成员方处于战时或国际关系中的其他紧急情况而采取的，或此次贸易为武器、弹药和军火的贸易和间接供军事机构用的其他物品或原料的贸易，或此次贸易涉及裂变材料或提炼裂变材料的原料的贸易。

双方争议中所涉及的问题主要是：成员方对安全事项是否享有绝对排他的自决权？WTO争端解决机构对国家安全是否有审查权？GATT 1994 第 21 条(b)款中"国家基本安全利益"的范围应如何正确界定？GATT 1994 第 21 条(b)款中"必需"如何认定？GATT 1994 第 21 条(b)款中"国际关系中的其他紧急情况"如何认定？如何判断援引"安全例外条款"是否符合善意？上述问题均为本章将详细分析的问题。

二、GATT 1994"安全例外条款"的设立和特性

(一) GATT 1994 安全例外条款的设立

"安全例外条款"的内容最早出现在 1947 年《国际贸易组织宪章草案》中，其作为一般例外的一部分规定在第 37 条。1947 年，筹备委员会在日内瓦讨论《国际贸易组织宪章草案》，美国提议重新修改安全例外的规定，安全例外的内容从一般例外条款中独立出来成为独立条款第 94 条。[①] "其认为"

---

① See United Nations Conference on Trade and Employment, Havana, Cuba, 21 November 1947-24 March 1948, *An Informal Summary of the ITO Charter*, U.N.DOC. E/CONF.2/INF.8.

的表述也是在此次草案中首次出现的。1948年3月,"安全例外条款"作为独立条款被规定于《哈瓦那宪章》第19条中,允许成员以国家安全名义采取"其意欲"(it considers)采取的任何行动,①GATT 1947则成功地将"安全例外条款"设立为独立条款第21条。WTO是以"在互惠互利的基础上,大幅降低关税和其他贸易壁垒,消除优先选择"为目的的多边国际贸易组织。WTO将GATT 1947吸收转化为GATT 1994,继承了GATT 1947的"安全例外条款"。自此,GATT 1994第21条成了WTO体制下所有现存"安全例外条款"的基石。

从GATT 1994"安全例外条款"的起草历史可以看到,GATT 1994第21条允许成员方为保护本国(本地区)的基本安全利益而采用其认定必须采用的措施,增强灵活性以减少各方批准和适用公约的障碍。"安全例外条款"设立的目的是解决国家安全利益与自由贸易的冲突。②

GATT 1994第21条"安全例外条款"③为基本安全例外条款,并非一般安全例外条款。"安全例外条款"在构成上未采用概括方式而采用了列举方式来规定安全例外的具体内容。

其中,GATT 1994第21条(c)款要求成员必须基于《联合国宪章》为维持世界安全与和平才能采取安全例外措施。除此之外,GATT 1994第21条其他款项赋予成员方基于保护国家安全的需要违背其应承担的WTO义务的权利。此种权利主要存在于如下方面:(1)WTO成员有权不提供与国家基本安全利益相关的信息;(2)WTO成员在下述事项上有权为保护本国基本安全利益而采取其认为必需的相关限制贸易的措施:a.涉及裂变材料或提炼;b.涉及弹药、武器、战备物资的运输或补给军事基地的物资;c.成员在战争状况下或国际关系的紧急情况下所实施的措施。其中,在第(2)类情况下成员方欲援用"安全

---

① 李巍.新的安全形势下WTO安全例外条款的适用问题[J].中国政法大学学报,2015(3):99-108+159.
② 同上.
③ GATT 1994第21条的安全例外条款规定,本协定不得解释为:(a)要求任何缔约国提供其根据国家基本安全利益认为不能公布的资料;或(b)阻止任何缔约国为保护国家基本安全利益对有关下列事项采取其认为必须采取的任何行动:(i)裂变材料或提炼裂变材料的原料;(ii)武器、弹药和军火的贸易或直接和间接供军事机构用的其他物品或原料的贸易;(iii)战时或国际关系中的其他紧急情况;或(c)阻止任何缔约国根据《联合国宪章》为维持国际和平和安全而采取行动。

例外条款"需同时符合下述条件：首先，成员方拟采取的措施与a、b、c三项情形相关涉；其次，成员方系为维护本国的基本安全利益；再次，成员方采取的措施不超越保护国家的基本安全利益所必需的限度。

GATT 1994第21条与美国基于国家安全的钢铝贸易限制措施争端相关的部分主要是GATT 1994第21条(b)款。GATT 1994"安全例外条款"自诞生之日起即具有争议。在WTO的司法实践中，WTO争端解决机构逐渐澄清"安全例外条款"应然解释并明晰其适用的合理规则，但GATT 1994第21条(b)款亦留下诸多未决的需廓清的问题。

（二）GATT 1994"安全例外条款"的法律特性

GATT 1994"安全例外条款"的法律功能体现其存在的价值，证成其存在的必要性。具体而言，"安全例外条款"具有如下的法律特性：

首先，GATT 1994"安全例外条款"系WTO成员实体义务的有条件与有限度的例外。[1]

一方面，WTO规则设定了其成员在自由贸易上的所享有的实体权利和应承担的实体义务，另一方面，WTO规则中的GATT 1994"安全例外条款"赋予WTO成员（方）在特殊情形下为保障国家安全采取背离WTO义务的措施的权利。同时，为防止成员（方）滥用安全例外措施权利，GATT 1994"安全例外条款"设立了采用安全例外措施的诸多限制与条件。此种限制与条件的设定目的在于保障成员在援引GATT 1994"安全例外条款"时应不过度违背成员本身应承担的促进贸易自由的义务和侵害其他成员所享有的WTO实体性权利。[2] 成员方援用WTO"安全例外条款"的权利及"安全例外条款"所隐含的援用条件的限制，体现了成员国援引WTO"安全例外条款"的权利和尊重其他成员的WTO权利之间的平衡。

其次，安全例外条款系成员在保障国家安全时背离WTO义务的免责条款。

WTO成员本应依据WTO规则履行其应承担的义务，但在特殊情形下，成员方为保障国家安全不得不违背其应当承担的WTO义务时，"安全例外条款"

---

[1] 陈卫东.WTO例外条款解读[M].北京：对外经济贸易大学出版社，2002：8.
[2] 孔庆江.国家经济安全与WTO例外规则的应用[J].社会科学辑刊，2018(5)：134-138.

赋予成员方免除承担违背 WTO 义务的责任的权利。因而,"安全例外条款"实质为成员背离 WTO 义务时的免责条款。WTO 成员方的行为或措施虽然违反 WTO 法律体系项下的义务,但符合 GATT 1994 第 21 条的相关规定,GATT 1994 第 21 条的"安全例外条款"即成为成员方不履行 WTO 义务的抗辩依据。WTO 成员方若能证明其行为符合 GATT 1994 第 21 条的"安全例外条款"的规定,则无需承担其违背 WTO 义务的责任。

再次,安全例外条款契合国家主权原则的诉求。

国家主权系国家不受干涉的独立处理其对内和对外事务上的权力。国家主权原则为国家在紧急情况下为维护国家安全而限制对外贸易提供法理依据。国家为维护国家安全而限制对外贸易的行为的正当性早已被经济学家所证成。① WTO 所规制的范围从成员方政府的行为延伸至成员方国内法人与自然人的行为,涉及一国国家主权范围所管辖的事项,因而导致 WTO 所管辖事项与国家主权所管辖事项之间的冲突。②

"安全例外条款"缓解了保障国家安全与促进自由贸易之间的矛盾,赋予成员方在国家安全事项上具有凌驾于多边自由贸易义务的权利,成员方依据此条款享有在特殊情形下为国家安全而免除 WTO 义务的权利。"安全例外条款"是成员方在特殊或紧急情况下维护国家基本安全利益和保障国家主权的必需工具。

三、GATT 1994"安全例外条款"的功能及其罅隙

(一)"安全例外条款"的功能

1. 安全阀功能

"安全例外条款"在自由贸易与国家安全相冲突的情况下具有保护国家安全的安全阀功能。"安全例外条款"赋予成员方在维护本国国家安全的必要限度内背离其促进自由贸易的 WTO 义务的权利,为成员国在特殊情形下背离 WTO 义务提供了合法性依据。"安全例外条款"具有其存在的价值与意义,有

---

① 车丕照.市场准入、市场准出与贸易权利[J].清华大学学报(哲学社会科学版),2004(4):56-61.
② 周林彬,郑远远.WTO 规则例外和例外规则[M].广州:广东人民出版社,2001:22.

助于保证世界贸易组织的长期稳定,保障了 WTO 协议在特殊情形下的持续运转。①"安全例外条款"的此种保障性规则对于贸易自由化协议在特殊情况下的存续与运转起着极为重要的作用。"安全例外条款"是贸易自由化协议中的保险机制,具有安全阀的功能。②

2. 协调功能

"安全例外条款"体现了 WTO 各成员在特殊情形下采取国家安全保障措施的事先协调同意。③"安全例外条款"也体现了全体成员对各成员采取国家安全保障措施的权利的认可,允许在特殊情形下各成员间 WTO 实体性权利的均衡与协调。

首先,在 WTO 规则拟定阶段就已设定"安全例外条款",此条款赋予 WTO 各成员在特殊情形下采取国家安全保障措施的权利,为 WTO 成员在特殊情况下暂时违背其应承担的 WTO 义务提供了法律依据。

其次,"安全例外条款"既赋予 WTO 各成员在特殊情形下采取国家安全保障措施的权利,同时又设定了成员在实施国家安全保障措施的权利时应遵循的边界与限度。此种制度安排是为协调自由贸易与国家安全之间的冲突。

再次,WTO 各成员应当善意履行其援用"安全例外条款"的权利。善意履行原则的适用本质上为协调成员援引安全例外条款的权利与其应承担的 WTO 实体性义务。

3. 豁免功能

"安全例外条款"是成员豁免履行 WTO 义务和豁免承担违反 WTO 义务责任的重要法律依据。"安全例外条款"的豁免功能来源于维护自由贸易体制长期稳健的需要。WTO 在实现促进贸易自由化的长远目标的进程中,必须顾及成员国在特殊情形下的国家利益。WTO 应许可成员在面临国家紧急情况或特殊情形时暂时背离 WTO 规定的要求,允许成员国在国家紧急情况或特殊情形时暂时采取违反 WTO 义务的措施并豁免其因此应承担的责任。国家安

---

① 张龙.世界贸易体制的历史反思:从关贸总协定到世界贸易组织[J].太平洋学报,2001(4):75-82.
② HOEKMAN B, KOSTECKI M. The political economy of the world trading system: The WTO and beyond[M]. 2nd ed. Oxford: Oxford University Press, 2001: 161.
③ 李小霞.WTO 根本安全例外条款的理论与实践[J].湖南社会科学,2010(5):97-99.

全是国家存续的前提与基础。① 因此,当成员国家安全面临威胁时,WTO 应当允许其为保护国家安全而不履行 WTO 义务并豁免其违反 WTO 规则所应承担的责任。

(二)"安全例外条款"的罅隙

GATT 1994 的"安全例外条款"有其存在的价值与功用。GATT 1994"安全例外条款"与一般例外条款均属于为实现国家特定的非经济目的而存在的例外条款②,但"安全例外条款"较一般例外条款的条文措辞更加宽泛且条文语义更模糊。"安全例外条款"中未设有批准或补偿的要求,也未设定协商与通知的程序要求,因此,其易被成员国恣意扩张解释,从而在适用中产生诸多争议。③

"安全例外条款"条文措辞宽泛且条文语义模糊,条款中所涉具体权利义务的边界不清晰,因此条款内容存在多种解释的可能。而安全例外条款的非善意解释会危及 WTO 法律体系,进而侵蚀和冲击世界自由贸易体系。有学者认为 GATT 1994 规则致力于减少国家恣意干涉经济而对经济所造成的破坏,然而"安全例外条款"却赋予国家以国家安全为借口恣意干涉经济的权利。④

源于 GATT 1994"安全例外条款"之规定较为抽象,文本措辞涵义模糊不清,GATT 1994"安全例外条款"易被个别国家为保护本国利益而非善意的解释,进而导致"安全例外条款"成为国家贸易保护主义的工具,及国家违背 WTO 义务的借口。"安全例外条款"的滥用危及多边自由贸易体制的稳定和发展。⑤ 安全例外条款的滥用情形如下:

1. "安全例外条款"沦为单边贸易保护主义的工具

"安全例外条款"对保障国家安全和主权而言有其功效和价值。然而,美国等极少数 WTO 成员基于本国贸易保护主义的需要对"安全例外条款"的扭曲

---

① 李巍.新的安全形势下 WTO 安全例外条款的适用问题[J].中国政法大学学报,2015(3):99-108+159.
② 姜建明,陈立虎.WTO 例外条款及其法理基础[J].苏州大学学报(哲学社会科学版),2007(2):31-35.
③ HOEKMAN B, KOSTECKI M. The political economy of the world trading system: The WTO and beyond[M]. 2nd ed. Oxford: Oxford University Press, 2001:190.
④ 邓志能.WTO 例外规则[M].南宁:广西民族出版社,2001:184.
⑤ KRUEGER A O. The WTO as an international organization[M]. Chicago: The University of Chicago Press, 1998:214-215.

性扩张解释已极大地阻滞世界多边自由贸易的发展进程,使该条款沦为国家实施单边贸易保护措施的法律依据,成为国家单边贸易保护主义的工具,成为国家采取违反 WTO 义务的单边贸易措施的免责理由。此做法不仅损害了贸易伙伴的利益和国际自由贸易体制,也使本国的长远的国家利益受到损害。

2."安全例外条款"演变为非法背离 WTO 义务的免责依据

由于"安全例外条款"规则的模糊性,少数 WTO 成员在本国明显违反 WTO 涵盖协议项下的义务时,通过对"安全例外条款"作有利于本国的扭曲性扩张解释,以证成其国家行为或措施的合法性和正当性,以免除或逃避其应承担的法律责任。"安全例外条款"逐渐沦为少数 WTO 成员恣意践踏 WTO 规则和任意违背 WTO 义务的免责依据。

3."安全例外条款"被用作打击异己国家的政治武器

少数 WTO 成员以维护国家安全为由对实行不同社会制度和不同政治体制的国家进行打击和报复。极少数 WTO 成员甚至以维护国家安全为由对不追随和迎合本国政治号召的国家进行打击。例如,在中国因美国双方措施出口到美国的钢铝产品仅极其少量的情况下,美国仍以维护国家安全为由对中国出口到美国的钢铝产品采取基于国家安全的钢铝贸易限制措施,并拒绝豁免中国的"232 关税"。其中,美国的做法也不乏基于意识形态的因素而排除异己的考虑。此外,美国以维护国家安全为由对土耳其的经济打击,则是美国借维护国家安全为由打击不追随和迎合其政治号召的国家的实例。

由于美国等极少数 WTO 成员基于本国贸易保护主义的需要对"安全例外条款"的扭曲性扩张解释,各成员依照 WTO 自由贸易规则可预期利益因此而受减损。因此,世界上绝大多数国家及其学者均不认为"安全例外条款"的价值大于自由贸易。约翰·杰克逊在《赫尔姆斯-伯顿法、美国与 WTO》一文中也认为,对"安全例外条款"作完全自由的解释并不契合美国的利益。[1] 从这些论述中可以看出,尽管少数 WTO 成员扭曲性扩张解释"安全例外条款",但都没有承认对"安全例外条款"的扩张解释能够促进自由贸易。

消解"安全例外"与贸易自由化的冲突的基本途径在于正确解释和适用"安

---

[1] LOWENFELD A F. Congress and Cuba: The Helms-Burton Act [J]. American Journal of International Law, 1996, 90(3): 419-434.

全例外条款",使国家基本安全利益条款的适用符合自由贸易的价值诉求,使国家基本安全利益条款的适用更符合国际社会绝大多数国家的普遍诉求。国家基本安全利益条款的正确解释有助于准确判断美国能否依据此条款为其在实施基于国家安全的钢铝贸易限制措施中的背离 WTO 义务的行为进行抗辩和免责。

第二节 GATT 1994 安全例外的自决权与审查权问题

一、GATT 1994 安全例外的自决权与审查权的博弈

在美国基于国家安全的钢铝贸易限制措施案中,美国认为基于国家安全的钢铝贸易限制措施为国家安全保障措施,其有权自主判定何种事项或产品进口影响美国国家安全,美国有对此事项或产品进口采取国家安全保障措施的绝对自决权,WTO 争端解决机构没有受理和管辖涉及美国国家安全事项的权力,更无对美国国家安全保障措施和美国援用 GATT 1994"安全例外条款"进行审查和裁决的权力。

中国、欧盟、印度等申诉方认为美国基于国家安全的钢铝贸易限制措施并非国家安全保障措施。即使美国基于国家安全的钢铝贸易限制措施涉及国家安全,美国对国家安全事项亦并无绝对自决权,WTO 争端解决机构有对美国基于国家安全的钢铝贸易限制措施和美国援用 GATT 1994"安全例外条款"行为进行管辖、审查和裁决的权力。

WTO 成员方在保护国家安全所必需的措施上拥有排他的绝对自决权? WTO 争端解决机构是否有权对成员方所采取的国家安全保障措施和援引 WTO"安全例外条款"的行为进行管辖、审查和裁决的权力? 就美国基于国家安全的钢铝贸易限制措施案而言,美国是否在保护其国家安全所必需的措施上拥有排他的绝对自决权? WTO 争端解决机构是否有权对美国采取国家安全保障措施和援引 WTO"安全例外条款"的行为进行管辖、审查和裁决的权力? 上述问题都是在解决美国基于国家安全的钢铝贸易限制措施合法性争议方面必须廓清的。

二、GATT 1994 安全例外的自决权与审查权的文本解读

GATT 1994 的立法者在设置"安全例外条款"时，考虑到国家安全事项与国家主权的紧密联系，故给予成员国在国家安全事项上一定的自由裁量权，以均衡国家主权与世界自由贸易体制间的冲突。因此，GATT 1994 第 21 条（b）款设定了"缔约方认为必要"的规定。[①]

WTO 法实际赋予 WTO 争端解决机构对 WTO 成员援引 WTO"安全例外条款"的行为进行管辖和审查的权力，以保证 WTO 成员在国家安全事项上的自决权与 WTO 争端解决机构的审查权的均衡。DSU 的具体规定赋予 WTO 争端解决机构对 WTO 成员方援引 WTO 安全例外条款的行为进行管辖和审查的权力。

首先，根据 DSU 第 6 条第 1 款规定，在争端双方经协商无法达成解决协议的情况下，申诉方可向 WTO 争端解决机构申请设立专家组。而且争端解决专家组的成立采用的是"反向一致"的决议制度，除非 WTO 争端解决机构全体反对成立专家组，否则不能阻挠专家组的设立。因此，一般只要申诉方提起安全例外事项的相关争议，争端解决机构就会设立专家组审理安全例外事项的相关争议。

其次，依据 DSU 第 7 条第 1 款规定，专家组在设立后有权根据多边贸易协议审理所涉争端并作出建议与裁决，除非争端双方在专家组设立后 20 天内协商同意采取其他途径解决争端。其中的多边贸易协议应当涵括 GATT 1994 第 21 条。故而，DSU 并未明确规定专家组无权审理涉及 GATT 1994 第 21 条的争议。也就是说，WTO 争端解决机构具有管辖与审理国家安全例外所涉争议的权力。

三、GATT 1994 安全例外的自决权与审查权的司法解读

涉及 GATT 1994 第 21 条的争端在关贸总协定时期有两起："前南斯拉夫诉欧共体经济制裁案"（简称"前南斯拉夫案"）[②]与"尼加拉瓜诉美国贸易制裁

---

① GATT 1994 analytical index: Guide to GATT 1994 law and practice[R]. 6th ed. Geneva: General Agreement on Tariffs and Trade, 1995: 600-605.

② 同上，604.

案"(简称"尼加拉瓜案")。① 涉及 GATT 1994 第 21 条的争端在 WTO 时期也有两起:美国与欧共体就美国的"赫尔姆斯-伯顿法案"②和尼加拉瓜与洪都拉斯和哥伦比亚之间争端。③ 在上述四案中,由于各种原因,专家组并未审议适用成员援引 GATT 1994 第 21 条的合法性问题。

其中,关贸总协定在"尼加拉瓜案"后的 1989 年出台关于 GATT 1994 第 21 条的新决议,规定专家组有审议所有的争议事项的权力,GATT 1994 第 21 条的争议属于所有的争议事项的范围,因此,只要争端双方未存在其他协议,争端解决机构有对所涉 GATT 1994 第 21 条的所有争议的审查权力。④

在俄罗斯过境运输措施案⑤中,专家组认为,由于 DSU 并不存在仅适用于 GATT 1994 第 21 条所涉争端的任何特别或附加规则,因此,对成员国援引第 21 条(b)款(iii)项的审查应属于专家组的职权范围。⑥ WTO 争端解决机构基于其裁决职能对关涉 GATT 1994 第 21 条的争议具有管辖权。WTO 争端解决机构的此种管辖权决定其能审查与裁决同 GATT 1994 第 21 条争议有关的所有事项。⑦

从 WTO 争端解决的司法实践中可以看出,WTO 争端解决机构主张 DSB 对涉及 GATT 1994 第 21 条的争端拥有管辖、审查和裁决的权力。因为,如果 WTO 争端解决机构裁定 DSB 对涉及 GATT 1994 第 21 条的争端不具有管辖、审查和裁决的权力,GATT 1994 第 21 条则会成为破坏多边自由贸易体制的工具。若争端解决机构认定涉及 GATT 1994 第 21 条的争端不具有可诉性,争端解决机制的权威将会被消解,将会危及多边自由贸易体制的发展。

---

① United States — Trade Measures Affecting Nicaragua, L/6053.
② United States — The Cuban Liberty and Democratic Solidarity Act, WT/DS38/1.
③ Nicaragua — Measures Affecting Imports from Honduras and Colombia, WT/DS188/2.
④ 黄志瑾.论国家安全审查措施在 WTO 中的可诉性[J].河北法学,2013,31(12):121-128.
⑤ Panel Report, Russia-Measures concerning Traffic in Transit, WT/DS512/R, para.38.
⑥ 同上, para. 7.56.
⑦ See International Court of Justice, Questions of Jurisdiction and/or Admissibility, Nuclear Tests Case (Australia v. France) (1974) ICJ Reports, pp.259-260; and International Court of Justice, Preliminary Objections, Case Concerning the Northern Cameroons (Cameroon v. United Kingdom) (1963) ICJ Reports, pp.29-31. The Appellate Body has stated that WTO panels have certain powers that are inherent in their adjudicative function. See Appellate Body Report, Mexico — Taxes on Soft Drinks, para. 45.

| 第四章　GATT 1994"安全例外条款"适用于美国基于国家安全的钢铝贸易限制措施的所涉问题 |

国际法院大法官劳特派特在"挪威贷款案"中对国家基本安全事项能否归属国家主权范围的问题进行了详尽的解析,他认为,若国家在某事项上接受国际法院的强制性管辖权,同时该国又对国际法院的强制性管辖事项行使排他的自决权,此种做法是相冲突和无效的。国家对其在国际法院的强制性管辖事项上享有排他自决权的主张仅为政治性宣言,不具有法律效力。国际法院不认可国家在此种情况下的排他自决权。① 在"匈牙利与斯洛伐克水坝案"中,国际法院再次强调,国际法院有审查某项利益是否属于国家重大利益和判断是否存在利益重大损害及重大损害的威胁的权力。②

《欧共体条约》第 296 条也存在"成员国认为需要"的表述,此表述与 GATT 1994 第 21 条(b)款的表述相同。《欧共体条约》第 296 条也成为部分欧共体成员进行军火交易时所寻求的免责条款。③ 然而,欧洲法院在关涉《欧共体条约》第 296 条的"欧盟委员会诉西班牙案"中,裁决欧洲法院有权审查欧共体成员所采用措施是不是基于保障国家安全的必要。④ 同理,WTO 争端解决机构有权审查哪些属于某一成员的国家"基本安全利益",以及何种国家措施是保护其基本国家安全利益所必需的。

可见,DSU 并未排除对涉及"安全例外条款"争端的管辖。"其认为"表明,成员具有决定其措施的实质性裁量权,但不否认争端解决机构的客观审查权。WTO 成员有根据主权原则采取保护国家安全的措施的权利,WTO 争端解决机构也有对国家所保护国家安全的措施的合法性与正当性进行审查和否决的权力。国家对本国安全事项享有自决权能保障国家在面临真正的国家安全损害及威胁时有权及时采取维护国家主权的措施,WTO 争端解决机构在国家安全事项上享有的对成员国自决权的审查和否决的监督权能保障国家自决权在正当和合法的轨道上行使。此种权利配置既能维护国家基本安全利益,又能维护 WTO 争端解决机制的权威,更有利于保障 WTO 所

---

① ICJ Report, *Certain Norwegian Loans* (France v. Norway)(1955-1957), para. 48. 劳特派特认为判定"自定义务"(self-judging or unilaterally determined obligation)无效,这是许多国内合同法适用的一项基本原则。
② ICJ Report, *Gabčikovo-Nagymaros Project* (Hungary v. Slovakia), 1997, paras. 52-58.
③ See TRYBUS M. The EC Treaty as an Instrument of European Defence Integration: Judicial Scrutiny of Defence and Security Exceptions[J]. Common Market Law Review, 2002(39): 675.
④ Commission v. Spain, Case C—414.97, 1999 E. C. R. I—5585, (2001); 2 C. M. L. R. 4(1999).

建立的世界自由贸易体系。

四、美国对 GATT 1994 安全例外的自决权与审查权的误解

美国依据《1962 年贸易扩展法》第 232 条规定所征收的"232 关税"是基于国家安全的考虑,国家安全问题是不易审查,也不能够通过 WTO 争端解决办法解决的政治问题。世界贸易组织的每一个成员都有权自行确定其认为保护其基本安全利益所必需的事项。WTO 争端解决机构无权审查,也不能够通过 WTO 争端解决办法解决。美国据此拒绝与中国、欧盟就钢铝进口的基于国家安全的钢铝贸易限制措施争端进行磋商,拒绝 WTO 争端解决机构处理此基于国家安全的钢铝贸易限制措施争端的做法是没有法律依据的。

美国在采取基于国家安全的钢铝贸易限制措施上的决定权并不是绝对的、排他的,WTO 争端解决机构对美国在基于国家安全的钢铝贸易限制措施有审查和否决的权力,当美国基于国家安全的钢铝贸易限制措施被 WTO 争端解决机构裁判为不具有正当性和合法性时,美国应承担相应的国家责任。

因而,在美国基于国家安全的钢铝贸易限制措施案中,WTO 争端解决机构对钢铝产品的进口是不是国家安全例外条款所辖的范畴,是否可纳入国家基本安全利益范围等问题至少拥有审查和否决甚至决定的权力。WTO 争端解决机构有权审查钢铝产业安全是否属于美国的国家"基本安全利益",有权审查钢铝进口是否损害美国的"基本安全利益",有权审查美国基于国家安全的钢铝贸易限制措施是不是保护美国基本国家安全利益所必需的。缔约方在国家安全事项上可以具有自决权,但 WTO 争端解决机构对此具有审查和否决的权力。

因此,美国在基于国家安全的钢铝贸易限制措施案中强调 GATT 1994 第 21 条是一个纯属自我裁定的封闭性规范,这是一个不能成立的假设,美国对援用 GATT 1994 第 21 条享有绝对自决权的观点在世界贸易组织法律制度中没有相应的法理依据,在争端解决的实践中也没有形成广为接受的惯例。美国据此拒绝与中国、欧盟就钢铝进口的基于国家安全的钢铝贸易限制措施争端进行磋商,拒绝 WTO 争端解决机构处理此基于国家安全的钢铝贸易限制措施争端的做法是违反 GATT 1994 第 21 条的规定的。

第三节 GATT 1994 第 21 条(b)款中"国家基本安全利益"的界定问题

一、"国家基本安全利益"的范围之争

在美国基于国家安全的钢铝贸易限制措施案中,美国商务部发布了《钢铁进口对美国国家安全影响的调查报告》及《铝进口对美国国家安全影响的调查报告》,报告中指出目前的钢铁与铝产品的进口数量和情形正在"弱化美国经济",对美国的国家安全造成威胁。① 美国据此对部分出口到美国钢铝产品加征钢铝关税。美国认为美国国内钢铝产业的利益属于"国家基本安全利益"的范围。进口钢铝产品对美国国内钢铝产业的利益的损害等同于对美国"国家基本安全利益"的损害。因此,美国可援用 GATT 1994 第 21 条的安全例外条款抗辩和免责。

中国、欧盟等申诉方认为美国基于国家安全的钢铝贸易限制措施的实质主要是为保护美国国内钢铝产业的利益。美国国内钢铝产业的利益不能等同于美国的"国家基本安全利益",美国以保障国家安全为借口行国内钢铝产业利益维护之实。美国不能基于 GATT 1994 第 21 条的安全例外条款进行免责。

双方争议的焦点问题在于"某一产业安全利益"是否属于"国家基本安全利益"的范围。争议双方对"国家基本安全利益"范围的界定存在分歧。GATT 1994 第 21 条(b)款规定了"保护基本安全利益所必要的"的三种情况,(i)(ii)(iii)项都规定于第 21 条(b)款下,应受到(b)款"国家基本安全利益"的限制。这是对成员引用安全例外条款的客观约束,什么利益属于"国家基本安全利益"限定了 GATT 1994 第 21 条的适用范围。"国家基本安全利益"解决的是事项

---

① U. S. Department of Commerce. The effect of imports of steel on the national security: An investigation conducted under Section 232 of the Trade Expansion Act of 1962[R]. Washington DC: U. S. Department of Commerce, 2018: 5.

性问题,何种事项符合"安全例外条款",其关键问题在于如何正确界定"国家基本安全利益"的范围。①

二、"国家基本安全利益"的应然范围

(一)"国家基本安全利益"的语义解释

从条约的文义解释的维度而言,GATT 1994 第 21 条中的"基本安全利益"条款设立的真正价值在于区分此安全利益是"基本"的国家安全利益还是"非基本的"国家安全利益。"国家基本安全利益"重心应在"基本"上,强调 GATT 1994 第 21 条中的国家安全利益不是普通的安全利益,因为任何与国家有关的行为均可在不同程度上影响国家安全利益,只有涉及国家必不可缺的最基本的安全利益的事项才属于 GATT 1994 第 21 条调整的范畴。

从条约的上下文解释的维度而言,《维也纳条约法公约》第 31 条规定:"条约应依其用语按其上下文并参照条约之目的及宗旨所具有之通常意义,善意解释之。"用语的上下文对"基本安全利益"的解释具有重要意义。GATT 1994 第 19 条"对某些产品的进口的紧急措施"赋予成员方在紧急情况下为保护国内产业采取限制措施的权利。② WTO 上诉机构曾在"美国汽油案"中指出:"解释者不能任意解释,从而使条约的条款和段落限于冗长和无用之中。"③此为 WTO 争端解决机构所确立的 WTO 条款的有效性解释原则,GATT 1994 第 19 条应指的是产品大量进口的情况下所导致的对进口国国内产业安全利益的损害及威胁,国家的某一产业安全难以涵盖国家基本经济安全。根据条约的此有效性解释原则,GATT 1994 第 21 条的"基本安全利益"应解释为涵括国家多数核心产业的基本安全利益,GATT 1994 第 21 条的"基本安全利益"认定的关键在于此安全利益对国家而言是不是最基本的、最必不可少的、关涉国家基本经济命脉的安全利益。

---

① Andrew E. Conceptualizing security exceptions: Legal doctrine or political excuse?[J]. Journal of International Economic Law,2008,11(1):135-154.

② GATT 1994 第 19 条 对某些产品的进口的紧急措施:"1.(甲)如因意外情况的发展或因一缔约国承担本协定义务(包括关税减让在内)而产生的影响,使某一产品输入到这一缔约国领土的数量大为增加,对这一领土内相同产品或与它直接竞争产品的国内生产者造成严重损害或产生严重的威胁时,这一缔约国在防止或纠正这种损害所必要的程度和时间内,可以对上述产品全部或部分地暂停实施其所承担的义务,或者撤销或修改减让。……"

③ Appellate Body Report, *United States — Standards for Reformulated and Conventional Gasoline*, WT/DS2/AB/R, para. 23.

(二)"国家基本安全利益"的历史解释

《维也纳条约法公约》第 32 条规定考察条约之准备工作及缔约之情况是解释方法之一,也称为历史解释方法。我们可通过考察 WTO 协定起草者制定"安全例外条款"的意图,来判断"基本安全利益"的范围。在《国际贸易组织宪章》(International Trade Organization Charter,ITO Charter)起草之时,没有单独的安全例外条款,其被包含在宽泛的一般例外条款之中。筹备委员会后来在《国际贸易组织宪章草案》(简称《草案》)中将安全例外作为一般例外的组成部分规定在草案的第 37 条,安全例外也受一般例外中的引言所规制,即安全例外措施的实施不得对国际贸易造成变相限制,也不得对他国构成不合理或任意性的歧视。然而,在 1947 年的日内瓦筹委会上,安全例外的规定从第 37 条一般例外条款中独立出来成为第 7 章第 94 条。《国际贸易组织宪章》(即《哈瓦那宪章》)中第 99 条亦单独规定安全例外的内容。通过考察 GATT 1994 第 21 条的制定历史,我们可以发现起初其是包含在一般例外条款之中的,而后独立为单独的安全例外条款。《国际贸易组织宪章》的一位起草者指出安全例外条款的目的在于维护真正的安全利益,并防止成员方为采取保护本国产业而适用此条款。[①] 从本质上而言,安全例外条款并非关注一般国家利益,其强调的是对最基本的国家安全利益的维护。根据起草者的意图,"基本安全利益"也不应包括非基本的某一产业的危机和困难。

(三)"国家基本安全利益"的目的解释

1975 年 11 月,瑞典对特定的鞋类产品实施全球进口配额,并主张其是基于安全原因采取限制措施,宣称"国内生产的大幅度下降对瑞典的经济安全构成威胁,而经济安全是国家安全的一部分"。在瑞典鞋类进口限制案中,GATT 委员会认为成员方应当区分"商业目的"和"基本的国家安全目的",根据 GATT 订立之初起草者的目的——平衡国家安全利益与自由贸易,瑞典对鞋类产品进行进口限制不符合安全例外条款的适用条件,原因在于其将 GATT 第 21 条错误地用于救济鞋类产业的损害。[②] 最终,瑞典在 1977 年自愿地取消了限制措

[①] MACRORY P F J, APPLETON A E, PLUMMER M G. The World Trade Organization: Legal, economic and political analysis: volume I[M]. New York: Springer, 2005: 152-153.

[②] *Sweden — Import Restrictions on Certain Footwear*, GATT DOC. L/4250 (Mar. 15, 1977).

施。瑞典对鞋类产品所采取的进口限制是一个将 GATT 第 21 条"安全例外条款"滥用于维护某一产业安全和非基本国家安全利益的例子。

虽然从法律意义上说，专家组及上诉机构的报告不构成具有法律拘束力的先例，但是它们构成对 WTO 成员的合理预期。据学者统计，在 WTO 早期公布的 54 个专家组报告和 38 个上诉机构报告中，每一个都引用了先前专家组和上诉机构报告中的观点。① 在实践中，当事方将继续向专家组引用以前的报告，而且专家组将继续采用以前的推理方式考虑它们。从效果上看，WTO 判例具有事实上的约束力。② 因此，根据"瑞典鞋类进口限制案"专家组的观点，成员方应当区分"商业目的"和"真正的国家安全目的"，WTO"安全例外条款"中的"基本安全利益"应当不包括非基本经济安全利益，国家某一产业安全不属于基本经济安全的范畴。

三、美国基于国家安全的钢铝贸易限制措施保护的并非"国家基本安全利益"

根据上述条约解释及争端解决实践的分析可知，某一产业安全等非基本经济安全利益不属于 WTO"安全例外条款"的"基本安全利益"范围。美国国内的钢铁与铝产品足以满足国防需求，美国 232 措施限制进口的钢铁并非用于国防用途③，美国采取基于国家安全的钢铝贸易限制措施的逻辑是"进口产品增加对国内产业造成的严重损害"，其出发点是保护美国国内钢铝产业的经济安全，但美国钢铝产业仅为美国某一产业，美国钢铝产业利益不能代表美国多数核心基本产业的共同利益，其在国民经济生产总值中的比重远未达到影响美国的基本经济安全的程度。因而，美国基于国家安全的钢铝贸易限制措施保护的仅为美国钢铝产业的利益，并非美国的基本经济安全利益，美国国内钢铝产业的经济安全也不属于 WTO"安全例外条款"中所说的"基本安全利益"的范围。故而，美国基于国家安全的钢铝贸易限制措施是背离 GATT 1994 第 21 条"国家基本安全利益"的标准的。

---

① 丁伟，朱榄叶. 当代国际法学理论与实践研究文集：国际经济法卷[M]. 北京：中国法制出版社，2002：45.
② PALMETER D, MAVROIDIS P C. The WTO legal system: Sources of law[J]. The American Journal of International Law, 1998, 92(3): 398-413.
③ 管健. 中美贸易争端中的焦点法律问题评析[J]. 武大国际法评论, 2018(3): 150.

美国基于国家安全的钢铝贸易限制措施的真实目的是保障美国国内钢铝行业的利益，并非保护国家的基本经济安全利益。美国基于国家安全的钢铝贸易限制措施实质是保护国内钢铝产业的利益，其真正的出发点是保护国内钢铝产业利益的"商业目的"，兼具微弱的保护国家安全的间接效果，美国并非完全出于"真正的国家安全目的"而实施基于国家安全的钢铝贸易限制措施。美国实施基于国家安全的钢铝贸易限制措施的真实目的是背离 GATT 1994 第 21 条"安全例外条款"的实施目的。

故而，基于"安全例外条款"起草者的原意来分析，美国基于国家安全的钢铝贸易限制措施实质是保障美国国内钢铝行业的利益，美国国内钢铝行业的利益并非等同于美国最基本的国家安全利益。美国基于国家安全的钢铝贸易限制措施并非保障的是美国最基本的国家安全利益。从此角度而言，美国在实施基于国家安全的钢铝贸易限制措施时将钢铝产业安全扩大解释为国家基本安全的观点并不符合"安全例外条款"起草者的原意。

总而言之，无论是对 WTO"安全例外条款"中的"基本安全利益"的条约解释，还是 WTO 争端解决机构的相关争端解决实践，都一再证明国家某一产业安全利益不构成国家"基本安全利益"。故而，美国基于国家安全的钢铝贸易限制措施实质和主要的目标是为保护国内钢铝产业安全利益，而某一产业安全利益不构成国家"基本安全利益"，因而，GATT 1994 第 21 条不能作为美国基于国家安全的钢铝贸易限制措施的法律依据，美国不能援用 GATT 1994 第 21 条来免除美国基于国家安全的钢铝贸易限制措施的违法责任，美国不能援引 GATT 1994 第 21 条而不履行其应承担的 WTO 义务，美国基于国家安全的钢铝贸易限制措施不具有 WTO 法上的合法依据。

第四节　GATT 1994 第 21 条(b)款中"必需性"的认定问题

一、GATT 1994"安全例外条款"中"必需性"之分歧

在美国基于国家安全的钢铝贸易限制措施争端中，美国认为基于外国钢铝

产品大量进口美国所导致的美国国内钢铝产业利益和美国国家安全利益受损的调查结论,美国采取加征关税等钢铝贸易限制措施以阻挡外国钢铝产品大量进口美国是极为必要的,美国基于国家安全的钢铝贸易限制措施在保障国家安全方面具有其"必需性"。

中国、欧盟、印度等申诉方认为美国基于国家安全的钢铝贸易限制措施不具有其"必需性",美国所采取的钢铝贸易限制措施并非保障美国国家基本安全利益所"必需"的措施。美国基于国家安全的钢铝贸易限制措施不符合 GATT 1994 第 21 条"安全例外条款"的要求。因而,美国基于国家安全的钢铝贸易限制措施不具有合法性与正当性。

美国基于国家安全的钢铝贸易限制措施争端双方所争议的核心问题是美国的钢铝贸易限制措施是否具有"必需性"。美国所采取的基于国家安全的钢铝贸易限制措施是不是保障美国国家基本安全利益所"必需"的措施亦是判断美国基于国家安全的钢铝贸易限制措施是否与 GATT 1994"安全例外条款"相符的重要标准之一。何谓"必需性"?"必需性"的检验标准是什么?美国基于国家安全的钢铝贸易限制措施是否具有"必需性"?在美国基于国家安全的钢铝贸易限制措施案中,上述问题为必须明晰的问题。

二、GATT 1994"安全例外条款"中"必需"的应然解释

"必需的"通常被理解为"必须要的、不可或缺的、不能避免、绝对物质需要"。[①] 欲确切理解"必需的"在特定语境中的含义必须考察词语的上下文。[②] 换而言之,就其通常意义而言,"必需的"具有一定的语意范围,在这一范围中,一端是"不可缺少",另一端则是"有助于"。

在韩国牛肉案中,上诉机构对"必需的"一词的通常意义作了强调,并认为,"必需的"语词涵义不局限于"不能缺少"、"不能避免"或"绝对物质需要"。上诉机构强调说,"毫无疑问,不可缺少、绝对物质需要或不可避免的措施满足必需性要求,但其他措施也可能属于例外规定的范围。"[③]

[①] The new shorter Oxford English dictionary[M]. Oxford: Clarendon Press, 1993: 1895.
[②] BLACK H C. Black's law dictionary[M]. St. Paul, Minn: West Publishing, 1995: 1029.
[③] Appellate Body Report, *Korea — Measures Affecting Imports of Fresh, Chilled and Frozen Beef*, WT/DS169/AB/R, para. 160.

在俄罗斯过境运输措施案中,专家组基于对第 21 条(b)款导言部分中"其认为必需"的文本解释,进一步提出"其认为"作为形容词从句只能修饰"必需"一词,即保护"其基本安全利益"的措施应具有必需性。① 在满足此限定条件的情况下,成员方享有一定的自由裁量权。成员方所采用的措施与其所欲实现的保障国家基本安全利益的目标之间必须存在"目的和手段之间的密切和真正关系"②,且此目的和手段之间必须存在客观的关联关系③。

三、GATT 1994"安全例外条款"中"必需性"的检测标准

"必需的"要求也意味着,"安全例外条款"的适用应当满足类似一般例外条款中的"必需性检测"。"必需性检测"系判定某系争措施是否与其所护利益间存在直接的紧密联系的客观检测方法。措施的实施方只有证明该系争措施与其所护利益间存在直接的、必然的、足够的紧密联系,才能证明措施具有必需性。

专家组在"美国网络赌博"案中明确了检测"必需性"时的考量因素。一是系争措施所护利益和价值的重要程度。重要程度越大,系争措施越有实施的必需性。二是系争措施对实现所护目的的积极作用。积极作用越大,系争措施越有实施的必需性。三是系争措施对自由贸易的消极作用。对自由贸易的消极作用越小,系争措施越有实施的必需性。四是对自由贸易损害更小的、与 WTO 相符的、合理的替代性措施是否存在。若存在对自由贸易损害更小的、与 WTO 相符的、合理的替代性措施,则此系争措施越就没有实施的必需性。上诉机构也认同此观点并强调,应先明确系争措施所护利益和价值的重要程度,再权衡与考量系争措施对实现所护目的的作用和对自由贸易的消极作用,并着重考察是否存在对自由贸易损害更小的、与 WTO 相符的、合理的替代性措施。④

四、美国基于国家安全的钢铝贸易限制措施不具有"必需性"

第一,美国基于国家安全的钢铝贸易限制措施的主要功能是保护美国国内

---

① Panel Report, *Russia — Measures concerning Traffic in Transit*, WT/DS512/R, para. 77.
② 同上,para. 93.
③ Appellate Body Reports, *US — Shrimp*, para. 136; *China — Raw Materials*, para. 355; and *China — Rare Earths*, para. 90.
④ Appellate Body Report, *United States — Measures Affecting the Cross-Border Supply of Gambling and Betting Services*, WT/DS285/AB/R, paras. 306-307.

钢铝产业的利益，兼具微弱的保护国家安全的功能，并非美国声称的具有保护国家安全的价值。而保护美国国内钢铝产业的利益对国家整体经济安全和国家基本安全而言并非具有极强的重要性。因此，在保护美国国内钢铝产业的利益对保护国家基本安全的重要性较低的情况下，美国基于国家安全的钢铝贸易限制措施的必需性也较低。

第二，美国基于国家安全的钢铝贸易限制措施所要保护的利益主要是美国国内钢铝产业的利益。美国实施基于国家安全的钢铝贸易限制措施加征"232关税"，阻碍了外国钢铝产品对美国的出口，对美国国内钢铝产业的利益和美国国内钢铝产业的振兴具有极大的促进作用和贡献。但基于对美国出口的外国钢铝产品主要用于民用而非军用领域，故而，美国基于国家安全的钢铝贸易限制措施对美国国家基本安全的保护的贡献度并不高，其在保障国家基本安全方面的必需性也低。

第三，美国本可选择其他与WTO相符的替代性措施，如保障措施或反倾销措施，但美国却实施了与WTO相违背的基于国家安全的钢铝贸易限制措施。而且，美国实施基于国家安全的钢铝贸易限制措施的消极影响巨大，极大阻滞了国家钢铝自由贸易，造成国际经济秩序的动荡。美国基于国家安全的钢铝贸易限制措施诱发各国相应的反制措施，导致世界贸易摩擦的爆发，对世界安全构成极大威胁。美国基于国家安全的钢铝贸易限制措施导致国家单边贸易保护措施的盛行，对世界贸易组织所构建的自由贸易法制和体系造成巨大冲击。美国基于国家安全的钢铝贸易限制措施对贸易的巨大消极影响证明其根本不具有必需性。

第五节　GATT 1994 第 21 条（b）款中"国际关系紧急情况"的认定问题

一、"国际关系紧急情况"认定之分歧

在美国基于国家安全的钢铝贸易限制措施案中，美国认为外国钢铝产品大

| 第四章　GATT 1994"安全例外条款"适用于美国基于国家安全的钢铝贸易限制措施的所涉问题 |

量出口美国导致美国国内钢铝产业利益的重大损害和美国国家安全利益的损害,美国因此处于"国际关系的紧急情况",故而,美国的此种情况满足成员方援引 GATT 1994 第 21 条的"安全例外条款"的前提条件。因此,美国可依据 GATT 1994 第 21 条的"安全例外条款"抗辩并免责。

中国、欧盟、印度等申诉方认为外国钢铝产品大量出口美国导致美国国内钢铝产业利益损害的情形不能被认定为属于"国际关系的紧急情况","国际关系的紧急情况"应类同于战争或武力冲突情形。美国不符合成员方援引 GATT 1994 第 21 条的"安全例外条款"的此种前提条件,美国不能凭借 GATT 1994 第 21 条的"安全例外条款"的此规定免责。

美国基于国家安全的钢铝贸易限制措施争端双方在此争议的焦点问题是美国采取基于国家安全的钢铝贸易限制措施的前提条件是否属于"国际关系的紧急情况"? GATT 1994 第 21 条(b)款(iii)项授予成员方在战时或国际关系中的其他紧急情况下采取其认为对保护其基本国家安全利益所必需的任何措施。WTO"安全例外条款"的模糊性即体现在该条款上。"国际关系的其他紧急情况"是一个较模糊和抽象的概念,大部分成员方在 GATT 1994 争端解决实践中都依赖于 GATT 1994 第 21 条(b)款(iii)项为自己的贸易限制措施寻找合法性依据。[①] 那么,美国是否可以基于其处于"国际关系的其他紧急情况"下援引 WTO"安全例外条款"而免除其基于国家安全的钢铝贸易限制措施的违法责任呢?此疑问的解答必须基于对"国际关系的其他紧急情况"的应然合理解释。

二、"国际关系紧急情况"的应然认定

(一)"国际关系紧急情况"的语义解释

"国际关系的其他紧急情况"的通常意义是解释的起点。根据《牛津英语词典》的解释,"紧急"是指"未预料的发生并需采取紧急行动","紧迫以及紧急的需求"。[②] "国际关系"一般指"国际政治关系"或"主权国家之间的全球政治互

[①] 例如在 1949 年美国出口许可证案件(CP.3/SR22-II/28)、1951 年美国与捷克斯洛伐克案件(CP.5/5-II/36)、1954 年秘鲁与捷克斯洛伐克案件(L/2844)、1982 年美国、欧盟、加拿大与阿根廷案件(C/W/402)中,美诉方都援引了 GATT 1994 第 21 条(b)款(iii)项为本国的贸易限制措施寻找合法性依据。

[②] The Oxford English dictionary[M]. Oxford：Oxford University Press, 1986：1532.

动"。① 根据《元照英美法词典》,"国际紧急状态"是指任何威胁国家和人民安全从而需要国家立即采取特别行动的全国性危机或状态。② 有的学者认为,"紧急"必须是突然的发生,具有"迫近性和即时性"。③ "紧迫以及紧急的需求"应是指"迫近的威胁或危机",国家应在紧急情况下做出即时直接反应。就持续时间而言,"紧急情况"应是突发和紧迫的情况,不可能是持续多年的情形。因而,"紧急情况"的应急措施也应是急速采取的措施。在世界上的一些地方,常年发生武装冲突,如阿富汗、黎巴嫩、索马里、以色列、巴勒斯坦等,在某个阶段矛盾是一直存在的,但却会在某个时机突然爆发最严重的冲突,只有在这个紧急的情况下才符合"安全例外条款"中的"国际关系的其他紧急情况"援引条件。当我们在解释"紧急情况"时,应理解为是某一个需要立即采取行动的"紧迫和紧急的情况","紧急"排除了国家与国家之间关系的一般紧张,而是国与国之间比较极端的冲突。衡量冲突的紧迫性有几个标准,包括冲突的手段、冲突所产生的后果、冲突的严重程度及冲突的时间。④ 从这个角度来看,国与国之间的极端紧急且极其严重的冲突状态应属于"国际关系的紧急情况"。

(二)"国际关系紧急情况"的体系解释

通过分析"国际关系紧急情况"的上下文,可以更加明晰"国际关系的其他紧急情况"的含义。

第一,在 GATT 1994 第 21 条(b)款(iii)项将"战争"与"国际关系的其他紧急情况"并列,根据条约解释的有效性原则(principle of effectiveness),说明"国际关系紧急情况"并非"战争"本身,若"国际关系紧急情况"可以涵盖任何成员方之间的"战争"状况,那么,将"战争"与"国际关系的其他紧急情况"并行列举毫无意义和价值。⑤ WTO 上诉机构在"美国汽油案"中曾指出:"使条约的所有条款具有效力与价值是《维也纳条约法公约》所内含的解释要求。解释者在解

---

① BLACK H C. Black's law dictionary[M]. St. Paul, Minn.: West Publishing, 1979: 836.
② 薛波. 元照英美法词典[M]. 北京: 法律出版社, 2003: 946.
③ Delimatsis P, Hrynkiv O. Security Exceptions under the GATS: A Lagal Commentary on Article XIVbis GATS[J]. Social Electronic Publishing. 2008(6): 29-48.
④ AKANDE D, LIEFLAENDER T. Clarifying necessity, imminence, and proportionality in the Law of Self-Defense[J]. The American Journal of International Law, 2013, 107(3): 563-570.
⑤ 安佰生. WTO 安全例外条款分析[J]. 国际贸易问题, 2013(3): 125-131.

释条约语词和语段时不能将其作无效和无价值的解释。"① 所以,"国际关系紧急情况"必须是除"战争"之外的情形。

第二,在 GATT 1994 第 21 条(b)款(iii)项将"战争"与"国际关系的其他紧急情况"并列,根据条约的同类解释原则,当特定语词置于一般性语词之前,则一般性语词应受特定语词所设类型的限制。② 因此,"国际关系的其他紧急情况"应与"战争"有着紧密联系,在严重性上,应与战争有着同等严重的性质。③ "国际关系紧急情况"在紧急性上应当与"战争"情形相类似④,即"国际关系紧急情况"应当与"战争"在严重性和紧急性上程度相当。

第三,与 GATT 1994 第 21 条(b)款(iii)项并列的内容为"该事项涉及核裂变物质或从其中提炼出来的物质;该事项涉及弹药、武器、战备物资的运输或补给军事基地的物资",这二者都是国家之间某种极端的和现实的冲突。因此"国际关系的其他紧急情况"应该也是指一种"清楚的和现实的对国家安全的威胁",可以包含成员方之间发生的存在严重冲突但尚不构成"战争"的情形,但是这种"紧急情况"的严重程度又大于成员方之间的一般紧张情形,不应仅指国际收支失衡或产业危机等一般紧张情形,而是 GATT 1994 第 21 条(b)款(i)和(ii)项所指的国家基本安全危机情况,是由成员方基本政治安全、国家领土及国防安全、基本经济安全的危机所致⑤,应该具备和战争同等严重的性质。⑥

第四,通过联系上下文 GATT 1994 第 25 条第 5 款关于成员方解除义务的规定⑦,成员方可援引 GATT 1994 第 25 条第 5 款的理由包含成员方之间关系

---

① Appellate Body Report, *United States — Standards for Reformulated and Conventional Gasoline*, WT/DS2/AB/R, para. 23.
② AUST A. Modern treaty law and practice[M]. Cambridge: Cambridge University Press, 2000: 249.
③ Borrmann A, Großmann H, Koopmann G. The WTO compatibility of the economic partnership agreements between the EU and the ACP countries. Intereconomics, 2006, 41(2): 115-120.
④ KONTOROVICH E. The Arab League Boycott and WTO accession: Can foreign policy excuse discriminatory sanctions? [J]. Chicago Journal of International Law, 2003, 4(2): 283-304.
⑤ SCHLOEMANN H L, OHLHOFF S. "Constitutionalization" and dispute settlement in the WTO: National security as an issue of competence. American Journal of International Law, 1999, 93(2): 424-451.
⑥ HAHN M J. Vital interests and the law of GATT: An analysis of GATT's Security Exception. Michigan Journal of Internation Law, 1991, 12(3): 589.
⑦ GATT 1994 第 25 条第 5 款:"在本协定其他部分未作规定的特殊情况下,缔约国全体可以解除某缔约国对本协定所承担的某项义务;但这项决议,应以所投票的三分之二的多数通过,而且这一多数应包括全体缔约国的半数以上。"

的紧张。根据条约解释的有效性原则(principle of effectiveness),如果"国际关系的其他紧急情况"可以涵盖任何成员方之间的紧张关系,那么此规定则毫无意义。WTO上诉机构在"美国汽油案"中曾指出:"使条约的所有条款具有效力与价值是《维也纳条约法公约》所内含的解释要求。解释者在解释条约语词和语段时不能将其作无效和无价值的解释。"①因此,不能对"国际关系的其他紧急情况"做任意的扩大解释。②

第五,成员方必须处于正在遭受国家基本安全的危机的情况下才能援用"安全例外条款"免除其采取违反WTO义务的安全保障措施的责任。若成员方只是假象或臆测其将面临国家基本安全的危机则不能援用安全例外条款抗辩或免责。"安全例外条款"不能为国家采取措施解除国内一般产业困难与危机的行为提供法律依据。"安全例外条款"与商业上的免责条款截然不同,挽救行业困难和经济危机的情况不适用GATT 1994第21条。如果成员方的国内产业面临遭受损害的紧急情况,可以适用GATT 1994第19条及《保障措施协定》的规定。

根据以上条约解释,"国际关系的其他紧急情况"是"紧迫及紧急"的,应具有和战争同等严重的性质,应是对基本国家安全"直接和严重的威胁",应大于成员方之间的一般紧张情况。

(三)"国际关系紧急情况"的司法解释

在WTO争端解决的相关实践中,WTO争端解决机构对"国际关系紧急情况"进行了解释。在俄罗斯过境运输措施案③中,专家组认为,虽然第21条(b)款各款列举了安全例外的三类适用情形,但此三类情形具有共性,即均是与国家的国防利益和军事利益密切相关,且系维持国家基本法律秩序和公共秩序利益所必需的。故而,"国际关系中的紧急情况"应被理解为与第21(b)条所列举的其他类型的安全例外事项具有相同的利益类型。④ 具体而言,"国际关系中的紧急情况"应是指危及国家的基本国防利益和军事利益的紧急情况,或危及

---

① Appellate Body Report, *United States — Standards for Reformulated and Conventional Gasoline*, WT/DS2/AB/R, p. 23.
② 同上,592.
③ Panel Report, *Russia — Measures concerning Traffic in Transit*, WT/DS512/R, para. 38.
④ 同上,para. 98.

第四章　GATT 1994"安全例外条款"适用于美国基于国家安全的钢铝贸易限制措施的所涉问题

国家的基本法律秩序和公共秩序利益的紧急情况。

因此,成员方因其政治或经济差异所导致的冲突情形不能被认定为是"国际关系紧急情况",除非此种冲突会危及国家的基本国防和军事利益,或危及国家的基本法律秩序和公共秩序利益,且此种冲突是紧急冲突并造成严重损害后果,否则此情形不属于第 21 条(b)款(iii)项的"国际关系紧急情况"。①

"其他国际关系的紧急情况"一般是指除武装冲突之外的潜在的可能诱发武装冲突的紧急情况,或导致紧张局势加剧的紧急情况,或导致整个国家秩序动荡的紧急情况。② 因此,"国际关系中的紧急情况"系客观的情形,"国际关系的紧急情况"并非完全基于措施实施方的主观判定,成员方根据第 21 条(b)款(iii)项所采取的措施是否"在国际关系中的紧急情况下采取"是须基于客观事实进行判断的。③

总之,在"安全例外条款"的 WTO 争端解决的相关实践中,"国际关系的其他紧急情况"被解释为应是会危及国家基本国防利益、基本军事利益、基本法律秩序或公共秩序利益的紧急情况,此紧急情况系会引起紧急和严重的冲突,进而触发武装冲突、加剧紧张局势或导致国家普遍动荡的客观情形。

三、美国基于国家安全的钢铝贸易限制措施实施情形不属"国际关系紧急情况"

根据"国际关系的其他紧急情况"的文义解释和司法解释可知,美国基于国家安全的钢铝贸易限制措施并非针对不可预料的突然的钢铝大量进口导致美国国内钢铝产业危机的紧急情况,美国国内钢铝产业的萧条是美国多年以来持续存在的状况。美国与其他钢铝进口国之间的争端及冲突并不具有紧迫性,且争端的严重程度也未达到"国际关系的紧急情况"所要求的标准。从此角度而言,美国基于国家安全的钢铝贸易限制措施并未达到"国际关系的紧急情况"下采取国家安全例外措施要求。

根据对"国际关系的其他紧急情况"的上下文解释可知,美国采取基于国家

---

① Panel Report, *Russia — Measures concerning Traffic in Transit*, WT/DS512/R, para. 99.
② 同上, para. 100.
③ 同上, para. 101.

安全的钢铝贸易限制措施的前提是因钢铝产品进口而导致的其国内钢铝产业的不景气或危机，美国并非处于在严重性和紧急性上与"战争"程度相当的"国际关系的其他紧急情况"。因此，美国基于国家安全的钢铝贸易限制措施并不满足 GATT 1994 第 21 条(b)款(iii)项的规定。

美国采取基于国家安全的钢铝贸易限制措施实质是为了解决美国基于钢铝产品进口而导致的美国国内钢铝产业的危机，此种危机属于产业损害类的一般经济危机情况，并非"清楚的和现实的对国家安全的威胁"，因而，不属于"国际关系的其他紧急情况"。所以，美国基于国家安全的钢铝贸易限制措施并不满足 GATT 1994 第 21 条(b)款(iii)项的规定。

美国由于钢铝进口所导致的国内钢铝产业的危机仅属于一般经济危机情况，不能将其扩大解释为国家重大基本安全危机，不属于"国际关系的其他紧急情况"。因此，美国无权采取基于国家安全的钢铝贸易限制措施。

美国基于国家安全的钢铝贸易限制措施名义上为保护国家安全，实质上是为解除国内钢铝产业的危机，此种情况应适用 GATT 1994 第 19 条及《保障措施协定》的规定，而不应援用 GATT 1994 第 21 条的规定。

总之，美国实施基于国家安全的钢铝贸易限制措施的主要原因是美国国内钢铝产业持续已久的产业危机，而该危机仅属于美国与 WTO 其他成员方之间长期存在的一般紧张情况，并非美国突然面临的"紧迫及紧急"情况。并且，美国国内钢铝产业持续已久的产业危机仅为美国国内某一产业的危机，并不具备和战争同等严重的性质。此外，美国国内钢铝产业的危机仅对国家安全造成间接的微弱的影响，远未达到对基本国家安全造成"直接和严重的威胁"的程度。

第六节 "安全例外条款"的善意援引问题

一、美国援引"安全例外条款"是否善意之举

在美国基于国家安全的钢铝贸易限制措施案中，中国、欧盟、印度等申诉方

认为美国援引 GATT 1994 第 21 条的"安全例外条款"的主要目的是规避美国因违反其所应履行的 WTO 义务而需承担的国家责任。美国通过扭曲解释 GATT 1994 第 21 条的"安全例外条款"以证成其基于国家安全的钢铝贸易限制措施的合法性与正当性的援引行为为恶意行为。

被申诉国美国则认为其援引 GATT 1994 第 21 条的"安全例外条款"的行为符合善意原则，属于正当与合理的援引行为。美国基于国家安全的钢铝贸易限制措施符合 GATT 1994 第 21 条的"安全例外条款"。

美国基于国家安全的钢铝贸易限制措施争端双方的争议焦点问题是美国援引 GATT 1994 第 21 条的"安全例外条款"的行为是否符合善意原则。援引"安全例外条款"是否符合善意原则是判断"安全例外条款"的援引是否合理的标准之一。如何审查"安全例外条款"的援引与善意履行原则是否相符？在美国基于国家安全的钢铝贸易限制措施案的抗辩中，美国援引"安全例外条款"是否符合善意履行原则？上述问题系在美国基于国家安全的钢铝贸易限制措施合法性争端中必须廓清的问题。

二、援引行为与善意原则相符性的审查

善意原则源自合同法，早先的含义为履行合同符合对方的合法期待。善意原则的含义经演化逐渐丰富，具体涵括：①公平贸易；②诚实履行；③履行义务遵从协议；④无获取不当利益或欺诈之故意。[1] 英国著名国际法学者陈斌认为"善意"原则要求权利人在行使其享有的法律权利时应避免"不诚实"、"恶意"与"虚伪"。[2]

善意原则亦是 WTO 规则解释与适用中所必须遵循的原则。WTO 规则的设立保障了国家间自由互惠贸易的安全性和可预测性。削减关税和消除其他贸易壁垒是世界贸易组织为促进自由贸易所采用的基本方式。但 WTO 规则允许成员方在特殊情况下基于保护国家基本安全等非贸易利益的需要而实施背离 WTO 义务的措施，但成员方不能借助此种例外来规避其应承担的 WTO

---

[1] BLACK H C. Blacks law dictionary[M]. St. Paul, Minn: West Publishing, 1979: 701.
[2] MACDONALD RSJ, CHENG B. General principles of law as applied by international courts and tribunals[J]. *University of Toronto Law Journal*, 2007, 12(1): 106.

义务。成员方不得以安全问题为借口采取贸易保护主义措施。① 善意原则要求成员方在援引 GATT 1994 第 21 条"安全例外条款"时应恪守诚信。在俄罗斯过境运输措施案②中,专家组亦认为,善意原则是所有条约的基础,善意原则是一般法律原则和一般国际法原则,善意原则要求成员不得使用 GATT 1994 第 21 条国家安全例外条款中的例外作为规避其 WTO 义务的手段。③

善意原则要求美国在援用 GATT 1994 第 21 条的国家安全例外条款时必须基于善意,其真正和主要的意图是维护国家的基本安全利益,而非借国家安全为名行贸易保护之实,而非利用 GATT 1994 第 21 条国家安全例外条款来免除其不履行其 WTO 义务的国家责任。如果美国援用 GATT 1994 第 21 条国家安全例外条款实际上是借国家安全为名行贸易保护之实,即视为非善意,违反 GATT 1994 第 21 条国家安全例外条款的规定,美国基于国家安全的钢铝贸易限制措施也就不具有合法性。

如前所述,WTO 争端解决机构可以对国家援引 GATT 1994 第 21 条的行为进行审查,因而 WTO 争端解决机构也可以审查美国基于国家安全的钢铝贸易限制措施是否符合 GATT 1994 第 21 条的适用原则,尤其是对美国援引 GATT 1994 第 21 条(b)款的行为是否与"善意履行"原则相符进行审查。

成员方援用 GATT 1994 第 21 条(b)款是为保障本国的重大且基本的安全利益④,当争端一方就另一方是否能援用 GATT 1994 第 21 条(b)款进行抗辩和免责存在异议,且此争端的申诉方在设立专家组的申请中涵括对被申诉方援用 GATT 1994 第 21 条(b)款的行为的异议,WTO 争端解决机构就有权审查此争议。

从 GATT 1994 第 21 条的设立历史可知,GATT 1994 第 21 条立法者的意图是在特殊情况下受损成员可借助此条款保障成员间利益的均衡,因而,适用

---

① Panel Report,*Russia — Measures concerning Traffic in Transit*,WT/DS512/R,para.103.
② 同上,para.38.
③ 同上,para.136.
④ 在 Campus Oil v. Minister for Industry and Energy 案中,爱尔兰解释让本国的石油进口商购买一定比例本国炼油厂的产品的目的是让本国炼油行业保持正常运行,以备公共安全需要。这一观点后来被欧洲法院接受。See(1984)3 C.M.L.R. 544.

| 第四章　GATT 1994"安全例外条款"适用于美国基于国家安全的钢铝贸易限制措施的所涉问题 |

者在解释与援用"安全例外条款"时必须保障各方利益的均衡。① 成员方援用"安全例外条款"用以在突发紧急情形下保障本国基本的和重大的国家利益。与此同时，成员方不得滥用"安全例外条款"，不得将其用于贸易保护目的。因此，WTO 争端解决机构对成员方援用 GATT 1994 第 21 条（b）款的行为享有管辖和审查权，以切实保障成员国间利益的均衡，此安排是与 GATT 1994 第 21 条的立法者的意图相契合的。

"防止权利滥用"是适用法律的基本原则，也是善意原则的更深层次的内涵与要求。上诉机构在"巴基斯坦等国诉美国限制进口龙虾及龙虾制品案"（简称"龙虾案"）中认为，善意原则是限制成员方滥用权利的国际法上的普遍原则。② 故而，WTO 争端解决机构在美国基于国家安全的钢铝贸易限制措施案中对美国援引 GATT 1994 第 21 条（b）款的行为行使审查权是契合多边自由贸易体制的诉求的。

学者厄尔霍夫与斯科勒曼认为，对 GATT 1994 第 21 条的援引应遵循必要的限度。若成员方并不真实存在国家安全的威胁，或成员方所实施的措施主要并不是保障国家安全，则成员方援引 GATT 1994 第 21 条的行为就不具有合法性。若成员方对产品进口威胁国家安全的判断存在错误，则建立在此种判断结论基础上的成员方采取其认为必要的措施的做法也就不具有合法性。故而，WTO 争端解决机构必须保有对成员国援引 GATT 1994 第 21 条的行为是否具有合法性进行审查的权利，以杜绝成员方对安全例外权利的滥用。而且，诸多国家均存在对政府行为的合理性进行审查的司法制度，DSU 也应内含此制度安排。③

故而，WTO 争端解决机构在美国基于国家安全的钢铝贸易限制措施案中有权审查被诉方美国援引的国家安全例外条款的行为是否符合善意原则，判断美国是否存在援引非为国家安全和权利滥用等非善意行为，基于此判定美国援

---

① 该条款部分规定：世界贸易组织成员认识到争端解决是在"与解释国际公法的习惯规则保持一致的前提下澄清现有的多边贸易协议内容"。上述机构在"美国汽油标准案"中也强调多边贸易协议不能与国际公法相隔绝，被孤立地理解。See Appellate Body Report, *United States — Standards for Reformulated and Conventional Gasoline*, WT/DS2/AB/R.
② Appellate Body Report, *United States — Import Prohibition of Certain Shrimp and Shrimp Products*, WT/DS58/AB/R, para. 158.
③ 同上。

引安全例外行为的合法性。

三、援引动机与善意原则相符性的审查

善意援引需从正反两方面来判断,善意援引需排除恶意援引,即当成员方援引"安全例外条款"时存在恶意动机时,其援引国家"安全例外条款"为非善意。故而,判断美国援引"安全例外条款"的行为是否适当,不仅需判断美国的援引行为是否符合善意履行原则,还需探究美国"援引安全例外条款"的行为是否存有恶意履行的动机。

鉴于动机多为主观上的意念,难以通过直接证据证明其存在恶意。因此,恶意履行的动机可通过间接证据进行证明,如援引方主管机关讨论或批准系争措施时的所涉记录,援引方在本案及相关争端解决过程中所出示的相关证据。在间接证据获取的过程中,下述问题需要廓清。

援用"安全例外条款"的行为和动机是否善意的举证责任问题在WTO争端解决机构内尚未形成一致做法。[1] 是由援引方首先证明其援引动机为善意,还是由申诉方证明援引方的行为为恶意,GATT 1994和DSU中的规则均未明示。欧洲法院在"欧盟委员会诉西班牙"案中要求"援引安全例外条款"的一方负举证责任:援引"安全例外条款"的一方有义务证明其援引行为是善意的,未超出必要的限度;援引"安全例外条款"的一方有义务证明其所实施的安全例外措施系真正保障其基本且重大的国家安全利益之必需的措施。[2] 因此,在美国基于国家安全的钢铝贸易限制措施案中,美国有义务证明其援引GATT 1994第21条作为其施行基于国家安全的钢铝贸易限制措施的合法性依据的行为是善意的。

四、美国违反"安全例外条款"的善意履行义务

美国实施基于国家安全的钢铝贸易限制措施的真正和主要的意图并不是维护国家的基本安全利益,而是借国家安全为名行贸易保护之实,只是利用

---

[1] Pauwelyn J. Evidence, proof and persuasion in WTO dispute settlement: Who bears the burden? [J]. Journal of International Economic Law, 1998, 1(2): 227-258.
[2] 在Lustig-Prean & Beckett v. U.K.一案中,欧洲人权法院也要求被告为自己的行为提供令人信服的证据。Lustig-Prean & Beckett v. U.K, 29EUR. H. R. REP. 548, 2000: 585-587.

| 第四章　GATT 1994"安全例外条款"适用于美国基于国家安全的钢铝贸易限制措施的所涉问题 |

GATT 1994 第 21 条"安全例外条款"来免除其不履行其 WTO 义务的国家责任。美国援用 GATT 1994 第 21 条国家安全例外条款实际上是借国家安全之名行贸易保护之实,其实施钢铝贸易限制措施的意图应被视为非善意,其通过对国家安全的扩大解释,滥用 GATT 1994 第 21 条所赋予成员方的免责权力,违反 GATT 1994 第 21 条"安全例外条款"的规定,故美国不得享有免责的权力。美国援用国家安全例外条款是基于纯粹的商业目的,而非维护国家的基本安全利益。美国利用 GATT 1994 第 21 条"安全例外条款"的主要目的是免除其不履行其 WTO 义务的国家责任。美国滥用了其援引国家安全例外条款保护国家基本安全的权利。

美国在实施基于国家安全的钢铝贸易限制措施时,对只占钢铝进口极少比例的中国、印度、土耳其等国的钢铝进口产品加征"232 关税",却对钢铝进口量极大的欧盟、韩国、加拿大等国的钢铝进口产品豁免征收"232 关税",显然难以证明此种限制是"限制程度最低"。当存在 WTO 争端解决机制、反倾销、反补贴等多种合法救济方式可供美国采用的情况下,美国违反其国际法义务并依据其国内法采取非法的基于国家安全的钢铝贸易限制措施,也显然难以证明此措施是"必不可少"的。美国未能证明不存在其他符合 GATT 1994 规定的措施、对贸易限制程度最低或者背离 GATT 1994 规定程度稍弱的措施,未能证明其采取的基于国家安全的钢铝贸易限制措施是必需的或者是唯一可行的解决争端的方法。这也就说明美国采取其他措施也能满足 GATT 1994 第 21 条(b)款的要求。当美国没有充分的证据能证明其所采取的基于国家安全的钢铝贸易限制措施是"限制程度最低"或是"必不可少"时,那么就证明美国基于国家安全的钢铝贸易限制措施违反了 GATT 1994 第 21 条"安全例外条款"的善意履行原则,因而美国基于国家安全的钢铝贸易限制措施不具有合法性和正当性。

在美国基于国家安全的钢铝贸易限制措施案中,世界贸易组织争端解决机构有权审查被诉方美国采取的措施是否与其声称的重大安全利益受损害的程度相当。因钢铝产品的进口仅对美国国内钢铝产业造成影响,并未对美国的重大安全利益造成严重损害,美国可通过深化国内钢铝产业的改革来从根本上解决美国国内产业的危机问题,无需通过加征关税这种短期办法来转嫁危机。所以美国采取的美国基于国家安全的钢铝贸易限制措施与其声称的国家重大安全利益所遭受损害的程度并不相称。当美国没有有力的证据证明其基于国家安全的钢铝贸易限制措施与美国重大安全利益受损害的程度相称时,那就证明美国基于国家安全的钢铝贸易限制措施背离 GATT 1994 第 21 条安全例外条款的善意履行原则,WTO 争端解决机构也必然会做出不利于被诉方美国的裁决。

美国有义务证明其行为没有超出必要的限度,但是,美国并未充分证明国内法许可的美国基于国家安全的钢铝贸易限制措施是真正出于保护美国重大安全利益之需要的措施。而且,美国违背多边贸易协议下具体义务,且存在给其他成员带来"利益被剥夺或受损"的不利影响的确定事实。这充分说明美国违反其证明义务,未能充分证明其援引 GATT 1994 第 21 条作为其施行基于国家安全的钢铝贸易限制措施的行为没有超出必要的限度。

美国基于国家安全的钢铝贸易限制措施未按照 WTO 自由贸易的信仰或目标诚实行事,存在保护本国利益、侵害他国国家利益的企图,对等贸易背离公平交易原则。美国系"虚伪地""恶意地""不诚实地"执行其法律权利。钢铝产品的进口对美国国家基本安全的实质性威胁并不存在,且美国所采取的基于国家安全的钢铝贸易限制措施并非"限制程度最低"或是维护国家基本安全"必不可少"的措施。美国援引"安全例外条款"的行为和动机均违反善意原则,因而,美国基于国家安全的钢铝贸易限制措施不能被认定合法。

第五章

美国基于国家安全的钢铝贸易限制措施合法性争议之延伸：反制措施及其合法性

美国基于国家安全的钢铝贸易限制措施激起受其影响的成员方采取相应的反制措施。随之,美国基于国家安全的钢铝贸易限制措施的合法性争议从该贸易限制措施本身是否具有合法性的争议延伸到针对该贸易限制措施的反制措施是否具有合法性的争议上。

第一节 贸易摩擦中反制措施及其合法性的争议

美国对从多国进口的钢铝产品加征钢铝关税,以及被加征钢铝关税的多个国家对美国基于国家安全的钢铝贸易限制措施的贸易反制,导致贸易摩擦的全面爆发。由此,贸易摩擦中的反制措施是否具有合法性的问题也成为基于国家安全的钢铝贸易限制措施争端中各方争议的焦点问题之一。

一、贸易摩擦中的反制措施

中国、欧盟、加拿大、墨西哥和土耳其均针对美国基于国家安全的钢铝贸易限制措施采取了相应的反制措施,五方采取反制措施有两方面目的:一方面是减轻美国基于国家安全的钢铝贸易限制措施对本方利益的损害,另一方面是敦促美国尽快终止其背离WTO义务的基于国家安全的钢铝贸易限制措施。

(一)中国对美国基于国家安全的钢铝贸易限制措施的反制

美国总统于2018年3月9日发布总统令,对中国出口到美国的钢铁产品征收25%的关税,对中国出口到美国的铝产品征收10%的关税。针对美国对中国钢铝产品加征关税的措施,中国采取反制措施。中国商务部于2018年3月23日宣布对美出口我国的部分产品中止关税减让,并公布中止减让产品清单,对来自美国的葡萄酒、水果、钢管等价值30亿美元的百余种商品加征关税,以消减美国对中国钢铝产品加征关税的措施对中国国家利益与中国企业利益所致损失。中国自 2018 年 4 月 2 日起对源自美国的共 7 类 128 项输入中国的商品在现行基础上加征关税,对美国出口到中国的水果及制品等 120 项商品加征关税,税率为 15%;对美国出口到中国的猪肉及制品等 8 项商品加征关税,税率为 25%。①

(二) 欧盟对美国基于国家安全的钢铝贸易限制措施的反制

美国总统于 2018 年 6 月 1 日发布总统令,对欧盟出口到美国的钢铁产品征收 25% 的关税,对欧盟出口到美国的铝产品征收 10% 的关税。美国针对欧盟所实施的美国基于国家安全的钢铝贸易限制措施造成欧盟约 71 亿美元产品的出口遭受不良影响。欧盟针对美国对欧盟钢铝产品加征关税的措施采取反制措施。2018 年 5 月 18 日,欧盟通报 WTO 拟对美国出口到欧盟的 71 亿美元产品加征关税。欧盟于 2018 年 6 月 22 日正式实施对美国出口到欧盟的产品加征关税的措施,将对美国出口到欧盟的钢铁、铝、大米等总价为 32 亿美元的两百余种产品的加征关税,税率为 25%。若 WTO 争端解决机构裁定美国基于国家安全的钢铝贸易限制措施违反 WTO 相关规则,或 WTO 争端解决机构在 3 年后未作出裁决,则欧盟将再次将对美国出口到欧盟的总价为 38 亿美元的产品的加征关税,税率为 10%~50%。②

(三) 加拿大对美国基于国家安全的钢铝贸易限制措施的反制

美国总统于 2018 年 5 月 31 日发布总统令,对加拿大出口到美国的钢铁产品征收 25% 的关税,对加拿大出口到美国的铝产品征收 10% 的关税。加拿大政府随即宣称针对美国对加拿大钢铝产品加征关税的措施采取反制措施。加拿大于 2018 年 7 月 1 日起对美国出口到加拿大的钢铝制品、酒、食品等总额为 128 亿美元的 250 多种产品加征关税。其中,对美国出口到加拿大的钢铁及制品等 44 类产品的加征关税,税率为 25%,对美国出口到加拿大的铝制品、饮

---

① 《国务院关税税则委员会对原产于美国的部分进口商品中止关税减让义务的通知》(税委会〔2018〕13 号,2018 年 4 月 1 日发布,自 2018 年 4 月 2 日起施行)。

② Commission Implementing Regulation (EU) 2018/886 of 20 June 2018 on certain commercial policy measures concerning certain products originating in the United States of America and amending Implementing Regulation (EU) 2018/724, *Official Journal of the European Union*, June 21, 2018; Commission Implementing Regulation (EU) 2018/724 of 16 May 2018 on certain commercial policy measures concerning certain products originating in the United States of America, *Official Journal of the European Union*, May 17, 2018.

料、酒等71类产品的加征关税,税率为10%。直到美国对加拿大出口到美国的钢铝产品停止加征关税后,加拿大才终止实施对美国出口到加拿大的产品加征关税的措施。①

此外,墨西哥的反制关税分别于2018年6月5日和2018年7月5日分两次生效,对价值36亿美元的美国进口商品征收7%～25%的关税。② 土耳其自2018年6月21日起对价值18亿美元的美国进口商品征收4%～70%的关税。③

中国、欧盟、加拿大、墨西哥和土耳其五方反制的方式是相同的,均采用对美国出口本国产品加征关税的方式进行反制。反制中加征关税的进口产品范围广泛,被加征关税的进口产品并不限于美国出口至本国的钢铝产品。反制均未明确规定其措施的停止期间,将视美国基于国家安全的钢铝贸易限制措施终止时间而定。五方反制的不同之处在于,鉴于各国国情的不同,因而被加征关税的进口产品的种类及数额各不相同,加征的税率也各不相同。中国、加拿大、墨西哥和土耳其为一次性加征关税,而欧盟视争端发展的程度和阶段分3次加征关税。

二、反制措施合法性的争议

2018年7月16日,美国就中国、欧盟、加拿大、墨西哥和土耳其对于"232关税"措施的反制措施,在WTO争端解决机制项下提出磋商请求。美国称钢铁和铝的"232关税",依据美国及其贸易伙伴批准的国际协议有正当事由,但是五方对美国商品征收的报复性关税则毫无道理。美方认为无论是依据美国

---

① Customs Notice 18-08 Surtaxes Imposed on Certain Products Originating in the United States, Canada Border Services Agency, June 29, 2018, rev. July 11, 2018.
② Decree Modifying the Tariff Schedule of the Law of General Import and Export Taxes, the Decree establishing the General Import Tax Rate applicable during 2003 for goods originating in North America, and the Decree establishing Various Sectoral Promotion Programs (enacted June 5, 2018; effective June 5, 2018).
③ Decision on Implementation of Additional Financial Duties on the Import of Certain Products Originating in the United States of America, Council of Ministers Decision No. 11973/2018, Official Gazette No. 30459, June 25, 2018; Decision to Amend the Decision to Impose Additional Financial Duties on the Import of Certain Products Originating in the United States of America, Presidential Decree No. 21, Official Gazette No. 30510, August 15, 2018.

国内法还是国际贸易规则,总统采取的行动完全合理合法,贸易伙伴没有选择合作共同解决问题,反而采取报复性关税措施,五方反制措施违反了其应承担的 WTO 义务。美国认为五方反制措施违反 GATT 1994 第 1 条第 1 款和第 2 条第 1 款(a)、(b)项,五方采取反制措施加征关税未给予美国产品最惠国待遇和国民待遇,使得美国在 GATT 1994 之下直接或间接获得的利益正在丧失或减损。[1]

反制措施采取方认为:美国基于国家安全的钢铝贸易限制措施借保障美国国家安全的名义施行贸易保护主义的单边措施。美国基于国家安全的钢铝贸易限制措施背离 WTO 规则,违反其应尽的义务,严重损害被申诉方的国家利益。被申诉方在 WTO 争端解决机制项下提出与美国就其基于国家安全的钢铝贸易限制措施争端进行磋商的要求,美国消极磋商,导致该钢铝贸易限制措施争端未获有效解决。被申诉方系依据《保障措施协定》第 8.2 条采取反制措施,反制有合法依据。因此,针对美国基于国家安全的钢铝贸易限制措施的反制措施具有合法性和正当性。

反制措施的合法性争议成为美国基于国家安全的钢铝贸易限制措施合法性争议之延伸,美国基于国家安全的钢铝贸易限制措施的反制措施合法问题亦是该贸易限制措施争端双方争议的重点问题。双方争议的关键问题是对基于国家安全的钢铝贸易限制措施的反制措施是否具有法理依据,是否符合 WTO 规则,是否具有其他国际法依据。上述问题亦是本部分所分析和研究的主要议题。

第二节 反制的法理依据

在贸易摩擦中反制措施实施方针对美国基于国家安全的钢铝贸易限制措施的反制措施具有法理上的充裕理据,契合 WTO 法的价值诉求。因此,从法理维度而言,对美国基于国家安全的钢铝贸易限制措施的反制措施具有其合法性与正当性。

---

[1] *Additional Duties on Certain Products from the United States — Request for the Establishment of a Panel by the United States*,WT/DS557/2,WT/DS558/2,WT/DS559/2,WT/DS560/2,WT/DS561/2.

一、反制的自然法理据

反制是国家的自助行为。任何国家无论强弱均享有防卫国际不法侵害的自助权利。当国家正在遭受国际不法侵害,且无法及时获得国际组织等力量的保护时,则应拥有及时反制国际不法侵害的自然权利。若国家面临国际不法侵害却不能拥有及时反制的权利,就无权进行及时的自力救济,只能任国际不法侵害行为持续和其所致受害国的损失扩大,这无疑背离法律的公平、正义的理念,违背国际社会权利义务的应保持均衡的诉求。反制是对国际社会权利义务非均衡状态的再平衡,符合公平、正义的自然法理念,契合自然法的理性诉求,符合自然法的善恶的标准。依据自然法,所有国家都应该践行自己的承诺与义务,任何违法行为均应被处罚,受害方有自我防卫的权利。反制是受害方针对对方实施违反其义务的违法行为的自助与防卫行为,系自然法所赋予的权利。故而,反制是每个国家应当具有的自然权利。①

正义是自然法的基本理念与价值诉求。不仅国际社会的运转需要符合正义,国家也需要正义。正义如同普洛透斯的脸在不同的状况下有着不同的外在表现形式与要求。② 遵照正义的内在诉求,国际组织的存在价值在于保障各国的合法利益,当某个国家的合法利益遭受侵害时,国际组织应提供救济。但当国际组织救济滞后,为避免受害方损失的扩大,受害方应拥有采取反制措施的自力救济的权利。对国家权利和国家利益的不法侵害行为为非正义行为,国家的反制行为是抵抗侵害国家权利的行为,是不具有国际危害性的符合正义要求的行为。③ 因此,从正义相符性的维度而言,反制具有正当性。

一般认为,某个国家的合法权益受到他国的不法侵害时,其可以要求不法侵害国遭受同等程度的损害。一国对他国合法权益造成不法侵害时,其应该受到相当程度的制裁。该制裁措施原则上应由对此享有管辖权的国际组织来裁定授权实施,但是,当国际组织不能及时有效地制裁不法侵害国以保护受害国的合法权益时,受害国应当享有"惩罚权",也即反制的权利。④ 不法侵害国应

---

① 杨国华.中国贸易反制的国际法依据[J].经贸法律评论,2019(1):48-54,68.
② 博登海默,等.法理学:法律哲学与法律方法[M].邓正来,译.北京:中国政法大学出版社,2004:238.
③ 邓安庆.国家与正义:兼评霍耐特黑格尔法哲学"再现实化"路径[J].中国社会科学,2018(10):24-38.
④ 廖诗评.中美贸易摩擦背景下中国贸易反制措施的国际法依据[J].经贸法律评论,2019(1):55-61.

| 第五章　美国基于国家安全的钢铝贸易限制措施合法性争议之延伸：反制措施及其合法性 |

当接受受害国反制措施带来的损失,而且不能就受害国反制措施再进行反制。所以,反制具有正当性。

WTO成立以后,由WTO行使权力来保护成员方利益成为常态。然而,WTO争端解决机构的救济往往只能在国际不法侵害持续较长时间之后才能正式实施与生效,对阻止正在进行的侵犯国家合法权利与正当利益的国际不法行为往往显得无能为力。即使WTO经过漫长的争端处理程序授权受害成员方对实施不法侵害的成员方进行报复和制裁,但是此裁决对于已经被不法侵害的权益而言却无溯及力,受害方在漫长的WTO争端处理期间所遭受的巨额损失无法挽回。既然WTO无法及时阻止美国不法侵害的行为,为何不赋予受害方及时反制的权利,以防止受害方的权益受到美国不法行为的进一步侵害? 从维护合法权利的维度而言,任何遭受不法侵害的权利都应当获得应有的救济。从WTO角度来看,虽然WTO在理论上是成员方权利的保护者,但在特殊情况下却无法及时保障成员方的合法权益。反制具有救济性、补充性的特征。因此在特定情境下,应赋予国家通过反制等国家自助救济的方式来避免更大的损害的发生的权利。

反制是国家在维护本国权益时的必然反应和选择。每个国家同个人享有同等自我保卫的权利,每个国家均有为维护本国的合法利益而采用各种必需措施的权利。国家有权判定其所采取措施对维护国家利益的必要性。只要此措施对国家的自我保存是必要的,国家就有权采取此措施。① 国家反制行为存在的历史本身已经证明了它的正当性和必要性。

国家在特定情况下的贸易反制的权利系自然法所设定的国家的应有权利,是法律应当在目前或将来确认的权利,是国家生存所必需的权利,表征着国家本身及其目的性的价值追求。当现行的成文法在调整社会关系时无法有效维护公正时,或当现行的成文法只维护强者的利益而侵害其他大多数主体的尊严和权利时,应有权利就是反抗不公正法律和维护绝大多数方正当利益的强有力武器。②

应有权利是法定权利的来源和基础。WTO成员方针对基于国家安全的

---

① 贺海仁.从私力救济到公力救济：权利救济的现代性话语[J].法商研究,2004(1)：33-41.
② 程燎原,王人博.权利及其救济[M].济南：山东人民出版社,1995：187.

钢铝贸易限制措施的反制也是成员方的法定权利，WTO 成员针对美国基于国家安全的钢铝贸易限制措施的反制的法定权利为 WTO《保障措施协定》所确认，是此种情形下国家享有贸易反制权利的法律化和制度化。

二、反制契合 WTO 法的价值诉求

WTO 法价值是建构 WTO 法律体系的基石，也是 WTO 法在解释和适用中所永恒追求的目的。秩序价值、正义价值和效率价值是 WTO 法所追求的重要价值，反制恰能实现 WTO 法所追求的秩序价值、正义价值和效率价值。

（一）秩序价值

秩序是 WTO 法的最为基础之价值诉求。秩序系指在人与物的存续之中具有确定性、连贯性与统一性的模式、结构与过程。[①] 秩序是自由、正义、效益等其他法的内在价值的基石。WTO 管控国际贸易之目标在于构筑稳健的国际自由贸易模式，形塑良性运转的国际贸易秩序，促进国际自由贸易优化功能的发挥。贸易反制是救济国家合法权利的重要途径，反制的主要价值亦为秩序。贸易反制存在的价值就是维护成员间权利义务和国家利益的均衡秩序，防止国际贸易秩序的混乱，维护 WTO 整体法律秩序的稳定。

WTO 所制定的诸多法律制度的核心功能在于平衡各成员在自由贸易中的权利与利益，进而构筑自由、公平、公正的国际经济新秩序。人类可以缺失自由，但却不能缺失秩序。[②] 若国家的经济权利和国家利益的平衡态势被打破，则 WTO 所致力于追求的自由公平的国际贸易新秩序亦会遭到破坏。国家首先选择的是依靠 WTO 将失衡的秩序恢复至均衡与稳定的状态。若 WTO 由于其制度的安排难以尽快或妥善解决贸易争端时，国家不得不进行自力救济，采取反制措施以避免国家损失的扩大和保障国家的合法权益。因此，反制是国家通过行使其应有权利来保障其合法利益，修复失衡的国际经贸秩序至其均衡状态，以更好地维护国际经济秩序。

[①] 卓泽渊.法的价值论[M].北京：法律出版社，1999：177.
[②] 亨廷顿.变化社会中的政治秩序[M].王冠华，刘为，等译.上海：上海人民出版社，2008：8.

（二）正义价值

正义是 WTO 法所致力于实现的目标。WTO 法内含的实质性价值诉求即为实现 WTO 法的正义。正义是 WTO 法的基本理念。罗马法学家认为，正义是法律的根源，法律来自正义，法律与正义等同。亚里士多德指出，正义的法才是良法，为实现正义，人们对法律的内容不断地进行修改和完善，以期法的内容无限趋近于正义的完全实现。①

国家贸易反制所追求的目标即为依仗国家自力救济修复被毁损的正义或恢复遗失的正义。法学家波斯纳指出，当合法权益受到侵害时，受害方的首要诉求就是正义。② 国家也亦然，当 WTO 成员所拥有的合法权益遭受侵害时，正义与公平是受害方的首要诉求。

当他方违反 WTO 规则损害某方所应当拥有的 WTO 权利时，受害方采用反制措施进行自力救济是受害方的正当应对。如果受害方仅依靠和等待 WTO 争端解决机构而放弃反制等自力救济途径来维护自身的合法权益，等同于受害方抛弃了能够维护正义和保障自身合法权益的第一重有利途径，从而导致受害方合法权益损失的扩大及损失的无法挽回。

（三）效率价值

效率是 WTO 法所致力于实现的法律价值。③ 法学家波斯纳指出，具有效率的法律规则会激励当事方实施有效率的行为或措施。任何主体均以"理性人"的角色而存在，其在保障自身权益和获取自身利益方面均会进行成本与效益分析，均会采取以最小付出获得最大收获的行动或措施。④

当一成员方采取违反 WTO 规则的行为而导致诸多其他成员国的国家利益遭受损害时，受害方必然会采取相应的经济措施以减少或避免损害和损失的扩大。权益受损的成员国通常最先通过依仗 WTO 争端解决机制来保障和维护自身的正当利益。但在紧急情形下，鉴于 WTO 争端解决机制处理争端耗时冗长的缺陷，WTO 争端解决机制不能及时保障和维护受害国的正当国家利

---

① 博登海默,等.法理学：法律哲学与法律方法[M].邓正来,译.北京：中国政法大学出版社，2004：3.
② 波斯纳.法理学问题[M].苏力,译.北京：中国政法大学出版社，2002：199.
③ 衣淑玲.试论 WTO 法的正当性问题[J].甘肃政法学院学报，2007(2)：89-95.
④ 同②173.

益,国家应立即启动反制等自力救济措施以达至最有效率的维护本国合法利益。

国家贸易反制措施是国家采用自力救济以减少或避免本国利益的损失或损失扩大的措施。节约成本系国家采取贸易反制措施的初衷与动因,受损方采取反制措施可通过付出较低成本获取公平和正义的尽快恢复。受害方的及时反制可降低司法负担,节省公共惩罚资源,减轻单边贸易保护措施对世界自由贸易的破坏程度,维持国际自由贸易秩序的稳定。① 反制追求的是尽快恢复受害国所损失的国家利益,主要考虑的是对经济效益和受损利益的补偿。受害国采取反制是期望通过最小的代价来最大化地保障国家利益,实现WTO法的对效率价值的追求。

国家贸易反制是避免WTO争端解决机制的繁复性和冗长性的最为简捷与灵便的国家利益保障方法,能尽快减让和避免因他方不法侵害所致损失和损失的扩大,能最大程度上保障国家合法权益。总之,反制措施能够减少司法资源的消耗,缩减解决争端所付成本,契合WTO法对效率价值的追求。

第三节 反制措施的WTO合规性分析

中国、欧盟等针对美国基于国家安全的钢铝贸易限制措施的反制措施具有WTO法上合规性,WTO法中存在充分的法律依据和理据来证成反制措施的合法性与正当性。

一、DSB事先授权问题

美国基于国家安全的钢铝贸易限制措施的受害国根据《保障措施协定》第8条而进行的针对该贸易限制措施的反制,是否需要依据DSU第22条、第23条的规定,必须事先经过DSB授权呢?

---

① 波斯纳.法理学问题[M].苏力,译.北京:中国政法大学出版社,2002:173.

（一）DSU 与《保障措施协定》在中止减让上的区别

DSU 第 22 条、第 23 条中所规定的中止减让与《保障措施协定》第 8 条的中止减让存在诸多不同。

首先，《保障措施协定》第 8 条的中止减让与 DSU 第 22 条、第 23 条中的中止减让的适用情形不同。《保障措施协定》第 8 条规定，若受保障措施影响的成员国和保障措施实施国之间就此措施相关问题的磋商未能在磋商之日起的 30 天内达成协议，则受保障措施影响的成员在不迟于该保障措施实施后 90 天，WTO 货物贸易理事会收到受保障措施影响的成员方的对保障措施实施国中止关税减让的书面通知之日起 30 天期满后，货物贸易理事会不表示反对的情况下，有权对保障措施实施方中止实施在 GATT 1994 项下实质相等的关税减让或其他义务。

保障措施受害方本身并不存在违反 WTO 法的行为，即反制方不存在先前的违法行为。在此前提下，当保障措施受害方与实施保障措施的成员方之间就保障措施问题进行磋商后，未能在 30 天内达成协议，此时，《保障措施协定》授权保障措施受害方可实施对等中止减让等反制措施以维护本国的合法利益。保障措施实施方和保障措施受损方均不存在违反 WTO 规则的行为，针对保障措施的反制不以保障措施受损方与保障措施实施方之间就此保障措施产生争端并诉至 WTO 争端解决机构为必需的前提条件，且并不需要存在 WTO 争端解决机构的先前裁决。

DSU 的中止减让规则适用情形主要规定在 DSU 第 22 条第 2 款、第 6 款。DSU 第 22 条第 2 款规定中止减让规则适用情形是，争议双方在合理期限截止之日起 20 天内未能议定令人满意的补偿，则胜诉的申诉方可向 DSB 申请授权对未执行 DSB 裁定与决议的败诉方采取制裁措施。DSU 第 22 条第 6 款对中止减让规则适用情形进行了专门的规定，胜诉方欲对败诉方中止其应承担的 WTO 协定项下的关税减让或其他义务，需获得 DSB 的先行授权。胜诉方需在合理期限届满之日起 30 天内获得 DSB 允许其中止对败诉方所承担的关税减让或其他义务，DSB 也可经全体同意后驳回胜诉方的授权申请。

可见，DSU 第 22 条、第 23 条中的中止减让主要针对的是败诉方不履行或履行不符合 DSB 的建议和裁决，其性质上相当于针对诉讼裁决消极执行的强制执行措施。DSU 第 22 条、第 23 条中的中止减让主要针对的是败诉方的先前的违反 WTO 规则的行为。而针对保障措施的反制所针对的则并不一定要求保障措施实施方先前违反 WTO 规则的行为。

其次，《保障措施协定》第 8 条的中止减让与 DSU 第 22 条、第 23 条中的中止减让的性质不同。《保障措施协定》授权保障措施受害方可实施对等中止减让等反制措施以维护本国的合法利益。此种反制类似于紧急措施，而非执行措施。而 DSU 第 22 条、第 23 条中的中止减让规则实质属于 WTO 裁决的执行措施，类似于强制执行的效果，只不过其采用了与其他诉讼强制执行所不同的中止减让方式而已。

再次，《保障措施协定》第 8 条的中止减让与 DSU 第 22 条、第 23 条中的中止减让的目的不同。针对保障措施的反制的主要目的是减少因对方国家实施保障措施所造成的本国国家利益的损害，其最终目的是恢复对等贸易利益的平衡。DSU 第 22 条、第 23 条中的中止减让的主要目的是对败诉方不执行 DSB 裁决或建议的制裁，具有一定的强制性和制裁性。此种中止减让义务主要功能是引导违反 WTO 规则的成员遵守 WTO 法律义务，恢复对等贸易利益的平衡只是手段，强制履行义务才是目的，最终目的是维持 WTO 成员权利与义务的平衡。

（二）反制优先适用无需 DSB 授权

《保障措施协定》第 8 条规定，若受保障措施影响的成员方和保障措施实施方之间就此措施相关问题的磋商未能在磋商之日起的 30 天内达成协议，受保障措施影响的成员方在不迟于该保障措施实施后 90 天，WTO 货物贸易理事会收到受保障措施影响的成员方的对保障措施实施方中止关税减让的书面通知之日起 30 天期满后，货物贸易理事会不表示反对的情况下，有权对保障措施实施方中止实施在 GATT 1994 项下实质相等的关税减让或其他义务。《保障措施协定》第 8 条并未要求反制方必须获得 DSB 的授权才能采取对等中止减让措施，只规定在满足本条款时限的条件下，货物贸易理事会对此中止不持异议即可。

DSU 第 22 条、第 23 条的授权中止减让的规则规定在 DSU 第 22 条第

1款、第2款、第4款、第6款、第23条第2款(c)项中①,DSU的中止减让规则规定,争议双方在合理期限截止之日起20天内未能议定令人满意的补偿,则胜诉的申诉方可向DSB申请授权对未执行DSB裁定与决议的败诉方采取制裁措施。胜诉方欲对败诉方中止其应承担的WTO协定项下的关税减让或其他义务,需获得DSB的先行授权。胜诉方需在合理期限届满之日起30天内获得DSB允许其中止对败诉方所承担的关税减让或其他义务,DSB也可经全体同意后驳回胜诉方的授权申请。中止减让系败诉方未合理执行裁决或建议时采取的临时措施。胜诉方中止减让的程度应等同于因败诉方违反WTO义务行为所给胜诉方造成的利益减损或丧失的程度。

《保障措施协定》第8条与DSU第22条、第23条到底何者优先的结论决定未经授权的反制措施是否具有合法性和正当性。就GATT 1994第21条与DSU第22条、第23条的关系而言,《保障措施协定》第8条具有优先性。DSU适用于所有的WTO涵盖协定所涉争端,相当于WTO中的一般法。而《保障措施协定》只适用于保障措施领域,应属于WTO法律体系中的特别法,根据特别法优于一般法的原则,《保障措施协定》第8条在适用上具有优先性。当《保障措施协定》第8条第2款的规定与DSU第22条、第23条发生冲突时,《保障措施协定》第8条第2款应优先适用。故而,即使反制措施违反DSU第23条的授权规定,但符合《保障措施协定》第8条第2款的规定时,也会因为《保障措施协定》第8条优先于DSU第22条、第23条进行适用,反制措施在WTO法律体系项下亦具有合法性和正当性。

总之,《保障措施协定》第8条与DSU第22条、第23条两者虽然均规定的

---

① DSU第22条第1款规定:"补偿和中止减让或其他义务属于在建议和裁决未在合理期限内执行时可获得的临时措施。"第2款规定:"如有关成员未能使被认定与一适用协定不一致的措施符合该协定,或未能按照第21条第3款确定的合理期限内符合建议和裁决,则该成员如收到请求应在不迟于合理期限期满前,与援引争端解决程序的任何一方进行谈判,以期形成双方均可接受的补偿。如在合理期限结束期满之日起20天内未能议定令人满意的补偿,则援引争端解决程序的任何一方可向DSB请求授权中止对有关成员实施适用协定项下的减让或其他义务。"第4款规定:"DSB授权的中止减让或其他义务的程度应等于利益丧失或减损的程度。"第6款规定:"如发生第2款所述情况,则应请求,DSB应在合理期限结束后30天内,给予中止减让或其他义务的授权,除非DSB经协商一致决定拒绝该请求。"第23条第2款(c)项规定:"遵循第22条所列程序,确定中止减让或其他义务的程度,并针对有关成员未能在该合理期限内执行建议和裁决的情况,在中止适用协定项下的减让或其他义务之前,依照这些程序获得DSB的授权。"

是中止减让,但两者的性质、目的、适用的前提情况均并不相同。《保障措施协定》第 8 条第 2 和 3 款提供了一种部分偏离 DSU 第 21 条第 3 款的程序安排,并允许无需 DSB 事先授权就可立即中止关税减让。① 因而,针对保障措施的反制不应适用 DSU 第 22 条、第 23 条的规定,无需 DSB 事先授权,只需符合《保障措施协定》第 8 条第 2 款的规定即应具有其合法性和正当性。

二、反制国实施中止减让权合法

(一)反制国享有中止减让权的具体要求

反制措施采取方主要是依据《保障措施协定》的中止减让规则采取反制措施。根据《保障措施协定》第 8 条的规定,反制国欲享受中止减让的权利,有赖于保障措施实施方和拟实施反制措施的成员方履行相应的义务。只有在实施保障措施的成员未依规履行磋商义务,拟实施反制措施的成员已履行通知义务的基础上,拟实施反制措施的成员才能享有合法的中止减让权利。

1. 实施保障措施的成员未依规履行磋商义务

(1)保障措施的实施方未向保障措施对实质利益有影响的特定产品出口国的当事方提供事先磋商的充分机会。

(2)提议实施保障措施的成员方未提供如下信息以便有关产品的出口方审议:措施所针对的特定进口产品、进口剧增严重损害或威胁进口国国内相关产业的证据、拟采取的具体保障措施、拟实施保障措施的时间及措施持续的期限、措施采取国逐渐放宽限制的计划表。

(3)保障措施采取方未与因此措施受到损害的出口方就补偿问题交换意见和达成协议。

2. 反制国履行通知义务

反制国履行通知义务应满足的期间要求,即双方未能在 30 天内就此措施相关问题达成解决协议,受保障措施影响的成员方在不迟于该保障措施实施后 90 天,若拟采取反制措施,则应家履行通知义务,且应当书面通知货物贸易理事会其中止减让事宜。

---

① 余敏友.论世界贸易组织争端解决机制的强制执法措施[J].暨南学报(哲学社会科学版),2008,30(1):6-12.

3. 货物贸易理事会的认可

在 WTO 货物贸易理事会收到受保障措施影响的成员方的对保障措施实施国中止关税减让的书面通知之日起 30 天期满后，货物贸易理事会不表示反对的情况下，反制国才能行使中止减让的权利。货物贸易理事会的认可亦是拟采取反制措施的国家享有合法实施中止减让的权利的关键因素。

4. 中止减让权的实施限制

即使拟采取反制措施的成员方已满足上述条件，享有合法实施中止减让的权利，其中止减让权的实施也应受到限制。若保障措施实施方符合 WTO《保障措施协定》的规定，是基于特定进口的绝对增长而采取该保障措施，则拟采取反制措施的成员方不得在保障措施有效的前 3 年内行使中止减让权利。

（二）美国基于国家安全的钢铝贸易限制措施反制方符合中止减让权实施的要求

1. 美国未依规履行磋商义务

（1）美国未向受其基于国家安全的钢铝贸易限制措施影响的钢铝产品出口国的当事方提供事先磋商的充分机会。

美国实施基于国家安全的钢铝贸易限制措施之前，未就钢铝产品进口的"232 调查"举行听证会，也未主动就拟实施的钢铝贸易限制措施向钢铝产品的相关出口方以及实质利益受到该贸易限制措施影响的钢铝产品出口国的当事方提供事先磋商的充分机会。

（2）美国未依规定提供所需资料供特定产品的出口方审议。

美国实施基于国家安全的钢铝贸易限制措施之前，未举行听证会向将会受基于国家安全的钢铝贸易限制措施影响的外国及外国公司等提供钢铝产品的"232 调查"报告中措施所针对的钢铝进口产品、钢铝进口剧增严重损害或威胁进口国国内相关产业的证据、拟采取的具体措施、拟实施措施的时间及措施持续的期限、措施采取国逐渐放宽限制的计划表等信息供审议。

（3）美国未与他国受基于国家安全的钢铝贸易限制措施损害的出口方就补偿问题交换意见和达成协议。

美国实施基于国家安全的钢铝贸易限制措施之前，未举行听证会，以给予受基于国家安全的钢铝贸易限制措施影响的外国及外国公司就该钢铝贸易限制措施交换意见的机会。美国也从未曾打算对因该铝贸易限制措施而遭受损失的国家提供任何补偿,美国更无达成以保持权利义务平衡为目标的补偿协议的意图。美国实施基于国家安全的钢铝贸易限制措施后,受该贸易限制措施制裁的中国、欧盟等多方均寻求与美国进行磋商,其中中国、欧盟等通过 WTO 争端解决机构请求与美国就基于国家安全的钢铝贸易限制措施争端的补偿及解决事项进行磋商,但美国消极磋商。因此,美国未就美国基于国家安全的钢铝贸易限制措施对贸易的不利影响与受到该损害的出口方议定任何适当的贸易补偿方式,双方未达成任何补偿协议。

2. 反制方已履行通知义务

基于国家安全的钢铝贸易限制措施争端双方一直未能达成任何补偿协议和解决争议的协议,满足未能在 30 天内就补偿问题交换意见和达成协议的条件。而且受基于国家安全的钢铝贸易限制措施影响的出口成员均在不迟于该保障措施实施后 90 天内履行了对拟采取反制措施的通知义务,欧盟、中国等拟采取反制措施的成员均书面通知货物贸易理事会其对美国的相关中止减让事宜。

3. 货物贸易理事会的认可

货物贸易理事会在收到欧盟、中国等拟采取反制措施成员的对美国中止减让的书面通知之日起 30 天期满后,货物贸易理事会未表示反对。WTO 货物贸易理事会未反对美国基于国家安全的钢铝贸易限制措施受害国实施反制措施,即可视为 WTO 货物贸易理事会同意美国基于国家安全的钢铝贸易限制措施受害国采取反制措施。在此种情况下,欧盟、中国等拟采取反制措施成员享有行使中止减让的权利,即欧盟、中国的反制措施具有合法性。

4. 反制方无需受中止减让权实施上的限制

美国在"232 调查"中认为钢铝进口美国的增加既包括绝对增长,也包括相对增长,两者共同导致美国国内钢铝产业的萧条。那么,是否中国、欧盟等反制措施采取方不得在美国基于国家安全的钢铝贸易限制措施有效的前 3 年内实施反制措施呢?前述已充分论证了美国基于国家安全的钢铝贸易限制措施实质为保障措施,但美国实施的基于国家安全的钢铝贸易限制措施却并不符合 WTO《保障措施协定》的具体条款的规定和实施基准,因而,美国实施的基于国家安全的钢铝贸易限制措施为不符合《保障措施协定》的措施,应视为无效的保障措施。而WTO《保障措施协定》第8条第3款规定的是中止减让的权利不得在保障措施有效的前3年内行使,即只有有效的保障措施方可限制反制措施采取方在保障措施实施的前3年不得采取中止减让等反制措施,而当保障措施无效时,反制措施采取方则不受此限制。由于专家组和上诉机构一直以来对保障措施均遵循从严适用的精神,故迄今为止所有经过DSB审查的保障措施最终都被认定为违法。以此推测,美国基于国家安全的钢铝贸易限制措施被专家组和上诉机构认定为违法的可能性较大。因此,当美国实施的基于国家安全的钢铝贸易限制措施为无效的保障措施时,中国、欧盟等反制措施采取方可直接采取反制措施,不受在美国基于国家安全的钢铝贸易限制措施实施的前3年不得采取中止减让等反制措施的限制。

基于上述分析可知,反制措施符合WTO《保障措施协定》中止减让规则所设定的实施中止减让权利的条件,美国基于国家安全的钢铝贸易限制措施的反制方实施的反制措施具有其正当性和合法性。

第四节 反制合法性证成的WTO外部国际法规则

一、反制的WTO外法律依据之争议及解决

为充分证成反制的合法性和正当性,我们不仅需要在WTO法律体系内寻求反制的合法性依据,还需要从WTO外部国际法中探寻反制的合法性依据。WTO争端解决机构是否可采用WTO外法律来证成反制措施的合法性和正当性在学界尚存争议。

(一)反制的WTO外法律依据之争议

在反制的法律依据的范围上,存在两种相异的观点:一种观点认为判断反制的合法性的唯一法律依据是WTO法规则;另一种观点认为WTO法之外的国际公法的原则和其他相关国际条约规则也是反制的法律依据。

持第一种观点("自足说")的学者认为WTO法规则也是国际贸易的特殊

规则,属于"特别法"(lex specialis),WTO法之外的国际公法原则和国家责任法规则属于"一般法"。根据"特别法优于一般法"的原则,在"特别法"与"一般法"之间存在冲突的情况下,WTO法规则作为"特别法"应优先适用。

而且,WTO法作为一个体系严密的条约群,是一个自足的法律体系(self-contained system),WTO法作为自足的体系,不可用WTO法之外的国际法规则代替WTO法律体系的特定条约规则,除非条约明确排除。

自足的制度是一系列特殊法的集合①,是由一套针对特定领域的行为规则、程序规则和地位条款所建立的一个法律闭环。② 依据"特别法优于一般法"的原则,如果有两套规则调整同一事项,那么规定更明确、更具体的规则优先适用。自足的制度自然也对其所调整的事项优先于一般国际法而适用。非WTO国际法只有在争端解决机构解释和澄清WTO涵盖协定条款的具体含义时才有可能得到适用。WTO争端解决机构只适用WTO涵盖协定。一般实体国际法或其他习惯性国际法均不得适用。③ 因此,应依据WTO法规则判断反制的合法性。国际公法及其一般原则不能成为判断反制的合法性的法律依据。④

持第二种观点("并入说")的学者认为WTO法并非绝对自治的体系,当WTO法内部缺乏对其某条款的解释依据时,应依据WTO外部国际法对WTO规则予以解释。《维也纳条约法公约》第31条3款(c)项明确指出,国家间有效的国际法规则可成为条约解释的依据,即可以采用其他国际法规则对WTO法规则进行解释。⑤

在WTO体系外,一般法律原则与国际习惯法对全体国际法主体均具有约束力。在有规则明确规定的前提下就要使用规则而不能优先适用原则。但是原则可以弥补规则的空白,填补规则的漏洞,当WTO法存在"制度缺失"

---

① SIMMA B, PULKOWSKI D. Of Planets and the universe: Self-contained regimes in international law [J]. European Journal of International Law, 2006, 17(3): 483-529.
② Green R. B. L. C. Yearbook of the international Law commission 1956[J]. Modern Law Review, 1958, 21(3): 338-339.
③ 贺小勇,等. WTO法专题研究: The law of the world trade organization[M]. 北京:北京大学出版社,2010: 54.
④ 廖诗评. 中美贸易摩擦背景下中国贸易反制措施的国际法依据[J]. 经贸法律评论,2019(1): 55-61.
⑤ 范笑迎. WTO法解释援引外部国际法的理论与实践批判[J]. 安徽大学学报(哲学社会科学版),2018,42(2): 138-146.

第五章 美国基于国家安全的钢铝贸易限制措施合法性争议之延伸：反制措施及其合法性

(system deficiency)或"制度失灵"(regime failure)的规则漏洞的情况下，WTO法之外的国际公法的原则和其他相关国际条约规则也是可以适用的。

杨国华教授认为，在特定情况下，"一般法"可以替代"特别法"。在WTO法这一"特别法"出现"制度缺失"的法律漏洞时，国际公法中的普遍性规则等"一般法"成为解释"特别法"和弥补"制度缺失"的工具和依据。若WTO法这一"特别法"出现WTO规则无法解决现实问题的"制度失灵"状况时，国际公法中的普遍性规则等"一般法"可成为解决现实问题的法律依据。"'一般法'的调整范围较特别法宽泛，故当某现实问题依据'特别法'无法妥善解决的情况下，应采用'一般法'调整。"①"由于WTO争端解决机制处理争端的程序冗长与繁琐，因此WTO争端解决机构无法及时阻止不法侵害的继续和损害的持续扩大，肇致受害国对依靠WTO争端解决机构公正与及时的保障自身合法利益已不抱希望。此种状况可视为制度失灵，受害国因此有权求助于一般国际法的机构和机制。"②

反制可以首先依据"特别法"，即WTO法规则判断反制的合法性，但当WTO法规则存在"制度缺失"或制度失灵的情况时，WTO法之外的国际公法的原则和其他相关国际条约规则也是反制的法律依据。现行WTO争端解决机制程序烦琐，耗时冗长，且其裁决无溯及力，因此，现行WTO争端解决机制无法及时有效地保障受损成员方的合法利益，难以对成员方国家基本利益所面临的迫在眉睫的损害提供及时有效的救济。在WTO法这一"特别法"出现"制度缺失"和"制度失灵"的情况下，成员方应当有权利援用国际公法中的普适性规则来弥补WTO法律制度的缺失与失灵，即WTO成员方可以援引WTO法之外的国际公法的原则和其他相关国际条约规则作为反制的法律依据。③

本人认为WTO法规则和WTO法之外的国际法规则均可作为反制的法律依据。WTO法规则主要为赋予WTO成员方以反制的权利，从初级规则层面上证成反制的合法性；国际公法规则主要为排除反制的非法性规则，从次级

---

① 2006年联合国国际法委员会报告《国际法不成体系问题：国际法多样化和扩展引起的困难》附录第15段。
② 2006年联合国国际法委员会报告《国际法不成体系问题：国际法多样化和扩展引起的困难》第187段。另见该报告附录第16段。
③ 杨国华.中美贸易战中的国际法[J].武大国际法研究，2018，2(3)：120-141.

规则层面上证成反制的合法性。当 WTO 争端解决机构不支持依据 GATT 1994 第 21 条赋予反制措施采取方以基于国家根本安全应享有的反制权利时，反制措施采取方可以援用国际公法的相应规则证明其采取反制措施的正当性。由于 WTO 所设计的 DSU 次级规则存在"制度失灵"的巨大缺陷，所以，当此存在瑕疵的 WTO 特别法的适用会造成当事国间巨大的不均衡和不公正时，应采用其上位的一般性且普适的国际公法原则和规则来解决此争端。如若 WTO 争端解决机构由于上诉机构遴选的问题而造成中美争端久拖不决，及早从国际公法规则的维度证成反制的合法性和正当性，尽早救济反制措施方的合法权益，亦可避免损失的扩大。故而，反制措施采取方既可以从 WTO 法规则维度，也可以从 WTO 法之外的国际法规则维度，论证反制的合法性和正当性。

（二）WTO 法之外的国际法规则可作为反制法律依据的理据

1. WTO 法是国际法的组成部分

WTO 法律体系本身就是国际法的一部分，并非绝对闭合的法律体系。认为 WTO 法律体系为纯封闭的自决性体系的观点是令人质疑的，此观点缺乏具有说服力的法理依据的支撑，也未演化成具有广泛约束力和法律确信的国际习惯。

WTO 规则为系列条约规则，条约构成国际法的主体，因此，WTO 法是国际法的组成部分。[①] 条约必守原则系国际法的基本原则，国家必须自觉信守其所签订的条约，善意履行条约义务。故而，WTO 规则的解释与适用必须遵从国际法的普遍原则和规则。所以，在 WTO 争端解决实践中，若专家组和上诉机构仅依据涵盖协定的规则无法妥善解决争端，无法准确判断反制的合法性和正当性时，或采用涵盖协定判断反制的结果与国际社会的实际诉求完全背离时，则其可以将判断反制的合法性和正当性的法律依据扩大至涵盖协定范围以外的非 WTO 国际法渊源。

虽然 WTO 法属于国际法中的特别法的范畴，但 WTO 法律体系并非绝对自洽的体系，并非完全游离于国际法的普遍性规则的统辖之外。此为 WTO 法所内含的规则，国际法的普遍性规则实质上是可以直接用于解释 WTO 规则的，此做法无需 WTO 法明示。WTO 法应遵循"法无明文禁止即可为"的规则，

---

① 鲍威林.国际公法规则之冲突：WTO 法与其他国际法规则如何联系.周忠海，等译.北京：法律出版社，2005：47.

只要 WTO 法未明示排除，WTO 外部国际法即可适用。而且，当 WTO 法部分规则存在"制度缺失"或制度失灵的情况下，WTO 法之外的国际公法的原则和其他相关国际条约规则也应是反制的法律依据。只要 WTO 法属于国际法的组成部分，WTO 法律制度就必须受国际法普遍原则与规则的统辖，WTO 法律制度的解释与适用均需在国际公法语境中进行。

从 WTO 争端解决实践观之，专家组与上诉机构在争端处理过程中的确援用了非 WTO 国际法渊源，这在 WTO 争端解决机构所裁决的诸多案例中均有印证。而且，持"自足说"理论的学者们也承认的这个事实。然而，持"自足说"理论的学者们认为 WTO 外国际法渊源仅限于 WTO 法律解释领域的观点则过于狭隘。在 WTO 争端解决实践中，WTO 外国际法不仅适用于解释 WTO 规则的模糊之处，也适用于明确争端双方实体权利义务。

2. WTO 法的非完全自足性

从自足的法律制度维度而言，自足的法律制度之所以得以存在就是因为它能更好地保护成员方的利益。自足的法律制度作为特别法比一般法更行之有效。此为自足的法律制度得以存在的必然逻辑。当这一前提得不到满足，自足的法律制度不能达至其本身追求的目的，即当 WTO 无法阻止贸易摩擦发生，WTO 中相应法律规则不能保障和及时救济 WTO 成员的核心权利和基本利益时，那么，权益受损的 WTO 成员方就可以寻求 WTO 法之外的相关国际法规则作为反制救济的依据。

并且，WTO 法制并非完全的自足，其法律体系也并非绝对的闭环。"没有条约能在一个规则的真空中运行，无论是其所涉事项多么特殊，或其成员多么有限，条约的生效、解释和适用还是要求诸大量的一般的、经常是不成文的国际习惯法原则。"[1] WTO 的上诉机构也强调，WTO 协议并非超然独立于国际公法的体系。[2] 所以在一定条件下，对于 WTO 法制所无法妥善调整的反制事

---

[1] SIMO R Y. The law of international responsibility: The case of the WTO as a "Lex Specialis" or the fallacy of a "self-contained" regime[J]. African Journal of International & Comparative Law, 2014, 22(2): 184-207.

[2] Appellate Body Report, *US — Standards for Reformulated and Conventional Gasoline*, WT/DS2/AB/R para. 17; cf also: Appellate Body Report, *US — Import Prohibition of Certain Shrimp and Shrimp Products*, WT/DS58/AB/R, paras. 154-157.

项,可以援用一般国际法。

其实,"当国家采纳特殊的规则来规制违反的后果,它们的目的不是排除国家责任的一般规则的适用,而是通过建立制度或退而求其次通过更精确的约定,加强普通的、无秩序的、有时不够用的一般法下的承诺,使其更可靠、更有效。"①因为反制措施采取方加入 WTO 时已经对所涉及的权利和义务做通盘的考虑,并将 WTO 法律制度视为"良法"(bien juridique)看待。所以只有在非常极端的情况下,WTO 法律制度无法对受害方提供及时救济时,才会诉诸 WTO 法律制度外的单边措施,即只有当不法行为极其严重以至于危及"良法"的时候,才能采取别的措施②,因为在这时,WTO 法律制度内的措施对于不法行为是不合比例的。

而且,不能轻易推断一个国家因为加入世界贸易组织就意图放弃其在一般国际法下所享有的采取合法单边措施的正当权利。③ 他们只是在特别的制度行之有效的限度内放弃一般国际法中的规则。④ 当美国凭借其国内法制公然违背 WTO 规则,违反其应承担的 WTO 义务,而 WTO 法律体系中不存在完善的法律规定来及时保障和救济受害国正当的合法利益时,即 WTO 法律制度失效时,便可以援用和依据其他相应国际法规则采用反制措施来保障和救济受害国利益。⑤

总而言之,美国基于国家安全的钢铝贸易限制措施等单边贸易措施在诸多方面违反 WTO 规则,虽然 WTO 法律规则被视为特别法,国际法规则为一般法。但当 WTO 法律规则本身存在缺陷或漏洞,WTO 某部分规则失灵,无法呼应现实的需求时,国际法作为 WTO 法的上位规则,国际法是 WTO 法建构和完善的依据和基础。当 WTO 法律规则在反制规则方面存在缺陷或漏洞时,应采用和遵循国际法中相应能反映成员国共同意志的规则,而非 WTO 的瑕疵规

---

① ARANGIO-RUIZ G. Fourth report on state responsibility[M]. Yearbook of the International Law Commission 1992:Vol.Ⅱ(1):42. Geneva:United Nations,1992:para.124.
② ARANGIO-RUIZ G. Fourth report on state responsibility[M]. Yearbook of the International Law Commission 1992:Vol.Ⅱ(1):41. Geneva:United Nations,1992:para.116.
③ ARANGIO-RUIZ G. Yearbook of the International Law Commission 1992:Vol.I:Summary records of the meetings of the forty-fourth session[M]. Geneva:United Nations,1992:77.
④ Simma B, Pulkowski D. Of planets and the universe:Self-contained regimes in international law[J]. European Journal of International Law,2006,17(3):483-529.
⑤ 李居迁.贸易报复的特殊与一般:中美贸易战中的反制措施[J].经贸法律评论,2019(1):7-16.

则,来审视反制的合法性,建构契合实践需要的反制法律规则。

二、WTO外部国际法对反制的界定

为实现在极特殊情况下对受害成员方合法利益的救济,在WTO规则出现"制度缺失"的情况下,则应从WTO外部法律中寻求反制的合法性依据。至于专家组和上诉机构可以援引或适用哪些不属于涵盖协定的非WTO国际法渊源,《世界贸易组织协定》第161条规定:"除本协定或多边贸易协定另有规定者,WTO应接受GATT 1947缔约方全体及GATT 1947框架内各机构所遵循的决定、程序及习惯做法的指导。"此处的"习惯做法"应为反映全体WTO成员方的共同意图和法律确信的"国际习惯"的国际法规则。反制措施为美国基于国家安全的钢铝贸易限制措施受害方的自助行为,国家自助行为主要由《国家责任法条款草案》调整。《国家责任法条款草案》的主要条款已被国际社会认可为能反映全体WTO成员方的共同意图和法律确信的国际习惯法规则。故而,下文主要从国家责任习惯法的维度探讨反制措施的合法性。

(一)反制特征的明晰

反制措施采取方针对美国单边贸易措施而采取的竞争反制措施。然而,反制并非国际法学规范的专业术语。[①] 所以,何为反制是必须首先明晰的问题。反制措施采取方针对美国单边贸易措施而采取的反制措施归根结底可归入国际法上的何种制度范畴呢?欲厘清此问题,必须先从反制措施的特征入手分析,方可对其有清晰准确的界定。

反制措施是国家的自助措施[②],审视反制措施采取方针对美国单边贸易保护措施而采取的竞争反制措施可知:

第一,反制措施属于遭受美国单边贸易保护措施制裁的成员对违法国美国所单独采取的措施,受害方以外的成员并未针对美国单边贸易保护措施而采取竞争反制措施。

---

① 有学者认为反制措施采取国针对美国单边贸易措施而采取的反制措施是报复,也有学者认为是自卫,另有学者认为是反制裁,还有学者认为是反报。
② 对国际法学上自助措施较为权威的理解是,"它表示一个国家为恢复其被侵犯的权利所采取的单独强制保障的措施体系"。参见克里缅科夫.国际法辞典[M].北京:商务印书馆,1996:55.

第二,反制措施主要针对美国采取,不针对第三方。反制措施主要是美国单边贸易保护措施的受害方针对美国而采取的对等措施,主要以美国为反制目标,并不侵犯其他第三方的权利。

第三,反制措施是单边贸易保护措施受害方对美国先前的单边贸易保护措施这一违反 WTO 协议的国际不法行为的反应。受害方采取反制措施的理由是国家的合法经济权利受到侵害。

第四,反制措施为非武力措施。各方针对美国单边贸易保护措施而采取的竞争反制措施多为提高美国出口产品的关税等经济类措施,无任何的成员方的反制涉及武力,是受美国制裁国家的单边救济措施。

第五,美国单边贸易保护措施受害方采取反制措施是为保障国家的合法经济权利,目的在于恢复受害方被美国单边贸易保护措施侵犯的权利。

第六,反制措施属于强制措施范畴,不依赖于反制措施针对国美国的同意。即使美国反对,也不影响反制措施的实施。

第七,反制措施是主要由受害方单方决定并单独执行的强制性措施,并非必须基于独立机构做出受害方权利正遭受非法侵犯的事实的认定结论。受害方虽然均将美国的单边贸易保护措施诉诸 WTO 争端解决机构,但鉴于 WTO 争端解决机构裁决争端的时限冗长,受害方为避免本国因美国单边贸易保护措施造成的损失扩大,必须及时采取紧急应对反制措施。由于实际迫切需要,反制措施建立在受害方对美国侵犯其权利的行为进行单方认定的基础之上并单方实施。

(二)反制的定性:基于反制措施的特征

基于反制措施的特征,将之同反报、自卫、制裁、报复、反措施等国家自助措施进行比对,进而确定反制措施的归属范畴。

1. 反制不属自卫

自卫是国家拥有的合法使用武力保卫本国政治独立与基本生存的权利,属于国家享有武力自助的基本权利。自卫是国家可在正在受到武力攻击及迫近的武力攻击威胁时采取的合法武力自助措施。

国家自卫既要受联合国安理会的管制,又要受国际法相应规则的限制。国家采取自卫措施时需及时向安理会报告,且不得妨碍安理会维持国际和平与安全的决定与行动。当安理会采取维持国际和平与安全的必要行动时,国家单方自卫应当停止。

反制与自卫本身均具有违法性，均在满足特定的条件下才能排除其非法性。反制与自卫均针对加害方先前的不法行为，但自卫所适用的范围较为狭窄，仅限于"武装攻击发生时"，而针对美国单边贸易保护措施的反制措施是和平时期的国家经济摩擦的非武力应对。反制与自卫都需受相称性原则的限制。然而，自卫多采用武力方式，而针对美国基于国家安全的钢铝贸易限制措施的反制措施不使用武力。自卫多为武力应对手段，而反制为非武力应对措施。自卫须受联合国安理会的管制，而针对美国单边贸易保护措施的反制措施不属于安理会的职权范围。所以，针对美国单边贸易保护措施的反制措施非严格意义上的自卫。

2. 反制不属制裁

法律意义上的"制裁"指"对违反法律、规则或其他规范的行为所施加的惩罚或其他强制执行手段。"①国际法上的制裁是指一个国家集团或一个国际组织经授权而对另一国采取的行动。②

二战前，制裁多为西方大国推行霸权主义和强权政治的工具。二战后，制裁被联合国视为维护国际和平与安全的重要途径之一。狭义上的制裁仅指联合国主导下的集体制裁，涵括由联合国安理会实施的制裁和经联合国授权由其他国际组织所采取的集体制裁。由联合国安理会依《联合国宪章》采取或经其依法授权的制裁为现行国际法认可的合法制裁，制裁可以使用武力，制裁具有惩罚性。针对美国单边贸易保护措施的反制措施的启动和实施并无国际组织的授权，且不采用武力。实施反制措施的目的是迫使美国停止其对他国非法的单边贸易措施，惩罚性特征不明显。此为两者的不同之处。所以，反制不属于现代国际法意义上的狭义制裁。

3. 反制不属反报

反报(retorsion)是一国针对另一国的不公平、不友好、不礼貌的行为以同等或类似的合法行为做出的反击。不礼貌、不公平的行为可以是经济措施，例如贸易歧视，对外国采取的措施，例如旅行或居住限制、政府控制的情报部门的

---

① BLACK H C. Blacks law dictionary[M]. St Paul, Minn: West Pub. Co., 1979: 1341.
② 贺其治.国家责任法及案例浅析[M].北京：法律出版社,2003: 306.

敌对宣传等。反报通常是合法行为,其目的是对违法或不友善的国家施加损害,例如:断绝对该国之经济援助,除条约另有规定者外,国家并无任何义务对他国进行经济援助;又如拒绝特定国家船舶进入其港口,在无条约义务下,对他国采取贸易禁运、拒发签证给该国国民、减少对特定货物之进口等等。

反报本身的性质为不友好但并不违反其国际义务。而针对美国 301、美国基于国家安全的钢铝贸易限制措施的反制措施本身是受害方违反其在 WTO 中的国家关税义务的不法行为,但依据国际法的规则,在满足相应的条件情况下能排除其违法性,免除反制措施实施方的违法责任。所以,反制措施不属于反报范畴。

4. 反制属于国际法上的反措施范畴

联合国国际法委员会在其一读与二读通过的《国家对国际不法行为的责任条款草案》(简称《国家责任条款草案》)中将反措施定义为一国因另一国的某项国际不法行为所引起的、对抗该另一国的、不符合该国对另一国所负义务的国际法上合法的措施。[①] 而该措施合法的前提在于其符合该草案中关于反措施的限制性规定,包括使用的目的及限制、相称原则等。反措施针对的在先行为是国际不法行为[②],行为本身是违法的,然而其行为的性质因符合反措施的构成而排除行为不法性[③],不采取武力手段[④],不具有惩罚性。[⑤]

根据对《国家责任法》中反措施条款的理解可知,反措施涵括如下内容:(1)国家权利受到他国不法侵害是启动反措施的前提。此种侵害必须为国家不法行为所导致。(2)反措施必须是受害国针对违法国单独实施的措施,其他国家未给予支持或帮助。(3)反措施是无需措施针对国同意的强制措施,即使措施针对国反对也不能阻止反措施的实施。(4)国家权利受侵犯的事实仅由受害国自行确定即可,无需由受害国以外的任何独立机构判定。(5)反措施的主要

---

① 贺其治.国家责任法及案例浅析[M].北京:法律出版社,2003:305.
② 二读条款第 49 条第 1 款:"一受害国只在为促使一国际不法行为的责任国依第二部分履行其义务时,才可对该国采取反措施。"
③ 二读条款第 22 条:"一国不遵守其对另一国国际义务的行为,在并且只在该行为构成按照第三部分第二章针对该另一国采取的一项反措施的情况下,其不法性才可解除。"
④ 二读条款第 50 条第 1 款(a)项:"反措施不得影响下列义务:(a)《宪章》中规定的不得实行武力威胁或使用武力的义务。"
⑤ ILC Report,A/56/10,2001,chp Ⅳ,(2009):331.

目的是为恢复受害国被侵犯的权利,不能用于违反国际法的目的,否则构成国际不法行为。①

将反制措施与国际法学上反措施进行对比可知,反制措施采取国针对美国单边贸易措施的反制措施与国际法上的反措施在内涵和外延上完全契合,反制措施的内涵与特征完全契合国家单独强制执行的反措施的内涵与特征。故而,反制措施是国家单独强制执行的反措施,是国家在其权利受到侵犯时为恢复其被侵犯的权利而单方面决定并单独采取执行的强制性措施。故而,反制属于反措施的范畴,反制属于反措施的一种类型,应采用国际习惯法中的反措施规则来判断反制的合法性。

三、反制符合国际习惯法中的反措施规则

《国家责任条款草案》对国际习惯法中的反措施做法进行了编撰,并使之成文化。《国家责任条款草案》第2章从第49条到第54条对反措施规则进行了详细的规定。《国家责任条款草案》第49条、第50条、第51条、第52条、第53条为判断反制措施采取国反制措施是否合法的依据。反制措施采取国在贸易摩擦中对美国的反制措施完全符合《国家责任条款草案》中的反措施规则。

(一)反制符合对反措施的目的和限制的要求

反制措施采取国在贸易摩擦中对美国的反制措施完全符合《国家责任条款草案》中的对反措施的目的和限制的规定。《国家责任条款草案》第49条对反措施的目的和限制进行了规定,受害国采取反措施的目的是促使不法责任国履行其应尽的义务。受害国采取反措施可暂停对责任国履行其原应承担的国际义务。受害国应尽量采取能恢复义务履行的措施。美国依据其国内法的《1962年贸易扩展法》的"232条款"对钢铝出口国采取基于国家安全的钢铝贸易限制措施,美国违反其在WTO中的关税减让义务和承诺,歧视性地对WTO部分成员中止关税减让。反制措施采取国针对美国的反制措施源于美国存在在先的国际不法行为,即美国违反其在WTO项下对部分成员的关税减让和其他优惠的承诺和义务,反制措施采取国作为受害国为保护本国合法利益而不得不对

---

① 温树斌.论国际法强制执行的法理基础[J].法律科学(西北政法大学学报),2010(3):80-86.

美国采取反制措施,反制措施采取国采取反制措施的目的只在为促使美国继续履行其在WTO中对部分成员关税减让义务和承诺,且仅对责任国美国采取措施,暂不履行对美国在WTO项下的关税减让义务。且反制措施采取国的此种暂时中止关税减让的反制措施可随美国违法行为的终止而随时终止,能尽快恢复履行反制措施采取国在WTO项下的有关关税减让义务。

(二)反制不影响反制措施采取国应尽的其他国际义务

反制措施采取国对美国的反制措施并不影响其应尽的其他国际义务。在贸易摩擦中,反制措施采取国应当恪守《联合国宪章》中所设定的国家应承担的义务,且遵守国际法强制性规范所设定的国家应承担的一般义务,如履行保护基本人权的义务,不得使用武力或采用武力相威胁的义务,尊重且不可侵犯美国在反制措施采取国的外交使领事人员、使领馆馆舍、档案和文件的安全。并且反制措施采取国将其与美国之间的贸易争端提交给可适用的现行解决争端程序,即WTO争端解决机构处理,继续履行和平解决争端的义务。故而,反制措施采取国的反制是完全符合《国家责任条款草案》第50条的规定的。①

(三)反制符合相称性要求

反制措施采取国在贸易摩擦中对美国的反制措施完全符合《国家责任条款草案》中的相称性的规定。《国家责任条款草案》第51条对措施的相称性要求进行了规定,要求措施实施国应权衡国际不法行为的严重程度与相关权利的侵害程度,必须保证措施所保障的利益能恰好弥补本国所遭受的损害,即措施与损害相称。美国对反制措施采取国出口到美国的2 000亿美元商品征收10%～25%的关税,而反制措施采取国仅对美国出口到反制措施采取国的600亿美元商品加征10%～25%的关税,反制措施采取国的反制措施无论是在数量上还是质量上都远不及美国对反制措施采取国国家利益的损害,因此反制措施采取国的反制措施完全未超越相称性的最远边界,完全符

---

① 《国家责任条款草案》第50条的规定:不受反措施影响的义务 1.反措施不得影响下列义务:(a)《联合国宪章》中规定的不得实行武力威胁或使用武力的义务;(b)保护基本人权的义务;(c)禁止报复的人道主义性质的义务;(d)依一般国际法强制性规范承担的其他义务。2.采取反措施的国家仍应履行其下列义务:(a)实行它与责任国之间任何可适用的现行解决争端程序;(b)尊重外交或领事人员、馆舍、档案和文件之不可侵犯性。

合相称性规则。

(四) 反制符合采取反措施的条件的要求

反制措施采取国在贸易摩擦中对美国的反制措施完全符合《国家责任条款草案》第52条中的采取反措施的条件的规定。① 反制措施采取国对美国采取反制措施之前均在官方网站和媒体上发布了通知,通知美国如美国不停止其的违法行为,反制措施采取国将采取反制措施。反制措施采取国也曾多次就此争端与美国谈判和协商,但美国毫无通过谈判解决争端的诚意。虽然反制措施采取国已将其与美国的争端提交原则上有权做出对争端双方具有约束力之决定的 WTO 争端解决机构。但由于美国阻挠上诉机构成员的遴选,WTO 争端解决上诉机构实际上已经瘫痪,无法做出对当事国具有约束力的裁决。且美国历来借助 WTO 争端解决机制冗长的争端处理过程来实现其本国的单边贸易保护意图,并不秉诚履行解决争端程序。因而,即使反制措施采取国已将其与美国的争端提交 WTO 争端解决机构,在美国不秉诚履行解决争端程序的情形下,反制措施采取国仍可依据《国家责任条款草案》第52条第4款的规定继续对美国实施反制措施。

(五) 反制符合终止反措施的要求

反制措施采取国对美国采取反制措施的目的,只在为促使美国继续履行其在 WTO 中对反制措施采取国的关税减让义务和承诺,仅是暂不履行对美国在 WTO 项下的关税减让义务。如果美国已经恢复履行其在 WTO 中的对反制措施采取国关税减让义务和承诺,则反制措施采取国反制的目的已经达到,不再存在继续反制的必要,因此反制措施采取国的此种暂时中止关税减让的反制措施必然也会终止,并尽快恢复履行其在 WTO 项下的有关关税减让义务。因而,反制措施采取国在贸易摩擦中对美国的反制措施完全符合《国家责任条款草案》第52条的终止反措施的规定,即当责任国已恢复

---

① 《国家责任条款草案》第52条与采取反措施有关的条件:1.一受害国在采取反措施以前应:(a)根据第43条要求责任国按照第二部分的规定履行其义务;(b)将采取反措施的任何决定通知责任国并提议与该国进行谈判。2.虽有第1款(b)项的规定,受害国可采必要的紧急反措施以维护其权利。3.在下列情况下不得采取反措施,如已采取,务必停止,不得无理拖延:(a)国际不法行为已经停止,并且(b)已将争端提交有权作出对当事国具有约束力之决定的法院或法庭。4.若责任国不秉诚履行解决争端程序,第3款即不适用。

履行因其国际不法行为所暂时中止的义务,反制措施采取国应尽快终止反措施。

综合上述分析可知,反制措施采取国在贸易摩擦中对美国的反制措施完全符合《国家责任条款草案》中的反措施的各项条款的规定。因而,反制措施采取国对美国采取的反制措施符合国际法的规定,具有合法性和正当性。

第五节 反制合法性的边界

一、反制前提的限制

(一) 必须存在在先的加害国违反 WTO 义务的行为

加害国存在在先的违反 WTO 义务的行为可免除受害国反制措施的不法性的看法已获得国际立法与司法实践的支持。荷兰国际法学者马斯·诺特曼认为:"自助措施合法的先决条件为加害国先前违反国际义务行为的存在,此为普遍接受的观念。"[1]国际法委员会 2001 年《国家责任条款草案》也采纳了受害国自助措施必须以加害国存在先前的国际不法行为作为受害国采取的反制措施具有合法性的前提条件,受害国采取自助措施的目的必须是促使责任国停止其国际不法行为,并继续履行其应承担的国际义务。加害国不履行其对受害国应承担的国际义务的前提下,受害国采取的措施的不法性才可解除。[2] 国际司法实践也采纳了受害国自助措施必须以加害国存在先前的国际不法行为作为措施合法的先决条件的观点。仲裁庭在 1928 年葡萄牙与德国间的瑙里拉仲裁案(the Naulilaa case)中指出:"违反万国法(Law of Nations)的先前行为是报复权的首要条件与绝对必要条件"。[3]

联合国国际法院在 1997 年斯洛伐克与匈牙利之间的加布奇科沃-大毛罗斯项目案(the Gabčíkovo-Nagymaros Project case)中强调:"受害国的措施必须

---

[1] KIRGIS F L. Enforcing International Law[J]. American Society for International Law,1996(4):52.
[2] 《国家责任条款草案》第 22 条、第 49 条。
[3] UNITED NATIONS. Reports of international arbitral awards: Vol. Ⅱ [M]. Geneva: United Nations,1949:125.

是针对加害国先前所实施的国际不法行为的应对措施。"①

在贸易摩擦中,美国先前的违反国际法行为是受害国针对美国单边贸易保护措施采取反制措施反制的前提条件,反制措施采取国的反制是对针对美国单边贸易保护措施这一国际不法行为的反应。美国违反国际义务的行为会引起国际责任,此国际义务是以 WTO 协议为依据,因此,反制措施采取国反制的本质在于迫使美国停止美国单边贸易保护并继续履行其在 WTO 项下的关税减让义务,承担其相应的国家责任,以维护美国单边贸易措施致损的受害国即反制措施采取国的合法权利。从此维度而言,原本违法的反制措施获得其合法性。

国际经贸领域的反制亦属于国家自助的范畴,因而,国家自助应具备的前提要求,反制也应具备。故而,受害国反制也应基于违法国先前的国际不法行为,违法国先前的国际不法行为是受害国启动反制的前提条件和先决条件。

(二) 必须是极其严重且紧急的情况下才能采取反制

并非只要存在在先的加害成员国违反 WTO 义务的行为,受害成员国都可以采取反制。只有在加害成员国违反 WTO 义务的行为造成极其严重的后果,对受害成员国国家利益造成严重侵害并导致巨大损害,且情况紧急,除反制之外,不存在任何能够即刻且有效减少受害国损失的其他可选择途径的情况下,才能采取反制。

为防止反制规则的滥用,并为保证世界自由贸易体制的稳健性,反制必须设定在极其特殊的情况下方能采用,即反制必须是在"极其严重且紧急的情况"下才能采取。"极其严重"应指由于加害国的违反 WTO 义务的行为对受害国国家经济造成毁灭性打击,造成受害国国家重大利益的损失,严重危害受害国的基本经济安全。"极其严重"应从受害国损害的角度进行客观评估,而非加害国的主观判断。如在贸易摩擦中,美国对反制措施采取国的 2 000 亿美元的商品征收 25% 的关税的措施会对反制措施采取国对美贸易造成毁灭性打击,造成反制措施采取国国家重大利益的损失,严重危害反制措施采取国的基本经济安全。在此种特殊情况下反制措施采取国才可以对美国采取反制措施。"紧急

---

① Reports of International Court of Justice: *Hungary v Slovakia* — *case concerning the Gabcíkovo-Nagymaros Project*.

的情况"应指受害国必须尽快采取救济措施,否则将会遭受更大的国家利益的损失。而情况紧急,除反制之外,不存在任何能够即刻且有效减少受害国损失的其他可选择途径,此种紧急情况下才能采取反制。如在贸易摩擦中,由于WTO争端解决机构处理贸易争端的时间漫长,WTO争端解决的此种制度设计无法即刻和迅速解决贸易争端,反而会导致反制措施采取国损失的扩大。而且,WTO争端解决机构不溯及既往的制度设计,致使反制措施采取国在争端处理期间扩大的损失无法得到赔偿和补救,在此种"紧急的情况"下反制措施采取国才能采用反制。因此,反制必须设定在"极其严重且紧急的情况"下才能采取。

二、反制程度的限制

为防止反制措施出现滥用的情形,必须在建构反制规则时明确其适用的适当的条件和限制。反制措施的核心标准就是反制措施的相称性原则。反制措施在具体实施的过程中,应严格遵循相称性原则,以保障反制措施在合理的限度内实施和运行,防止反制措施的过度和滥用,进而对多边自由贸易体制造成大的冲击。

(一) 反制中的相称性原则

在古希腊哲学理论中早就蕴含利益均衡和程度相当的理念。随着社会思想的发展和演进,均衡理念逐渐渗透到法学与经济学的领域,演变为相称性原则。随着法制的发展,相称性原则逐渐从国内法领域延展到国际法领域,成为国际习惯法的重要内容之一。国家反制也必须恪守相称性原则及其限制性规则,否则会丧失其合法性。

相称性系指两事物在质量、程度或数量上成比例或相称。[①] 法律中的相称性要求检验法律的事实与具体的目标成比例,不能超过其所追求目标的必要限度。[②] 相称性原则的价值在于保障对抗权利之间的适洽的平衡,虽导致所追求的目标或价值受到限制,但其也使得相互冲突的目标或价值得以兼容。

法律维度的相称性原则有狭义相称性原则与广义相称性原则之分。广义

---

① 梅里亚姆-韦伯斯特公司韦氏词典[M].北京:世界图书出版公司,1996:944.
② 科尔森,理查兹.朗文法律词典:英文版[M].7版.北京:法律出版社,2007:248.

上的相称性原则包含适当性(suitability)、必要性(necessity)和狭义相称性三个子原则。受害国在实施反制措施时也必须遵循适当性、必要性和狭义相称性这三个原则。

1. 反制的适当性原则

适当性原则要求反制措施或方式必须有利于避免受害国因加害国不法行为导致的国家利益的损失及损失扩大的目的，能够有效维护受害国的合法国家利益，且反制措施或方式与避免损失扩大之间存在直接和必然的因果关系，即目的合理合法，其为质的考量。

国家经济反制的目标是敦促违约国继续履行其在经贸条约中应履行的诸如关税减让或其他经济给惠的条约义务，反制是受害国为保障本国的正当国家利益，恢复与加害国之间正常的经贸法律关系的途径。反制不是制裁措施而是一种国家自力救济方式。"若反措施能有效地促使责任国遵从义务，那么此反措施即为适当的。"[1]在贸易摩擦中，反制措施采取国反制的终极目的是敦促美国继续履行其WTO义务，履行其在WTO协议中的关税承诺，维护反制措施采取国正当的国家利益。

2. 反制的必要性原则

必要性原则又称为采取"较小限制性替代贸易措施"或通过"较小限制性替代检验"。[2]必要性原则要求在存有多种可供选择的措施能实现所欲追求的目的时，必须选择最能实现目标且造成最小损害的措施。[3]

具体而言，国家经济反制中的必要性原则要求国家采取反制措施必须是在其他敦促加害国履行其条约义务的方法均无效的情况下才能采用的最终选择，当存在其他能够更有效实现目标且造成更小损害的方法时，则国家不得采用反制措施。与此同时，必要性原则要求国家采用反制措施时必须综合考量加害国、受害国及第三国的利益，必须遵循诚信、合理和风险自负的原则。

---

[1] Appellate Body Report, *Brazil — Export Financing Programme for Aircraft*, WT/DS46/AB/R, paras. 344-345.

[2] CHANG S W. WTO for trade and development post-Doha[J]. Journal of International Economic Law, 2007, 10(3): 553-570.

[3] See *Yearbook of the ILC*, A/CN4/SERA/1996/Addl (Part 2), paras. 67-68.

3. 反制的狭义相称性原则

狭义相称性将受害国所遭受的国家利益损失的数量因素作为评价反措施相称性的首要和主要基准，以利益法学派的"利益称量"[①]理论为基础，指目标与措施之间必须成比例。其是质与量相结合的灵活的判断方式。

反制的狭义相称性原则将受害国所遭受的国家利益损失的数量因素作为评估反制措施相称性的客观的量的基准，将加害国的国际不法行为的严重程度与受害国国家权利的损害作为质的考量标准。

(二) 反制相称性的衡量基准

"如何确定相称性也不是一个能够精确决定的问题。"[②]由于贸易领域的损失较容易量化，相称性要求在反制措施中能够明确化和精细化。反制措施的量的相称性限制方面可以参照 WTO 法上的相称性衡量规则。

1. WTO 法上的相称性衡量标准：等同性与适当性

在 WTO 法律中的相称性标准主要有等同性与适当性两种，WTO《补贴与反补贴措施协议》(简称 SCM)中的反措施的相称性的标准是适当性。DSU 第 22 条第 2 款中止减让义务的要求的标准是等同性。措施相称性必须遵循"等同于受损或抵消的水平"与"适当的"的标准。这两个条款中的相称性要求在程度上是有差异的。

中止减让措施采取国必须履行 DSU 第 22 条第 2 款所设定的成员在中止减让时应承担的义务，中止减让措施采取国在进行中止减让时应当遵循 DSU 第 22 条第 4 款所设定的条件，即中止减让措施采取国中止减让或其他义务的程度应等于本国利益丧失或减损的程度。DSU 中相称性的判断标准是"等于利益丧失或减损的程度"。与之相似的是，GATT 1947 第 23 条第 2 款对"报复"中的中止减让水平设定了"适当"等同的标准。相比而言，DSU 第 22 条第 4 款比 GATT 1947 第 23 条第 2 款在所设定的中止减让水平的标准方面更严格。SCM 中的反措施的相称性的标准是适当性。对于 SCM 第 4 条第 10 款及第 4 条第 11 款，起诉方采取的反措施应当是"适当的"。其涵义是"即使是禁止性补

---

① 杨仁寿.法学方法论[M].2 版.北京：中国政法大学出版社，2013：175.
② ILC Report，A/56/10，2001，chp Ⅳ，(2009)：344.

贴下的反措施也并非允许可以不成比例"①,此否定性的表述揭示了此处的相称性标准较低。DSU 第 22 条第 4 款和 SCM 第 4 条第 11 款关于仲裁相称性的措辞不一样。前者是定量描述的,后者是定性描述的。前者规定的标准是"等于"丧失或减损的程度,而后者规定的标准是"适当的",即要求成比例,但无需完全等同。故而,"等同"是比"适当"更严格的标准。

仲裁员在欧共体香蕉进口、销售和分销体制案Ⅲ中援用了《国家责任法草案》第 49 条中的相称性规则,认为必须依据国际公法的反措施规则来衡量中止减让水平的相称性。② 仲裁员认为,与"适当"标准相比,"等同"标准要求受害国采取的反措施的水平与对方违反 WTO 义务的水平在内涵、价值、重要性、效果和功能上一致、相当与均衡。因此,"等同"标准比"适当"标准的要求更高,为更高程度的相称。③ 仲裁人在欧共体香蕉案件中指出,DSU 第 22 条第 7 款所设定的"等同性"的考量标准较"适当性"审查标准而言更为严格。④

在 WTO 争端解决实践中,"适当性"逐渐由数量的等同来进行衡量和认定。在巴西飞机案中以数量作为相称性的最终衡量标准得以确认。仲裁人认为:在处理被禁止的出口补贴过程中,中止减让水平同补贴总量在数量上相等,即可认定为适当的。⑤ 除此之外,在诸多 WTO 案例,例如在美国诉欧共体荷尔蒙案、加拿大诉欧共体荷尔蒙案、厄瓜多尔诉欧共体香蕉案、欧共体香蕉Ⅲ案中,均是以起诉方提出的中止减让或中止其他义务的年最高数量符合 DSU 第第 22 条第 4 款作为判断其符合相称性的依据。⑥

---

① TORRES R A. Free zones and the WTO agreement on subsidies and countervailing measures[J]. Global Trade and Customs Journal, 2007, 2(5): 217-223.
② See WTO, European Communities — Regime for the Importation, Sale and Distribution of Bananas — Recourse to Arbitration by the European Communities under Article 22.6 of the DSU, WT/DS27/ARB/1, Decision by the Arbitrators, 9 April 1999, supra, footnote 67, para.616.
③ WTO, European Communities — Regime for the Importation, Sale and Distribution of Bananas — Recourse to Arbitration by the European Communities under Article 22.6 of the DSU, WT/DS27/ARB/1, Decision by the Arbitrators, 9, April. 1999, supra, 6.16. paras. 4.1, 6.5.
④ Arbitrators Decision, Brazil — Export Financing Programme for Aircraft, WT/DS46/ARB, para. 65.
⑤ 同上, para.360.
⑥ SEBASTIAN T. World Trade Organization remedies and the assessment of proportionality: Equivalence and appropriateness[J]. Harvard International Law Journal, 2007, 48(2): 331-337.

2. 反制相称的量的衡量

WTO法律体系中中止减让的规则系参照国家责任法的规则所设置。在WTO争端解决实践中,相称性的具体实施基准由DSU协议和SCM协议所规定的仲裁人的仲裁实践所确立和发展完善。

DSU协议和SCM协议均允许仲裁人就相称性做出裁决。DSB主要通过仲裁人的仲裁实践对相称性的标准进行明晰,相称性标准主要通过GATT 1994时期的荷兰中止对美国的减让义务案、WTO时期的欧共体香蕉案、巴西飞机案、美国FSC案等案件的仲裁实践而逐渐明晰。

DSU协议中中止减让相称性的衡量标准为数量上的"等同性"。比较和衡量双方的数量水平系评估数量是否具有"等同性"的重要途径。在欧共体香蕉案件中,仲裁人在比较两种数量水平时,细致解释了"等同"的含义,认为"等同"意指"相当于""地位或功能相当""有相同的效果""内涵、价值与重要性相等""等价物或实质上的等同物"。中止减让相称性系指"中止减让的水平"与"丧失或减损的程度"的"等同"。①

衡量两种数量是否具有等同性,必须先衡量受害国的"丧失或减损的程度"。这是比对两种数量是否等同的前提条件。在确定"中止减让水平"与"丧失或减损的程度"相等同之前,必须先评估确定受害国的"丧失或减损的程度"。只有在结束此项评估之后,才能将"中止减让水平"与"丧失或减损的程度"进行数量比较。②

3. 反制相称的质的判断

受害国所受的损害后果常常是无法量化的,量的判断往往不能单独进行,必须与质的判断相结合。相称性标准极为重要,但相称性的确定则极为复杂。在考量受害国经济利益的损失时,也需要考虑违法国措施对受害国权利的影响。同时,需要考虑违法国措施这种国际不法行为的严重程度。在具体操作中,"国际不法行为的严重程度"与"受害国权利的损害"是密不可分的,因此,两者无法分离开来单独进行评估与考量。

---

① Arbitrators Decision, *European Communities — Regime for the Importation, Sale and Distribution of Bananas*, WT/DS27/ARB, para. 41.
② 同上,47-48.

考虑反制措施的相称性应采用定性与定量相结合的双重的衡量标准,考量反制措施的相称性不但需评估反制措施实施国国家利益所遭受的损害,还需权衡责任国的国际不法行为对他国合法权利和国家利益的侵害,并衡量责任国对国际法基本原则和国家义务的背离程度。衡量反制措施相称性的既要考量现存损害等定量因素,更需考量损害的严重程度及反制所护利益的重要性等定性因素。对反制措施相称性的衡量既应考量责任国违反义务的严重程度,又要考量受害国采取的反制措施的力度,即评估在先不法行为和反制措施各自对政治、经济、财政的影响。

反制措施是受害国的自助措施和自我救济方式。反制国有权单方判断责任国是否存在先前的国际不法行为及反制措施是否符合相称性标准。因而,受害国实施反制措施的权利为主观性权利。对相称性的判断主要基于主观分析,因此,对相称性的精准判断绝非易事,最多只能得到大体相称的判断结论。① 故而,为最大限度地实现相称性原则对反制措施的正向规制功能,必须将反制措施的临时性和可逆性等限制条件与反制措施的相称性规制手段相结合。

总而言之,反制应受相称性原则的限制,考虑反制措施的相称性应采用定量与定性相结合的"双重标准"衡量方法。等同性标准为反制相称性原则在数量上的比对基准,当"中止减让"的水平同受害国的"丧失或减损的程度"在数量上相等同时,可认定反制具有适当性,符合相称性原则要求。在考量受害国经济利益的损失时,也需要考虑违法国措施对受害国权利的影响以及违法国措施这种"国际不法行为的严重程度"

三、反制目的的限制

WTO 反制规则应包含规制反制措施的目标的规则,反制必须始终以合法动机为出发点。受害成员国即使因加害成员国违反 WTO 义务提高关税或中止减让造成正当国家利益受到侵害,受害成员国采取反制措施也必须出于合法的动机或者是为了实现合法的目的。② 具体来说,针对加害国违法措施的反制

---

① *Air Services Agreement of 27 March 1946 (United States v France)*, RIAA, Vol. XVIII, para. 416.
② ELAGAB O Y. The legality of non-forcible counter-measures in international law[M]. Oxford: Clarendon Press, 1988.

措施追求的合法目的应受限于以下几个方面：

（一）避免损害扩大

为维护 WTO 的稳定性，WTO 成员方实施反制措施的目的应被限制在抵消、消除、限制、减轻或避免加害国的背离 WTO 义务的行为对受害国的合法国家利益所导致的损害的范围之内。①

反制发挥为受害国提供紧急保护的功能，能达到紧急救助受害国的正当国家利益，避免受害国损失的扩大，同时迫使 WTO 违法成员国尽快停止持续性违反 WTO 义务的目的。对于违法国违反其应承担的 WTO 义务持续对他国加征关税等中止减让或其他义务的行为，受害国最先关注的是如何尽快停止正在发生的损害。从遵守条约的角度而言，受害国以"不履行契约的抗辩"为由暂时中止履行其对违法国所承担的 WTO 义务，可敦促违法国停止其背离 WTO 义务的行为，并继续履行其应承担的 WTO 义务。② 总之，受害国采取反制措施主要是通过给违法国造成相当程度损害的方式以实现迫使违法国停止其不履行其 WTO 义务行为的目的。

（二）促使争端解决

WTO 成员间关于 WTO 涵盖协议的所有争端应交由 WTO 争端解决机制予以解决。但当违法成员国并无诚意与受害国尽快解决争端，并借由争端解决机制恶意拖延争端的解决时，WTO 法应赋予受害成员方在紧急情况下采取反制措施的权利，以提供及时救济来减少受害国的损失。WTO 法若缺失紧急反制规则，仅强制性要求所有 WTO 成员间关于 WTO 涵盖协议的所有争端必须等待 WTO 争端解决机制予以解决，则会为违法国提供继续违反国际法的借口和通道③，会姑息与纵容违法成员国的违反 WTO 义务的行为，并导致受害国的损害长期得不到维护和救济。

当美国实施不具有国际法合法性的"301 措施"和美国基于国家安全的钢铝贸易限制措施导致多国国家利益受损时，如果受害国仅能被动等待 WTO 争

---

① Kirgis F L. Enforcing international law[J]. American Society for International Law, 1996, 1(1): 20.
② 《维也纳条约法公约》第 60 条。
③ 朱文奇. 现代国际法[M]. 北京：商务印书馆，2013：272.

端解决机构的裁决后再执行报复,并由于 WTO 不溯及既往的原则,那么受害国在争端解决期间受到的巨额扩大损失就将无法追回。这会导致美国更貌视 WTO 法的权威,任意违反和践踏 WTO 法和国际法,也会导致世界各国丧失对 WTO 的信心。因此,应当允许在紧急情况下的受害国采取反制措施以保障本国正当利益,WTO 争端解决机制应设立受害国在紧急情况下有权采取反制措施的具体法律制度,以迫使违法国尽早纠正其违反 WTO 义务的行为,从而使争端双方能尽快达成合理的争端解决办法,促使争端的尽快解决。

(三)非惩罚性目的

反制措施的目的应限定在恢复受害国与加害国之间的原有的权利义务均衡的正常的法律状态,并非为制裁加害国。反制应设定为是促使加害国停止其违反 WTO 承诺和义务的行为并履行对加害国所应承担的 WTO 义务的敦促手段。反制应是恢复与加害国之间被其违反 WTO 义务的行为所中断的原法律关系的途径,实现维护受害国正当权利的终极目的。总之,反制的目的应限定在敦促加害国改正其违反 WTO 义务的行为,促使加害国履行其对受害国应承担的 WTO 义务,不应以惩罚或制裁为目的。

在美国基于国家安全的钢铝贸易限制措施所导致的贸易摩擦中反制措施采取国的反制主要是敦促美国履行其 WTO 的关税减让承诺和义务,反制的主要目的限于督促美国继续承担其对反制国所应承担的关税减让义务,督促美国尽快恢复其在 WTO 中所应承担的义务,而不是报复和惩罚美国。

(四)反制的临时性与可逆性

反制的可逆性与临时性取决于反制的非惩罚特性,反制的可逆性与临时性的目的和要求同反制的非惩罚特性存在内在的同一性。若反制措施有效地促使违法成员国停止了其违反 WTO 义务的行为,恢复履行其对受害国应承担的原 WTO 义务时,受害国也应立即停止反制措施,恢复履行其应承担的原 WTO 义务。而且,受害国所采取的反制措施应为 WTO 法律体系中所允许采用的中止减让或其他优惠等的可执行措施,不得采取 WTO 法律体系中所不允许采用的反制措施。这项限制意在保证反制的目的实现,保证反制在 WTO 框架范围内实施,并尽量减少对两个国家未来的法律关系的影响。

若美国停止其对反制国的中止关税减让的行为,继续履行其在 WTO 项下的对华关税减让的承诺和义务,反制措施采取国也应尽快停止其对美国的反制措施。而且,反制措施采取国采取的反制措施应为可恢复性措施,以保证在国家间经贸关系正常化后两国的经贸权利义务关系能尽快恢复常态。如果违法国的国际不法行为已经停止,责任国已依法履行了相应的国际义务,则不得再采取新的反制措施。已经采取的反制措施务必停止,不得无理拖延。一旦美国已恢复履行 WTO 项下的对反制国关税减让等承诺义务,反制措施采取国应尽快终止反制措施。

贸易摩擦中反制措施采取国的反制引发法学界对反制的合法性及 WTO 法律体系中反制规则建构等问题的思考。通过细致分析可知,反制措施采取国在贸易摩擦中针对美国的单边贸易措施的反制措施具有自然法、WTO 法和国际公法上的充裕理据,有充分的法律依据来证成反制措施的合法性与正当性。贸易摩擦中反制措施采取国采取反制的做法也投射出 WTO 法律体制设计中的弊端和缺陷,反制措施采取国应提出构建 WTO 法体系中反制规则的反制措施采取国方案,使 WTO 法体系中反制规则既能有效和及时地救济受害国的利益,又有利于维护世界贸易组织的稳健性。希望国家经贸反制规则能被纳入 WTO 法律框架内合法存续,使 WTO 法律体系兼具灵活性和稳定性。期望 WTO 世界自由贸易体系能战胜国家单边贸易保护主义的诸多挑战,永葆生命力。

第六章

美国基于国家安全的钢铝贸易限制措施的中国应对

美国基于国家安全的钢铝贸易限制措施的合法性争端尚未解决。在WTO争端解决机构处理美国基于国家安全的钢铝贸易限制措施合法性争端的过程中,该钢铝贸易限制措施已经对我国经贸发展产生不利影响。一方面,我国必须积极争取WTO争端解决机构认定美国基于国家安全的钢铝贸易限制措施违法;另一方面,我国政府和企业必须积极且及时地采取应对措施,以求最大程度保障中国的合法利益。

第一节 美国基于国家安全的钢铝贸易限制措施对我国的影响

美国已实施的基于国家安全的钢铝贸易限制措施直接影响我国钢铝产品的对外出口。我国是钢材产品和铝产品的出口大国,美国对原产于我国的进口钢铝产品加征关税已经导致我国钢铝产品的对外出口量明显减缩。

一、影响我国对美钢铝的直接出口

美国商务部所公布的《钢铁进口对美国国家安全影响的调查报告》显示,美国在2017年的钢材进口总量为3593万吨,美国91%的进口钢材产品来源于排名前20位的钢材产出大国。加拿大、巴西、韩国、墨西哥、俄罗斯5国出口到美国的钢材产品居美国钢材产品进口的前五位,占美国钢材进口总量的57%的钢材产品来源于上述5国。中国在2017年出口到美国的钢材产品总量为78.4万吨,只占美国钢铁产品进口总量的2.2%,在美国钢材产品进口中排名第11位。① 依据中国海关统计的数据,中国在2017年钢材产品的总出口量为7543万吨,出口到美国的钢材产品总量为78.4万吨,占中国钢材产品的总出口量的1.04%。2015年中国出口到美国的钢材产品的总量占中国钢材产品的

---

① See U.S. Department of Commerce, *The Effect of Imports of Steel on the National Security*, 2018.

总出口量的 2.16%,2016 年中国出口到美国的钢铝产品的总量占中国钢材产品的总出口量的 1.08%,中国出口到美国的钢铝产品的总量逐渐降低。中国在 2018 年钢材产品的出口总量为 6 934 万吨,同比下降 609 万吨,降幅为 8.1%。[①]

目前中国向美国直接出口的钢材产品主要是钢管接头和钢丝等其他钢材产品,中国出口到美国的其他钢材占出口到美国的钢材产品总量的 45%,板材、管材、棒线材等钢材产品出口到美国的数量也比较大。而且,美国对华钢材产品的反倾销反补贴措施主要针对的是板材、管材、棒线材。美国基于国家安全的钢铝贸易限制措施不仅限制了中国对美国的板材、管材、棒线材等钢材产品的出口,还限制了中国钢管接头和钢丝等其他钢材产品对美国的出口。

中国是全球最大的钢铁生产国和全球最大的钢材出口国,美国则是全世界最大的钢铁进口国。然而,中国出口到美国的钢材产品的总量由于美国的单边贸易保护主义措施而持续下降。中国出口至美国的钢材产品数量无论是占中国钢材产品出口总量的比重,还是占美国钢材产品进口总量的比重,均显然偏低,与中国的世界最大钢材出口国和美国的世界最大钢铁进口国的实际不符。

就中国铝产品对美国进口的现状而言,美国国内目前对铝半成品的需求已越来越依赖于进口。而中国作为全球最大的铝半成品出口国,近年在美国进口市场中份额快速扩张,已成为美国最大的铝半成品进口来源地。中国自 2010 年起就成为全球最大的铝半成品出口国,且出口规模持续扩大,由 2007 年的 59.3 亿美元上升至 2017 年的 120 亿美元,在全球铝半成品出口中的份额也从 17.3%增加至 30.6%。中国是美国铝半成品的主要进口来源地之一,其中,中国在美国进口中所占份额近年来增长明显,尤其是 2012 年后增长快速,并于 2015 年起成为美国铝半成品的最大进口来源地,十年间在美国市场中的份额由 12.8%上升到 26.6%。[②] 美国对铝产品加征的"232 关税"对于我国直接出口至美国的铝产品的出口量会造成较大的影响,必然会导致的我国出口到美国

[①] 中国 2018 年钢材产品进出口量 http://www.haiguan.info/onlinesearch/TradeStat/StatCOMSub.aspx? TID=1.
[②] 上海 WTO 事务咨询中心.美国 232 调查期内全球铝产业供应链贸易[J].上海 WTO 事务咨询中心中美经贸关系监控专报,2018(1):11-17.

的铝产品的数量大幅下滑。

二、导致我国对第三国钢铝出口量的减缩

中国对美国直接出口的钢材产品的数量虽持续下降,但是大量的钢材产品经由其他国家转出口至美国,中国间接出口到美国的钢材远比直接出口到美国的钢材在总量上要高很多,其转口贸易和加工成深加工产品从其他国家出口的量更大。例如,韩国进口的钢铁的60%来源于中国,其中韩国12%的钢铁出口到美国[①],因此,美国若对韩国钢材产品采取美国基于国家安全的钢铝贸易限制措施并加征钢铝关税,必然会导致中国对美国钢材产品出口总量的减缩。

向美国出口钢材总量排名前20位的钢材产出大国,除瑞士与白俄罗斯之外,其他18个国家和地区也是我国钢材的主要出口地。以2017年为例,中国向上述18个国家和地区出口钢材产品总量为3 445万吨,占中国对外钢材出口总量的45.67%。而且,这18个国家和地区向美国出口钢材产品总量为2 274万吨,占美国钢材产品总进口量的63%。[②] 中国钢材的主要输入国多为向美国输出钢材的国家,中国转由他国间接输入美国的钢材产品的总量较大。美国对上述国家与地区的钢铝产品采取贸易限制措施,加征"232关税",导致上述国家与地区出口到美国的钢铝产品的总量缩减,也间接导致中国钢铝产品对外出口量的减少。因此,美国基于国家安全的钢铝贸易限制措施对我国钢材对外出口产生较大的不良影响。

美国基于国家安全的钢铝贸易限制措施导致我国钢铝对美直接与间接出口均受不利影响。美国对进口的钢铝产品加征高额关税,虽然对中国钢铝产品对美直接出口的影响较弱,但该钢铝贸易限制措施的不利后果经由全球价值链导致中国对美钢铝产品的间接出口受限。同时,美国钢铝贸易限制措施的受害国所进行的无差别的贸易反制措施也对中国钢铝产品的对外出口产生诸多不利影响。总之,美国基于国家安全的钢铝贸易限制措施对我国钢铝产品出口及我国经济发展均带来不可忽视的负面影响。

---

① 辜海芳,朱翠翠.2017年我国钢材进出口分析[J].冶金管理,2018(5):23-26.
② 胡玲.2017年主要钢铁产品进出口情况分析[J].中国钢铁业,2018(2):40-48.

第二节 中国政府应对美国基于国家安全的钢铝贸易限制措施的路径

WTO 争端解决机构对美国基于国家安全的钢铝贸易限制措施合法性的裁决过程是相当漫长的,为避免在美国基于国家安全的钢铝贸易限制措施争端审理过程中我国国家利益损失的扩大,以及防范未来美国出台的类似措施对中国国家利益和国家安全的侵害,中国应积极应对。

一、中国政府的国际应对路径

(一)诉诸 WTO 争端解决机制解决美国基于国家安全的钢铝贸易限制措施的法律争端

中国应积极利用 WTO 争端解决机制来应对美国的基于国家安全的钢铝贸易限制措施,积极争取 WTO 争端解决机构认定美国的钢铝贸易限制措施违法来杜绝基于此措施的持续及后续适用,从根本上维护中国的利益。诉诸 WTO 争端解决机制是中国目前应对美国基于国家安全的钢铝贸易限制措施的首选途径,WTO 争端解决机构是中美双方从 WTO 法维度解决钢铝贸易限制措施争端的首要场所。

但鉴于目前情势的变化,中国应全面考量诉诸 WTO 争端解决机制解决中美钢铝贸易限制措施争端中的其他不利方面。首先,WTO 争端解决机制解决基于国家安全的钢铝贸易限制措施争端的程序烦琐且冗长,可能需要经历至少 3 年的时间,且 WTO 争端解决机构的裁决不具有溯及力。其次,美国阻挠 WTO 争端解决机构的上诉机构成员的遴选,导致 WTO 争端解决机构因上诉机构组成成员不足而面临停顿的局面。WTO 争端解决机构的审判功能也名存实亡。因此,中国不能仅消极坐等 WTO 争端解决机构的裁决,应全面考虑到 WTO 争端解决中的各种不利因素及其对中国的不良影响,并应在 WTO 争端解决期间积极采取其他政治或经济等自助救济手段维护本国的合法利益。

(二)积极推动美国钢铝措施案的争端国间的磋商与合作

磋商谈判是解决美国基于国家安全的钢铝贸易限制措施争端较为实际和可行的方式。中国政府应就中美基于国家安全的钢铝贸易限制措施争端加强与美国的磋商谈判。在磋商谈判之前,中国应充分估计美国基于国家安全的钢铝贸易限制措施及其后续类似措施对中国的政治经济等各方面的影响。美国政府为贯彻"美国优先"的宗旨,利用保障国家安全的借口,对进口产品采取诸种限制措施,推行单边贸易保护主义。中国应深入剖析美国基于国家安全的钢铝贸易限制措施的根源、实质及实现手段,以做出准确应对,在磋商谈判中能更有效地维护中国利益。

中国与美国是世界上最大的两个经济体,两者之间虽然由于利益的博弈,经贸摩擦频繁,但合作共赢仍是两国的内在主体诉求。中国应利用两国合作共赢的主流意愿积极与美国进行协商与合作,解决争端促进经贸合作。与此同时,中国应加强与其他受美国基于国家安全的钢铝贸易限制措施不利影响的国家的合作,努力团结这些国家,以联合应对该措施和共同批驳违法的美国基于国家安全的钢铝贸易限制措施,并与它们积极开展经贸领域的合作以共同抵制美国基于国家安全的钢铝贸易限制措施对本国的不利影响。

(三)掌握修订世界贸易组织反制规则和国家安全例外规则的话语权

美国基于国家安全的钢铝贸易限制措施争端凸显出 WTO 法律体系中 DSU 的反制规则和 GATT 1994 国家安全例外规则存在的巨大缺漏。WTO 法律体系中 DSU 的反制规则和 GATT 1994 国家安全例外规则已成为国家实施不公平的单边贸易措施的工具,难以达到维护成员国贸易权利义务平衡的安全阀的作用,难以保障国家间利益的均衡,难以满足国际社会的实践需要。因此,必须对 WTO 法律体系中 DSU 的反制规则和 GATT 1994 国家安全例外规则进行进一步的完善和修订。

对中国而言,寻求 WTO 法律体系中 DSU 的反制规则和 GATT 1994 国家安全例外规则的修订是其应对美国基于国家安全的钢铝贸易限制措施的重要途径。在 WTO 规则的修订及 WTO 改革中,中国应当更加积极参与对 WTO 法律体系中 DSU 的反制规则和 GATT 1994 国家安全例外规则的修订,并在修订中提出有益于中国的修改建议。例如,WTO 应将国家安全例外条款的援用标准的设置得更具体细致。世界贸易组织应将中止减让的实施程序规则的设置得更具透明性和公平性。WTO 在成员采用美国基于国家安全的钢铝贸易限制措施等类似国家单边贸易保护措施的限制规则方面的约束与惩罚机制应更趋严格。

中国应掌握修订世界贸易组织反制规则和国家安全例外规则的话语权,使 WTO 反制规则和国家安全例外规则的新修订有利于中国利益的维护,使 WTO 规则在修订后更有助于明晰美国基于国家安全的钢铝贸易限制措施的违法性,不会再出现因 WTO 规则条款的模糊性而产生美国基于国家安全的钢铝贸易限制措施合法性问题的争议。

(四) 积极利用 WTO 贸易政策审评机制

WTO 的贸易政策审评机制的功能在于监督其成员严格遵从 WTO 规则,履行其应尽的义务,定期审评各 WTO 各成员的贸易政策。中国可利用 WTO 贸易政策审评机制批驳美国滥用国家安全概念和钢铝贸易限制措施的行为。尽管 WTO 贸易政策审评机制并无法律约束力,但其可营造国际舆论压力,进而影响 WTO 争端解决机构对此类争端的裁决。假借国家安全滥用钢铝贸易限制措施或类似措施的国家必将因此受到国际舆论的谴责。同时中国应借助学术研究、国际舆论和 WTO 争端裁决等途径在国际社会宣扬美国基于国家安全的钢铝贸易限制措施的违法性,以便让国际社会对美国基于国家安全的钢铝贸易限制措施违法性达成共识,从而杜绝美国或其他国家基于国家安全实施钢铝贸易限制措施。

(五) 合法适当的反制

在政府应基于《保障措施协定》进行合法适当的反制。针对美国基于国家安全的钢铝贸易限制措施,中国应积极争取 WTO 争端解决机构将其认定为保障措施,以便能将该钢铝贸易限制措施纳入 WTO《保障措施协定》进行调整,将美国基于国家安全的钢铝贸易限制措施争端由 GATT 1994"安全例外"转到 WTO 保障措施规则项下进行调整。

中国应积极寻求贸易反制的合法依据,充分论证贸易反制的合法性。中国在进行贸易反制时应采取合法的反制措施实施手段和方式,避免反制措施因合法性缺失而无效,国家甚至因之而承担责任。

中国应充分利用《保障措施协定》的第 8 条第 2 款及 WTO 中止减让规则对美国实施对等贸易反制。① 中国应积极争取货物贸易理事会对中国的贸易反制措施不持异议,以保障中国贸易反制的合法性和正当性。同时,中国应寻求反制的自然法和国际公法依据,以证成中国的贸易反制不仅符合 WTO 规则这种特殊法,还符合自然法和国际公法中的普遍性原则与规则,从而证成中国贸易反制的合法性和正当性。

二、中国政府的国内应对路径

(一) 建立针对美国基于国家安全的钢铝贸易限制措施的贸易摩擦预警机制

中国应开通多种信息渠道,中国应建立专门针对美国基于国家安全的钢铝贸易限制措施等类似单边贸易措施的完善的产业损害预警机制和防御机制。

首先,政府应建立针对美国基于国家安全的钢铝贸易限制措施等类似单边贸易措施的权威的政府信息交换与信息传递机制。中国充分利用网络交易与本国先进的网络大数据技术等多种渠道,对美国基于国家安全的钢铝贸易限制措施的所有相关信息等进行完整搜集与及时传递公布,服务于企业的外贸活动。政府与企业应就美国基于国家安全的钢铝贸易限制措施的信息资源进行交换与共享。当美国基于国家安全的钢铝贸易限制措施阻碍我国对美贸易,并对我国的企业造成实质损害时,中国受损的外贸企业应将其所掌握的美国钢铝贸易限制措施的相关信息及其因美国钢铝贸易限制措施所遭受的损害及威胁的所有相关信息材料尽早递交中国政府的相应主管机关,以便中国政府能对美国钢铝贸易限制措施采取及时的和正确的应对措施,以有利于中国对受损企业进行及时的救济。

其次,要建立专门针对美国基于国家安全的钢铝贸易限制措施等类似单边贸易措施的预警机制。中国政府要建立专门针对美国基于国家安全的钢铝贸易限制措施等类似单边贸易措施的快速反应机制,并成立专门针对美国基于国家安全的钢铝贸易限制措施等类似单边贸易措施的部门机构,在美国基于国家

---

① Lee Y S. Safeguard measures: Why are they not applied consistently with the rules? [J]. Journal of World Trade, 2002, 36(4): 641-673.

安全的钢铝贸易限制措施实施过程中或类似措施临实施之前尽早拿出应对之策,避免他国针对中国采取类似措施时,中国因应对处理不及时而遭受巨大损失。

再次,在预警机制的基础上,建立专门针对美国基于国家安全的钢铝贸易限制措施等类似单边贸易措施的防御机制,增强企业的自救能力与反击意识。政府不能仅设立防御机制,应根据美国基于国家安全的钢铝贸易限制措施等类似单边贸易措施的变动情况,针对各种可能的情况提出相应的防御策略,以尽量减轻或避免企业因美国基于国家安全的钢铝贸易限制措施所遭受的损失。

(二)加强对美国基于国家安全的钢铝贸易限制措施的研究

中国必须致力于对美国基于国家安全的钢铝贸易限制措施的研究,尤其是对与钢铝贸易限制措施相关的美国国内贸易立法、美国国家安全立法与WTO相关规则的研究。中国的相关政府机构尤其是外经贸管理机构和产业经济管理机构均要熟悉美国基于国家安全的钢铝贸易限制措施的相关规则,必须要有一批掌握与美国基于国家安全的钢铝贸易限制措施相关的美国国内贸易立法、美国国家安全立法与WTO相关规则的专门人才,掌握美国基于国家安全的钢铝贸易限制措施的具体相关规则,如美国基于国家安全的钢铝贸易限制措施的具体规则内容、具体实施条件要求、具体实施程序、排除与豁免规则等。因为只有掌握规则,才能进行有效抗辩,才能充分证明美国基于国家安全的钢铝贸易限制措施的违法性,中国的诉求才能获得WTO争端解决机构的支持。中国的相关政府部门的工作人员、律师和学者只有充分熟悉美国基于国家安全的钢铝贸易限制措施,才能在面对美国基于国家安全的钢铝贸易限制措施摩擦时正确应对和自救,才能为企业作出正确的指导,保障企业的合法权益。

第三节 我国企业应对美国基于国家安全的钢铝贸易限制措施的路径

美国基于国家安全的钢铝贸易限制措施直接危及我国相关企业的基本利益。因此,我国企业应积极应对,充分利用对企业有利的各类法律规则和制度安排,尽最大努力保障企业的合法权益。

一、积极参与"232调查"及其听证会

在面对美国基于国家安全的钢铝贸易限制措施等类似单边贸易措施的贸易摩擦时,大部分中国国内出口企业并不积极参与应对,在美国"232调查"听证会中仅有少数中国企业参与,从而导致在听证会期间美国官员不重视中国的证词,而对美国企业的证词更加同情和理解,美国企业的证词明显对美国官员更有说服力。这将对中国钢铝等出口企业不利。

中国的企业必须积极应对美国基于国家安全的钢铝贸易限制措施,当美国进行"232调查"时,企业应积极参加"232调查"听证会,积极主动地参与到"232调查"当中。这是对抗美国基于国家安全的钢铝贸易限制措施和维护自身利益的第一步。如中方钢铝产品出口企业不出席听证会,且不进行抗辩,那么美国政府可以单方面认定中国企业钢铝进口危及美国国家安全,进而实施不利于中国企业的钢铝贸易限制措施。中国企业不应该单方面地无视美国主导的"232调查"的存在,而是应该主动地了解其"232调查"的具体规则和情况。如此我国企业在参与"232调查"听证会时就能够有的放矢,更好地维护中国企业的利益。

二、有效利用产品排除规则

美国在《关于将特定钢铁和铝产品申请排除的暂行条例》中规定,如果钢铁(铝)产品在美国未以足够或者合理的数量或者令人满意的质量生产,或是基于特定的国家安全考虑,可以对受关税影响的美国当事方予以关税免除。中国钢铁(铝)产品出口美国的企业应积极利用此钢铝产品排除规则,争取部分使中国进出美国的钢铝产品能被豁免"232关税"。中国企业在申请排除时,可以重点从以下几个方面,把握美国商务部产业与安全局对"232产品"排除申请的审查尺度:

第一,中国企业应熟悉和掌握《美国铝制品232征税措施产品排除申请暂行规定》的实体和程序规则,并严格依据《美国铝制品232征税措施产品排除申请暂行规定》的各项具体要求进行"232产品"排除申请。①

---

① 参见:《美国铝制品232征税措施产品排除申请暂行规定》的实务指引,https://www.sohu.com/a/240337937.763425.

第二，美国"232调查"机关享有很大的自由裁量权，尤其是其在美国国内供给在质量和数量上可以满足需求的情况下，仍然可以"其他国家安全考虑"批准排除申请。因此，中国企业应提供充分的证据论证中国某种钢铝产品的进口符合美国的"国家安全考虑"，积极争取美国"232调查"机关对其批准排除进而免征"232关税"。

第三，美国国内供给是否可以满足国内需求的决定性意见来自美国商务部进口管理处，此机构为美国商务部中主管对外反倾销、反补贴调查的机关。中国企业应积极争取和说服美国商务部进口管理处得出美国国内某种钢铝产品的供给不能够满足美国国内需求的决定性意见，在最大程度上寻求此钢铝产品的排除申请获得美国批准的可能性。

第四，美国商务部产业与安全局对"232产品"排除申请的态度很可能是动态的，申请排除的时机和条件也是进行钢铁"232产品"排除必须考虑的因素。中国企业应选择对中方最有利的恰当时机和条件进行申请排除，以便能成功获得排除批准。

第五，中国企业在申请排除时务必需要对"232产品"排除的强制性申请表格内容有深入理解，必须提供完整信息，避免因提供信息不完整而被驳回的情况，从增加成功获得排除批准的概率。

三、诉诸美国国内法院

中国通过法律手段应对美国基于国家安全的钢铝贸易限制措施的途径，除了中国政府将美国基于国家安全的钢铝贸易限制措施争端诉诸WTO争端解决机构之外，还存在另一司法途径，即将此争议诉诸美国国内法院。因美国基于国家安全的钢铝贸易限制措施而利益受损的企业将美国政府加征关税的行为视为具体行政行为，可单独在美国国内法院提起诉讼。为增加胜诉的概率，中国企业也可联合在美国的相关受损企业在美国国内法院共同提起诉讼。企业在美国国内法院起诉与中国政府的"反制"和"应对"以及WTO争端解决并行不悖，且具有对美行政当局约束力更强、见效更快、代价更小的优势。

在国家安全事项上，美国总统的相关决定享有豁免权，美国国内法院通常尊重国家行政机关在国家安全事项方面的裁量权，尽量不干涉政府对国家安全事务的处理,美国国内法院在此种案件的受理方面更为慎重,但美国法院也并非绝对不受理此类案件。当政府实施此类措施时存在超越国家安全必要限度或存在程序违法情形时,美国国内法院就会受理和审理此类案件。美国国内法院对涉及国际贸易的事项进行审查的标准为:法院须"决定所有相关的法律问题","解释宪法和成文法",以及将被认定为"武断、任性、滥用裁量权或在其他方面不符合法律"(arbitrary, capricious, an abuse of discretion, or otherwise not in accordance with law)的政府机构行为、裁定和结论宣布为非法并撤销之。美国法院对基于国家安全的钢铝贸易限制措施的审查范围虽然有限,但法院仍可对涉及国际贸易的事项进行干预,可以对美国基于国家安全的钢铝贸易限制措施中存在"对于适用成文法的明显的曲解,明显的程序违反,或者超出法律授予的权限"的行为进行审查。

美国法院曾审理过美国基于国家安全的钢铝贸易限制措施的案件。比如,美国国内法院认定美国总统卡特在1980年根据对进口美国的石油的"232调查"结论而采取的石油进口调整措施违反法律。法院认为,此石油进口调整措施未对进口的石油产品产生直接的限制作用,其对美国国内石油产业的抑制作用强于其对石油进口的限制,同时认为应由国会来判断对石油征收汽油费是否恰当。

随着中国对外贸易繁荣,中国对外贸易争端也逐年增加,中国企业在美国国内法院提起的相关诉讼也逐渐增多,中国企业在美国国内法院的起诉和应诉的经验不断增加,对美国的贸易方面的相应法律法规及美国国内法院的司法诉讼程序日益熟悉。中国在美国国内法院起诉美国加征钢铝关税的行政措施,不仅是解决232钢铝措施争议的重要途径,对未来类似争议的解决也具有重要参照价值。

中国企业在美国政府违反排除规定而被征收232钢铝关税的情况下,可在美国国内法院针对美国此种具体行政行为提起诉讼。首先,中国企业应及时聘请经验丰富的律师代理此案件,设立企业内部诉讼团队,并让企业的销售与财务部门的相关人员加入进来。其次,企业应及时与政府的相关外贸主管机关及本行业组织建立联系并进行有效沟通,以获得政府的相关外贸主管机关和行业组织的帮助。再次,中国企业应搜集与此诉讼相关的有力证据证明美国加征

232 钢铝关税的行政行为存在明显曲解成文法、明显违反程序，或者超出法律授予的权限的行为。同时，中国企业也可证明中国企业所出口的此种钢铁（铝）产品在美国未以足够或者合理的数量或者令人满意的质量生产，契合美国国家钢铝产业发展要求，有利于美国上下游产业的发展，可提高美国产品在国际上的竞争力，且并不会对美国国家安全造成损害，符合美国国家安全的需要。

第四节　我国应对美国基于国家安全的钢铝贸易限制措施的立法路向

《中华人民共和国对外贸易法》（简称《对外贸易法》）是我国应对美国基于国家安全的钢铝贸易限制措施的主要法律武器。但在应对美国基于国家安全的钢铝贸易限制措施的过程中，我国《对外贸易法》的缺陷逐渐凸显，尤其是贸易救济方面的立法亟待补漏和优化。

一、中国对外贸易法在应对美国基于国家安全的钢铝贸易限制措施上的缺陷

《对外贸易法》是调整我国对外贸易关系的基本法，现行有效的是 2016 年新修订的《对外贸易法》。除此之外，我国在对外贸易管理方面还存在大量的行政法规和单行条例等法律规范亦在调整我国对外贸易关系方面发生作用。《对外贸易法》与外贸易管理的行政法规和单行条例等共同构成我国对外贸易管理法律制度的完整体系。

在《对外贸易法》第 8 章所规定的贸易救济体系中，"两反一保"均有较为明确的规定。与此相竟争，与"两反一保"措施相配套的行政法规、单性法规则相当发达，其中在"两反一保"领域已存在《中华人民共和国保障措施条例》、《中华人民共和国反补贴条例》与《中华人民共和国反倾销条例》。再以反倾销措施为例，据不完全统计，除《中华人民共和国反倾销条例》外，与之相配套的专门性反倾销行政立法多达 21 项。然而，与之相反的是，应对美国基于国家安全的钢铝贸易限制措施以及与国家经济安全保障直接相关的法律规定却寥若晨星，屈指

可数,并无一部像"两反一保"那样的国家经济安全保障的专门性法律规定。我国目前国家经济安全保障的立法及应对美国基于国家安全的钢铝贸易限制措施的相关立法仅散落在《对外贸易法》和《中华人民共和国国家安全法》(简称《国家安全法》)等极少数的相关法律规定当中。虽然我国并无直接针对美国232措施的立法,但我国《对外贸易法》第7章对外贸易调查、第8章对外贸易救济和《国家安全法》均隐含了针对美国"232措施"及国家经济安全保障的条款规定。

2015年实施的《国家安全法》确立了保障国家经济安全的法律规定,以立法形式明确经济安全为国家安全的重要组成部分,确立了保障国家经济安全的法律义务。[①] 但《国家安全法》未充分考虑其与我国应承担的条约义务相衔接的问题,且其规定极为宏观和抽象,并无对如何保障国家经济安全具体的措施的规定,并无国家经济安全保障的程序规则和实体标准的规定,操作性不强,因而导致国家经济反制的合法依据的不足。

《对外贸易法》第37条[②]可视为是应对美国基于国家安全的钢铝贸易限制措施的相关法律规定。此条规定了他国的贸易壁垒对我国进出口造成影响的,我国可采取相关应对措施。对外贸易中有关国家安全利益的事项,我国可采取相关应对措施。但此条并非专门针对美国基于国家安全的钢铝贸易限制措施的规定,且较为简单,具体实施措施的规定不够详细全面,具体实施的程序性规则及实体标准不够规范,实践操作性不强,不能有效应对美国的基于国家安全的钢铝贸易限制措施。

因此,从立法层面看,我国的外贸法律体系还不够完善,粗线条的立法框架

---

① 《国家安全法》坚持总体国家安全观,以人民安全为宗旨,以政治安全为根本,以经济安全为基础,以军事、文化、社会安全为保障,以促进国际安全为依托,维护各领域国家安全,构建国家安全体系,走中国特色国家安全道路。国家维护国家基本经济制度和社会主义市场经济秩序,健全预防和化解经济安全风险的制度机制,保障关系国民经济命脉的重要行业和关键领域、重点产业、重大基础设施和重大建设项目以及其他重大经济利益安全。

② 《对外贸易法》第37条规定:"为了维护对外贸易秩序,国务院对外贸易主管部门可以自行或者会同国务院其他有关部门,依照法律、行政法规的规定对下列事项进行调查:(1)货物进出口、技术进出口、国际服务贸易对国内产业及其竞争力的影响;(2)有关国家或者地区的贸易壁垒;(3)为确定是否应当依法采取反倾销、反补贴或者保障措施等对外贸易救济措施,需要调查的事项;(4)规避对外贸易救济措施的行为;(5)对外贸易中有关国家安全利益的事项;(6)为执行本法第7条、第29条第2款、第30条、第31条、第32条第3款、第33条第3款的规定,需要调查的事项;(7)其他影响对外贸易秩序,需要调查的事项。"

难以应对外国的单边贸易保护措施对我国国家利益和国内从事外贸活动的生产和销售企业所造成的损害。更何况我国目前并不存在专门针对美国基于国家安全的钢铝贸易限制措施的具体且详尽的法律依据和相应法律制度。

在我国的贸易救济立法体系中,我国对外贸易立法中虽存在与美国基于国家安全的钢铝贸易限制措施相关的法律规则,但不够详尽和精细。针对美国基于国家安全的钢铝贸易限制措施的贸易救济及国家经济安全保障的立法显然较为薄弱,根本不能满足我国应对美国钢铝贸易限制措施的实际需要。我国对外贸易救济立法的自我保护功能有待加强。

而且,我国并无专门的政府机关负责应对美国基于国家安全的钢铝贸易限制措施及其类似措施,也无专门的政府机关负责处理涉及国家经济安全的争端。商务部主要负责处理反倾销、反补贴和保障措施争端。因而,中国在应对美国基于国家安全的钢铝贸易限制措施等类似措施方面存在经验与专业人员缺乏的困境。

目前,我国对外贸易受到美国基于国家安全的钢铝贸易限制措施等单边贸易保护措施的大肆侵害,但我国现今尚无专门的经济安全保障法,仅有的个别保障国家经济安全的规则散落在相关的法律法规中,无法整合成整体来有效应对对我国经济利益造成损害的外国经贸措施。因此,我国必须尽快强化有效应对有损于我国利益的他国单边贸易保护措施的法律法规,同时,也应尽快细化保障国家经济安全方面的法律规定,尽快完善外贸法律体系。中国应尽快基于保障我国经济安全和发展的需要制定我国的《国家经济安全法》。

我国应对美国基于国家安全的钢铝贸易限制措施等类似非典型性单边贸易保护措施的现行外贸立法相当滞后,这与我国的外贸规模和地位均极不相称。为了尽快改变这种尴尬的局面,应当从外贸立法开始。具体而言,国家行政机关应当尽快制定《对外贸易法》实施细则,尤其是应对在对外贸易中国家经济安全保障方面的具体规则进行详尽的规定,还应对我国对外贸易中国家经济安全的主管机关及保障机关的职权,以及对保障国家经济安全的合法措施进行具体规定。

二、制定《中国国家经济安全保障法》

美国基于国家安全的钢铝贸易限制措施肇致中国国家利益受到重大损害,

严重侵害我国的国家经济安全。以此为鉴,我国必须尽快制定《中国国家经济安全保障法》。我国至今不存在国家经济安全保障的专门的单行立法,国家经济安全保障的规则呈碎片化状态,散见于相应的少数几部法律法规中,难以为中国国家经济安全的保障提供切实的规则支持。中美贸易摩擦使此问题更为凸显,中国必须呼应国际和国内环境的现实诉求,尽快制定《中国国家经济安全保障法》。

《中国国家经济安全保障法》通过法律规则保障国家经济安全问题解决的程序化与规范化,能够有效预防和检测危及中国国家经济安全的情势与问题,为我国经济发展和经济安全提供有利的规则支持和保障。

《中国国家经济安全保障法》的立法宗旨在于维护中国经济安全,增强中国应对与解决危及或损害中国经济安全的事项之能力,防止外国的经贸措施或非经贸措施威胁或损害中国经济安全,以维护中国经济利益和安全,优化中国经济在国际上的竞争实力,推动中国经济的良性发展。《中国国家经济安全保障法》设立的主要目标是预防与解决国内外威胁或损害中国经济安全的问题,《中国国家经济安全保障法》设立的终极目标是优化中国经济在国际上的竞争实力,推动中国经济的良性与快速发展。

《中国国家经济安全保障法》中主要的法律规则在设计时必须涵括国家经济安全监测预警法律规则和国家经济安全应急管理法律规则。此两类法律规则在国家经济发展的不同时期具有不同经济安全保障的功能,以妥善保障我国的国家经济安全。

(一)国家经济安全监测预警法律规则的设置

国家经济安全监测预警法律规则主要是对危及中国经济安全的外国情势或措施进行事先的监测。此法律规则通过赋予国家机关对现阶段外国的情势或措施进行跟进分析,进而对此外国的情势或措施未来对中国国家经济安全可能造成的不良影响进行预测和评估的权利和义务。国家经济安全监测预警法律规则通过规范国家机构的运作以确保其保障经济安全的实效。

国家经济安全监测预警法律规则主要通过实现国家经济安全监测预警机制的规范化与规则化以保障国家经济的安全。国家经济安全监测预警法律规则赋予国家特定机关对国家经济安全进行监测,并对监测数据进行定量和定性分析,进而依据分析结果进行预警和报告的权利和义务。依据国家经济安全监测预警法律规则的规定,国家的监测预警主管机关必须对现阶段中国经济和国际经济的运行动态进行实时监控,尤其对可能会危及中国国家经济安全的外国政府的经贸措施和国际情势进行严密监控,并据此监控数据信息对中国未来的国家经济安全状况进行预测。

国家经济安全监测预警法律规则由国家经济安全的监测法律规则和预警法律规则所组成。国家经济安全监测预警法律规则设立国家监测预警主管机关的下列权利与义务。国家监测预警主管机关必须对与中国国家经济安全密切相关的指标,尤其是可能危及中国经济安全的外国经贸指标进行细致的分析与评估,依据科学的类型化模式将指标进行分类并归总其得分,然后依照科学标准分析其对我国经济安全的影响程度。

国家经济安全监测预警主管机关必须履行对国家经济安全的监测评估和预警报告的义务。主管机关对国家经济安全的监测评估包括对国家经济安全的常规监测与国家经济安全的突发情势的监测。监测预警主管机关从国家经济所遭受的外国措施或情势的风险和我国政府保障国家经济安全的能力的不同层面对我国经济安全进行常规评估和检测。当国际上出现武装战争或严重贸易摩擦等突发情势时,我国监测预警主管机关必须及时监测突发事件及相关指标。

国家经济安全的监测评估和预警报告存在密切关联,国家经济安全的监测评估是国家经济安全预警报告的前提与基础。根据国家经济安全的监测评估结果的不同,国家经济安全预警报告的级别也不同,可分为重度威胁与不安全、中度威胁与不安全、低度威胁与不安全、中度安全、高度安全等级别的国家经济安全预警报告。

根据报告的时间不同,国家经济安全预警报告可分为先导性报告与同步性报告。先导性国家经济安全预警报告是提前对危及中国国家经济安全的外国情势或措施进行事先报告。同步性国家经济安全预警报告是对危及或损害中国国家经济安全的外国情势或措施进行同步报告。监测预警机关应定期公布国家经济安全监测预警报告,报告内容应详细具体。监测预警机关应当如实报告,既不隐瞒实情也不夸大事实,避免造成公众恐慌。

我国中央政府和省级地方政府应依法设立国家经济安全的监测预警机构。

中央监测预警机构依法享有对中国的经济安全监测预警工作进行管理并负责的权利和义务。中央政府和省级地方政府的不同经济安全监测预警机构之间必须进行合作,进行与中国经济安全相关的信息与数据的互通与交流。中国经济安全监测预警机构有从外交部、商务部等部门获取与中国经济安全相关的信息与数据的权利。省级地方经济安全监测预警机构有对本区域内的中国经济安全相关的信息与数据进行收集的权利,同时承担中国经济安全相关的信息与数据的上报义务,以便国家经济安全监管机构据此信息与数据决定是否采取救济措施。

(二)国家经济安全应急管理法律规则的设置

国家经济安全应急管理法律规则主要是在威胁或损害中国国家经济安全的外国情势和措施出现时规范国家机关的应急处理行为,以保证国家机关能有效地应急处理威胁或损害中国国家经济安全的情势或措施,以尽量减轻或消除外来风险所肇致的中国国家经济安全危机,保障中国国家经济安全。

国家经济安全应急管理法律规则赋予国家经济安全应急管理机关以在危及国家经济安全的突发事件出现时采取应对措施的紧急权力。国家经济安全应急管理机关应当区分危及国家经济安全的突发事件的不同类型以及突发事件的不同的后果,并根据突发事件的不同类型与后果有针对性地采取相应的有效应对措施。国家经济安全应急管理机关在危及国家经济安全的突发事件及其危害后果消失后应停止行使此种紧急权力。[1]

国家经济安全应急管理机关应当特别注意危及国家经济安全的各种突发事件,并依据国家经济安全监测预警报告的信息考量突发事件对国家经济安全的不利影响及此种不利影响的范围和程度,从而准确判断突发事件对中国经济安全的危及程度以及其中存在的危及国家经济安全的因素。

当突发事件仅轻度危及国家经济安全时,国家经济安全应急管理机关应当通知国家与地方的各级经济管理部门强化经济监测预警,密切关注此事件及其对其所辖区域经济安全的影响,并提前准备好应对预案。

当突发事件严重危及或损害国家经济安全时,国家经济安全应急管理机关应当依照法定程序向公众发出监测预警报告。具体而言,国家经济安全应急管

---

[1] 单飞跃,阳永恒.紧急状态下经济安全法律问题研究[J].法商研究,2004(1):80-87.

理机关应当在 15 天内或更短的期间内做出对突发事件的评估分析报告,并在此报告中提出能有效保障国家经济安全的应急解决方案,且此应急解决方案应具有更强的针对性和可操作性。若因外国经贸措施造成该国与中国发生贸易争端或严重贸易摩擦进而导致我国国家经济安全利益受损,则应在遵守 WTO 规则的前提下采取保障国家经济安全的应急措施。地方经济安全应急管理机关若因保障国家经济安全的需要有权在保障国家经济安全的必要限度内向上级政府请求政策和资金的供给。

三、优化我国贸易救济立法

(一)制定我国贸易救济的综合性专门法

从我国应对美国基于国家安全的钢铝贸易限制措施的相应的法律规则观之,我国对外贸易救济的最上位的立法为《对外贸易法》。然而,我国《对外贸易法》中关于贸易救济及对外国单边贸易措施的应对的法律规定多是极其简单的原则性规定,并无配套的实施细则,缺失救济适用的情形、条件、基准及限度的具体规定。中国缺失对"两反一保"措施之外的类似美国基于国家安全的钢铝贸易限制措施等其他国家单边贸易保护措施致损的应对和救济的法律规定,缺乏紧急反制措施的相关法律规定。由此肇致中国在实践应对和贸易救济中缺乏法律的详细依据,总是个案临时性应对,无法为中国因外国单边贸易措施而受损的私主体提供及时有效的救济与指导,减低了中国应对和救济的及时性与有效性。

我国的贸易救济法制多归属行政法规,法律效力较低,实施效果有限。若与其他法律相抵触,则可能造成条例部分规定的失效,具有很大的局限性。而且,我国贸易救济法的效力层次不高。美国"232 条款"等世界上大多数国家的贸易救济立法都是由国会制定。而我国贸易救济立法多为法规,在效力位阶上低于外国的贸易救济立法,在法规层次上不具有对等性。中国在适用我国贸易救济法制应对有损于我国的外国单边贸易措施方面不具有优势地位。中国在进行对外贸易事宜交涉和实施贸易救济措施时呈现底气不足之现象。我国贸易救济立法层次过低的现状消减了我国贸易救济立法的权威性和有效性,我国政府和企业难以据之有效维权。

我国完善贸易救济法制的路径有两种:第一种方式是由我国最高立法机

关制定贸易救济的专门性立法；第二种方式是在我国现有的《对外贸易法》中增加和详化贸易救济的规则与条款。笔者认为制定贸易救济专门法为较佳选择。贸易救济法的调整范围应广阔，必须包括除保障措施、反倾销措施、反补贴措施之外的针对美国基于国家安全的钢铝贸易限制措施、"337 措施"、"301 措施"等非典型单边贸易措施的应对和贸易救济的具体规则。

我国贸易救济基本法应由我国最高立法机关——全国人民代表大会制定，因为由我国最高立法机关制定我国贸易救济法能提高贸易救济立法的层次与效力等级。我国贸易救济基本法的具体实施条例应国务院制定和颁布。其中，我国贸易救济法律体系中应增加应对美国基于国家安全的钢铝贸易限制措施及类似措施的贸易救济措施的实体性规则和程序性规则。

我国贸易救济的配套法律法规也应得到相应的修改和完善。国家的所有法律法规为有机联系的体系，所有法律法规之间互相影响和互相作用。因此，我国贸易救济立法的优化和完善不仅是对贸易救济法本身的优化和完善，还涵括对其配套法律法规和详化规则的优化和完善。我国相关法条也应作相应修改，以配合《对外贸易法》和条例的实施。我国负责贸易救济的机关应不断总结贸易救济和处理具体个案的经验，并将之归纳和融入操作性强的实施细则，并据此制定契合实践需要的解释性规范，丰富我国贸易救济法律体系。

（二）完善我国出口贸易救济法律制度

美国对我国出口到美国的钢铝产品加征"232 关税"，致使我国钢铝产品的出口企业的受损。我国现今却无详尽和完善的出口救济法制能对受损企业提供及时有效的救济。尽管我国外贸管理机构所制定的《对外贸易壁垒调查规则》的部分规定能适用于出口救济，但，《对外贸易壁垒调查规则》仅适用于少数出口救济情形，并非专门针对出口救济情形而制定。①

完善我国出口救济法制，应从以下几方面着手：

---

① 详见商务部《对外贸易壁垒调查规则》第 3 条。从该《规则》对"贸易壁垒"的解释来看，凡是外国政府的措施或做法违反经济贸易条约或协定、未能履行经济贸易条约或协定规定的义务、对我国产品或服务进入该国（地区）或第三国（地区）市场造成阻碍或限制、对我国产品或服务在该国（地区）或第三国（地区）市场的竞争力造成损害、对该国（地区）或第三国（地区）产品或服务向我国出口造成阻碍或限制，均属于贸易壁垒。其中有些贸易壁垒对我国产品出口并无影响（如阻碍外国产品向我国出口），我国对其进行调查或采取相应措施，并不具有出口救济的性质。

1. 明晰我国出口救济法制所针对的出口贸易限制范围

我国的出口救济法律制度系贸易救济法律体系的重要组成部分。出口救济法律制度设立的功能在于消解因其他国家实施违法的、不合理的或不正当的进口限制措施所导致的我国国家利益和企业利益的损害及威胁。出口救济法制所应对的是其他国家或地区的政府主管机关所实施的阻挠我国产品出口至其国家或地区的各类限制性措施。此措施属于贸易壁垒的范围，但并未涵括全部贸易壁垒，仅指阻碍我国产品出口并进而损害我国国家利益和相关企业等私主体利益的贸易壁垒。

我国出口救济法律制度所针对的外国对我国产品出口的限制措施主要涵括如下类型：(1)其他国家或地区政府对我国出口到其国家或地区的产品采取歧视性的贸易救济措施；(2)其他国家或地区政府违反与我国共同缔结或共同参加的经贸条约对我国产品出口实施限制措施，给予我国出口到其国家或地区的产品的待遇低于条约的要求；(3)其他国家或地区政府对我国出口到其国家或地区的产品设置不合理的非关税壁垒；(4)其他国家或地区政府实施限制措施间接对我国到第三国家或地区的产品出口产生不良影响。

2. 设置出口贸易救济调查规则

我国可借鉴商务部《对外贸易壁垒调查规则》中调查的实体性规则和调查的程序性规则来设置出口贸易救济调查规则。《对外贸易壁垒调查规则》主要为进出口贸易壁垒的调查规则。我国出口贸易救济调查规则可借鉴《对外贸易壁垒调查规则》，设置出口贸易救济调查的实体性规则和程序性规则。出口贸易救济调查的实体性规则主要涵括调查启动的条件、贸易壁垒的认定、调查的主体、调查的范围等内容。出口贸易救济调查的程序性规则主要包括调查申请、立案与审查、调查与认定等内容。

3. 明确规定我国可采用的出口救济措施

在我国调查机关经过调查认定他国政府的贸易措施限制了我国产品的出口的情况下，我国政府可决定采用合适的出口贸易救济措施。国家通常采用的出口救济措施涵括争端双方磋商[①]与 WTO 争端解决机构司法解决等救济方

[①] 双边磋商即政府主动要求与有关国家或地区的政府就被调查的措施或做法进行磋商，以寻求该国家或地区自行取消或调整被调查的措施或做法，或者承诺向我国提供适当的贸易补偿，或者承诺履行经济贸易条约或协定规定的义务。

式,特殊情形下,受损国亦可采用报复①与反制等自助救济措施。

我国贸易救济法律制度应明确规定我国可采用的出口救济措施,以便我国政府在需要的时候采用最能保障我国利益的措施,也使我国所采用的出口救济措施具有法律依据,以及合法性和正当性。但我国贸易救济法律制度在明确规定我国可采用的出口救济措施时应符合WTO法及其他国际法的相关规则的规定,不得违反WTO法及其他国际法中的强制性和禁止性规定,并在此前提下借鉴世界其他国家的出口贸易救济的立法与实践,结合我国的国情以明确规定我国可采用的出口救济措施。

(三) 补漏我国紧急救济法律制度

我国设立贸易救济法律制度的目的就是消减外国的进口限制措施对我国国家利益和相关企业利益的侵害。但是,在政府启动正式的贸易救济措施时,我国国家利益和相关企业利益早已遭受侵害。因此,我国必须建立紧急贸易救济法律制度以及时救济我国国家利益和相关企业利益,最大限度避免损失的扩增,将其损失减至最少。然而,我国目前贸易救济法律体系中并不存在紧急贸易救济法律制度。此种法制的缺失也导致我国在贸易摩擦中仓促应对,救济未达最佳效果。我国应设立贸易紧急救济法律制度,以呼应现实的诉求。

此外,我国可设立紧急救济基金,专门救助因美国基于国家安全的钢铝贸易限制措施等外国贸易限制措施而受损的企业或其他私主体。紧急救济基金来源于从事外贸业务的企业或其他私主体每年所缴纳的年费。当企业或其他私主体因外国贸易限制措施而受损时,基金组织可按一定比例给受损的企业或其他私主体提供紧急救助资金,以帮助受损的企业或其他私主体减轻所遭受的损害。此基金亦可用于支付受损的企业或其他私主体诉讼维权的费用,如支付律师聘请和证据收集等诉讼维权中所支出的必要费用。

我国在贸易救济中还应发挥行业协会的积极作用。由于贸易救济调查一般要涉及分散在各地的多个企业,这在实践中很容易造成企业间协调不利、口

---

① 报复之所以对国内产业能够起到救济的作用,主要是因为按照WTO规则,如果一成员方的某个部门因另一成员方的措施或做法而受到了损害,受到损害的成员方原则上应当首先寻求对该另一成员方的"相同部门"中止减让。这种针对相同部门中止减让的做法,实际上与反倾销、反补贴或保障措施有着大致相同的效果。

径统一困难、收集和提供资料迟延等情况,从而影响贸易救济调查申请的进度。此外,由于中国企业对外贸易救济诉讼的积极性并不高,因此,有必要发挥行业协会的贸易救济诉讼中的组织协调和指导作用。由于我国行业协会具有较浓的行政色彩,因此我们在组建行业协会的紧急救济制度的同时,应特别注意加强协会和企业的联系,增强协会的服务性。

结 论

当下,国际社会正在经历着因美国基于国家安全的钢铝贸易限制措施所引发的贸易大战,国际经济的稳定和均衡的秩序正遭受着巨大冲击,WTO 和联合国所主导的国际经贸法律体制正面临着巨大的挑战。

辨明美国基于国家安全的钢铝贸易限制措施的违法性成为缓解目前国际经济领域剧烈冲突的有效路向。明晰美国基于国家安全的钢铝贸易限制措施的违法性,有利于阻止美国恣意采取各种单边贸易保护措施,有利于维护 WTO 法律体系的权威,有利于维护世界自由贸易体系的繁荣,有利于维护国际经济秩序的稳定。

本书聚焦于美国基于国家安全的钢铝贸易限制措施合法性与正当性这一贸易摩擦争端解决中的关键问题,通过对 WTO 法律体系下和联合国法律体系下美国基于国家安全的钢铝贸易限制措施和反制措施的合法性问题的研究,推导出以下几点结论:

第一,美国基于国家安全的钢铝贸易限制措施应定性为保障措施。美国基于国家安全的钢铝贸易限制措施在措施的构成、特征、功能、核心要素方面均与保障措施相一致。美国基于国家安全的钢铝贸易限制措施无论是在措施的外在形式方面还是措施的内在实质方面,均与保障措施均极度契合。因而,美国基于国家安全的钢铝贸易限制措施应定性为保障措施。

第二,美国基于国家安全的钢铝贸易限制措施不符合 WTO 保障措施的实体性规则和程序性规则。首先,美国基于国家安全的钢铝贸易限制措施不符合 WTO 保障措施的实体性规则。美国基于国家安全的钢铝贸易限制措施违反 WTO 保障措施实施条件规则,违反保障措施的对应性原则、违反禁止采用"灰色区域措施"规则,违反保障措施实施限度规则。其次,美国基于国家安全的钢铝贸易限制措施不符合 WTO 保障措施实施程序规则,美国违反保障措施调查、通知和磋商中的必为性义务。因此,美国基于国家安全的钢铝贸易限制措施不符合 WTO 保障措施规则。

第三,美国基于国家安全的钢铝贸易限制措施不符合 GATT 1994 中的规则,美国违反 GATT 1994 所设定的美国应承担的一般义务。美国在实施基于国家安全的钢铝贸易限制措施的过程中违反 GATT 1994 的最惠国待遇原则中的必为性义务,违反关税减让义务,违反贸易条例实施中的透明度义务,违反不得采用数量限制措施的禁止性义务。

第四,美国基于国家安全的钢铝贸易限制措施不符合 GATT 1994 第 21 条规定而不享有安全例外免责的权利。美国基于国家安全的钢铝贸易限制措施不符合"国家基本安全利益"标准,美国基于国家安全的钢铝贸易限制措施保护的利益并非"国家基本安全利益",美国基于国家安全的钢铝贸易限制措施不符合"必需"基准,美国基于国家安全的钢铝贸易限制措施实施情形不属于"国际关系的紧急情况",美国基于国家安全的钢铝贸易限制措施悖逆"安全例外条款"的善意援引义务。

第五,美国基于国家安全的钢铝贸易限制措施的反制措施具有合法性。首先,反制措施具有 WTO 合规性,反制无需 DSB 事先授权,符合 WTO《保障措施协定》中止减让规则的规定。同时,WTO 法之外的国际法规则亦可作为反制的法律依据。在 WTO 外部国际法视域中,反制措施实质为反措施,反制符合国际习惯法中的反措施规则。同时,反制措施实施时应遵循措施实施前提、程度和目的上的限定和边界。

美国假借国家安全之名实施钢铝贸易限制措施等单边贸易保护主义措施的终极目的是维护美国在世界经济领域的霸主地位,借口国家安全采取钢铝贸易限制措施等单边贸易保护主义措施攻击和排挤对美国经济和政治霸主地位存有威胁的任何国家。希望世界友善、各国团结一致共同抵制美国假借国家安全对他国实施不公平和歧视性的钢铝贸易限制措施,共同致力于维护世界自由贸易体制的稳健,推动国际社会的永续繁荣与良性发展。

参 考 文 献

[1] 巴格沃蒂. 贸易保护主义[M]. 王世华,常蕊,郑葵方,译. 北京:中国人民大学出版社,2010.

[2] 北京WTO事务中心. 北京WTO事务中心年度研究报告:经济危机与贸易保护主义[M]. 北京:北京大学出版社,2010.

[3] 彼德斯曼. 国际经济法的宪法功能与宪法问题[M]. 何志鹏,孙璐,王彦志,译. 北京:高等教育出版社,2004.

[4] 陈立虎,黄涧秋. 保障措施法比较研究[M]. 北京:北京大学出版社,2006.

[5] 陈喜峰. WTO宪政论[M]. 北京:法律出版社,2017.

[6] 陈欣. WTO争端解决中的法律解释:司法克制主义 vs. 司法能动主义[M]. 北京:北京大学出版社,2010.

[7] 范笑迎. 国际法碎片化下的WTO法律解释:正当性、合法性与宪法化解释[M]. 天津:天津社会科学院出版社,2018.

[8] 冯汉桥. WTO法的规则与法理:双语版[M]. 长春:东北师范大学出版社,2015.

[9] 龚婷. 美国对华经贸政策新发展与中美经贸关系前景[J]. 国际问题研究,2018(3):94-107,125-126.

[10] 哈洛. 国家责任:以侵权法为中心展开[M]. 涂永前,马佳昌,译. 北京:北京大学出版社,2009.

[11] 韩立余. 美国关税法[M]. 北京:法律出版社,1999.

[12] 韩立余. 美国贸易法[M]. 北京:法律出版社,1999.

[13] 贺小勇,等. WTO法专题研究[M]. 北京:北京大学出版社,2010.

[14] 宏结. 实施贸易保障措施的动因及经济影响研究[M]. 北京:中国社会出版

社,2009.

[15] 黄文俊.保障措施法研究：理论框架与实证分析[M].北京：法律出版社，2004.

[16] 杰克逊.世界贸易体制：国际经济关系的法律与政策[M].张乃根,译.上海：复旦大学出版社,2001.

[17] 克拉伯.美国对外贸易法和海关法[M].蒋兆康,等译.北京：法律出版社，2000.

[18] 拉尔夫·H.弗尔瑟姆.国际贸易和投资[M].北京：法律出版社,2004.

[19] 李国刚.WTO贸易救济案件争端解决研究[M].北京：开明出版社,2018.

[20] 李明德."特别301条款"与中美知识产权争端[M].北京：社会科学文献出版社,2000.

[21] 李圣敬.国际保障措施法条款解读与适用[M].北京：法律出版社,2008.

[22] 李小霞.国际投资法中的根本安全利益例外条款研究[M].北京：法律出版社,2012.

[23] 梁碧波.美国对华贸易政策决定的均衡机理[M].北京：中国社会科学出版社,2006.

[24] 林中梁.WTO法与中国论坛年刊：2016[M].北京：知识产权出版社,2016.

[25] 刘振环.美国贸易政策研究[M].北京：法律出版社,2010.

[26] 栾信杰.世界贸易组织(WTO)规则解读[M].北京：对外经济贸易大学出版社,2013.

[27] 罗昌发.美国贸易救济制度[M].北京：中国政法大学出版社,2003.

[28] 罗国强.论自然国际法的基本原则[M].武汉：武汉大学出版社,2011.

[29] 莫世健.贸易保障措施研究[M].北京：北京大学出版社,2005.

[30] 帕尔米特,马弗鲁第斯.WTO中的争端解决：实践与程序[M].罗培新,李春林,译.北京：北京大学出版社,2005.

[31] 彭慕兰,托皮克.贸易打造的世界：1400年至今的社会、文化与世界经济[M].黄中宪,吴莉苇,译.上海：上海人民出版社,2018.

[32] 彭潵.论世界贸易组织争端解决中的司法造法[M].北京：北京大学出版社,2008.

[33] 齐倩倩. WTO 争端解决报复机制研究[M]. 北京：中国法制出版社，2017.

[34] 萨瑟兰，等. WTO 的未来：阐释新千年中的体制性挑战 咨询委员会提交给总干事素帕猜·巴尼巴迪的报告[M]. 刘敬东，等译. 北京：中国财政经济出版社 2005.

[35] 沈虹. 成员国内法与 WTO 法相符义务研究[M]. 北京：法律出版社，2017.

[36] 王军，郭策，张红. WTO 保障措施成案研究：1995—2005 年[M]. 北京：北京大学出版社，2008.

[37] 王晓滨. 国际贸易行政案件司法审查的平等对待原则研究[M]. 北京：中国法制出版社，2014.

[38] 王岩. WTO 体制下的我国国际贸易行政诉讼研究[M]. 北京：法律出版社，2018.

[39] 希尔曼. 贸易保护的政治经济学[M]. 彭迪，译. 北京：北京大学出版社，2005.

[40] 萧姆伯格. 美国国际贸易委员会 337 调查律师实践指南[M]. 钱文婕，李斯，译. 北京：法律出版社，2022.

[41] 胥丽. 美国对华贸易政策政治经济学研究[M]. 上海：上海人民出版社，2017.

[42] 徐世腾. 全球贸易保护新机制及其对中国的影响：理论与实证研究[M]. 上海：华东师范大学出版社，2011.

[43] 严建苗. WTO 框架下保障措施经济学[M]. 杭州：浙江大学出版社，2006.

[44] 杨国华. WTO 中国案例评析[M]. 北京：知识产权出版社，2015.

[45] 杨国华. 美国贸易法"301 条款"研究[M]. 北京：法律出版社，1998.

[46] 杨向东. 中美保障措施制度比较研究[M]. 北京：法律出版社，2008.

[47] 曾华群. 美国：《1974 年贸易法》第 301—310 节案[M]. 上海：上海人民出版社，2005.

[48] 张丽娟. 美国贸易政策的政治经济学[M]. 北京：经济科学出版社，2017.

[49] 张玉卿. WTO 热点问题与案例精选[M]. 北京：中国商务出版社，2018.

[50] 赵生祥. 贸易救济制度研究[M]. 北京：法律出版社，2007.

[51] 钟付和. 多边贸易体制扩展秩序论：基于制度与观念的分析[M]. 上海：上海人民出版社，2018.

[52] 周跃雪. WTO决策机制法律问题研究[M]. 北京：法律出版社，2016.

[53] 朱榄叶. 世界贸易组织法经典案例选编[M]. 北京：北京大学出版社，2018.

[54] AKERLOF G A, SHILLER R J. Animal spirits: How human psychology drives the economy, and why it matters for global capitalism [M]. Princeton: Princeton University Press, 2009.

[55] AUST A. Modern treaty law and practice [M]. Cambridge: Cambridge University Press, 2007.

[56] BAKER L M. The problem of steel and aluminum imports[J]. Forge (Troy), 2017, 9(4): 8.

[57] BETHLEHEM D L, MCRAE D, NEUFELD R, et al. The Oxford handbook of international trade law[M]. Oxford: Oxford University Press, 2009.

[58] BHALA R. The myth about stare decisis and International Trade Law[J]. American University International Law Review, 1999, 14(4): 845-956.

[59] BILDER R B. Managing the risks of international agreement[M]. Madison: University of Wisconsin Press, 1981.

[60] BLACK H C. Black's law dictionary[M]. St. Paul, Minn.: West Publishing Co, 1991.

[61] BOWN C P, PAUWELYN J. The law, economics and politics of trade retaliation in WTO dispute settlement[M]. Cambridge: Cambridge University Press, 2010.

[62] BRACK D, GRUBB M, WINDRAM C. International trade and climate change policies[M]. London: Earthscan Publications, 2000.

[63] BUREAU OF EXPORT ADMINISTRATION, DEPARTMENT OF COMMERCE. Summary of secretarial report under Section 232 of the Trade Expansion Act of 1962, as amended, on the effect of imports of crude oil on the national security[J]. Federal Register, 2000, 65(146): 46427-46432.

[64] BUTLER W E. Control over compliance with international law[M]. London: Nijhoff Publishers, 1991.

[65] CAPLEN R A. Recent trends underscoring international trade commission review of initial determinations and federal circuit appeals from final

commission determinations under Section 337 of the Tariff Act of 1930[J]. Fordham Intellectual Property, Media & Entertainment Law Journal, 2006, XVII(2): 11-15.

[66] CÂMPEANU V. What comes next? A global trade war or the renegotiation of US trade agreements? [J]. Journal of Global Economics, 2018, 10(1): 42-60.

[67] CHAYES A, CHAYES A H. The new sovereignty: Compliance with international regulatory agreements[M]. Cambridge, MA: Harvard University Press, 1998.

[68] CHEN T F. To judge the "self-judging" security exception under the GATT 1994: A systematic approach[J]. Asian Journal of WTO and International Health Law and Policy, 2017, 12(2): 311-356.

[69] CHENG B. General principles of law as spplied by international courts and tribunals[M]. Cambridge: Cambridge University Press, 2006.

[70] CLARK T L. Future of patent-based investigations under Section 337 after the Omnibus Trade and Competitiveness Act of 1988[J]. American University International Law Review, 1988(5): 43-49.

[71] CLUBB B E. United States foreign trade law: Vols. I and II [M]. Boston: Little, Brown and Company, 1991.

[72] COOTER R, ULEN T. Law and economics[M]. 3rd ed. New York: Addison Wesley Longman, 2000.

[73] DAM K W. The GATT: law and international economic organization[M]. Chicago: University of Chicago Press, 1970

[74] DARDICK T C. Development: The US-China safeguard provision, the GATT, and thinking long term[J]. Chicago Journal of International Law, 2005, 6(1): 467-478.

[75] DAS B L. The WTO agreement: Deficiencies and imbalance and required changes[M]. London: Zed Books, 1998.

[76] DOWNS G W, ROCKE D M. Optimal imperfection?: Domestic uncertainty and institutions in international relations[M]. Princeton: Princeton University Press, 1995.

[77] DUVALL D K. The rule of law in international trade: Litigating unfair import trade practice cases before the United States International Trade Commission[J]. Lawyer of the Americas, 1983, 15(1): 31-36.

[78] EL NAMAKI M S S. Globalization minus one: The emerging contours of a new global economic order[J]. Scholedge International Journal of Management & Development, 2018, 4(12): 125.

[79] ELMS D, SRIGANESH B. Trump's trade policy: Discerning between rhetoric and reality[J]. Asian Journal of WTO & International Health Law and Policy, 2017, 12(2): 247-263.

[80] FEICHTNER I. The law and politics of WTO waivers: Stability and flexibility in public international law[M]. Cambridge: Cambridge University Press, 2012.

[81] FELBERMAYR G, SANDKAMP A. Trumps Importzölle auf Stahl und Aluminium[J]. ifo Schnelldienst. 2018, 71(6): 30-37.

[82] FITZMAURICE O, ELIAS O. Contemporary issues in the law of treaties[M]. Utrecht: Eleven International Publishing, 2005.

[83] FRENKEL M, WALTER B. Der neue Protektionismus der USA: The new American protectionism. Wirtschaftsdienst, 2018, 98(4): 276-283.

[84] GARNER B A. Black's law dictionary[M]. 7th ed. [S.l.]: West Publishing Company, 1999.

[85] GLICK L A. Guide to United States customs and trade laws[M]. Boston: Kluwer Law and Taxation Publishers, 1991.

[86] GOLDSMITH J L, POSNER E A. The limits of international law[M]. New York: Oxford University Press, 2005.

[87] GRAHAM M J S. Special protection is not the solution to save domestic steel: A critique of The Bush Initiative[J]. Minnesota Journal of Global Trade, 2003(12): 199-220.

[88] GROSS O, NÍ AOLÁIN F. Law in times of crisis[M]. Cambridge: Cambridge University Press, 2006.

[89] GUZMAN A T. How international law works[M]. Oxford: Oxford

University Press，2008.

[90] HENKIN L. How nations behave[M]. New York：Columbia University Press，1979.

[91] HNATH G M. General exclusion orders under Section 337[J]. Northwestern Journal of International Law and Business，2005，25(2)：349-370.

[92] HOEKMAN B M，KOSTECKI M M. The political economy of the world trading system：From GATT to WTO[M]. Oxford：Oxford University Press，1995.

[93] HORN H，MAVROIDIS P C. The WTO Case Law of 2001：The American law institute reporters' studies[M]. Cambridge：Cambridge University Press，2004.

[94] HUDEC R E. Enforcing international trade law[M]. Salem，NH：Butterworth，1993.

[95] HURRELL A. On global order：power，values，and the constitution of international society[M]. Oxford：Oxford University Press，2007.

[96] INTERNATIONAL LABOUR OFFICE. Rules of the game：A brief introduction to International Labour Standards[M]. Genève：International Labour Organization，2005.

[97] JACKSON J H，DAVEY W J. Legal problems of international economic relations：Cases，materials and text on the national and international regulation of transnational economic relations[M]. St. Paul，Minn：West Publishing Co，1986.

[98] JACKSON J H. Sovereignty，the WTO and changing fundamentals of international law[M]. Cambridge：Cambridge University Press，2006.

[99] JACKSON J H. The Jurisprudence of GATT & the WTO：Insights on treaty law and economic relations[M]. Cambridge：Cambridge University Press，2000.

[100] JACKSON J H. The World Trade Organization：Constitution and jurisprudence[M]. London：Royal Institute of International Affairs，1998.

[101] JACKSON J H. The world trading system：Law and policy of international economic relations[M]. 2nd ed. Cambridge，Mass.：The MIT Press，1997.

[102] JACKSON J H. The world trading system: Law and policy of international economic relations[M]. Cambridge: The MIT Press, 1989.

[103] JOHNSTON CR, Jr. Law and practice of United States regulation of international trade[M]. New York: Oceana Publications, Inc, 1987.

[104] JONES V C. Safeguards on textile and apparel imports from China[R/OL]. (2020-06-30). https://www.everycrsreport.com/reports/RL32168.html.

[105] KAGAN R. Of paradise and power: America and Europe in the new world order[M]. [S.l.]: Vintage Books, 2004.

[106] KANE T M. Theoretical roots of US foreign policy[M]. London: Routledge, 2006.

[107] KAYE H., PLAIA P, Jr, HERTZHERG M. International trade practice: 2 vols[M]. Colorado Springs: Shepard's/McGraw-Hill, 1981.

[108] KNIGHT F H. Selected essays by Frank H. Knight, Volume 2: Laissez-Faire: Pro and con[M]. Chicago: University of Chicago Press, 2000.

[109] KOSKENNIEMI M. From apology to Utopia: The structure of international legal argument: reissue with a new epilogue[M]. Cambridge: Cambridge University Press, 2005.

[110] KRUEGER AO. The WTO as an international organization[M]. Chicago: University of Chicago Press, 1998.

[111] LAWRENCE R Z. Crimes & punishments? Retaliation under the WTO[M]. Washington, DC: Institute for International Economics, 2003.

[112] LEE E S. Safeguard mechanism in Korea under the WTO world[J]. Global Business & Development Law Journal, 2001, 14(2): 323-358.

[113] LEE Y S. Continuing controversy on "unforeseen developments"[J]. Journal of World Trade, 2003, 37(6): 1153-1157.

[114] LEE Y S. Critical issues in the application of the WTO rules on safeguards[J]. Journal of World Trade, 2000, 34(2): 131-147.

[115] LEE Y S. Destabilization of the discipline on safeguards? inherent problems with the continuing application of article XIX after the settlement of the agreement on safeguards[J]. Journal of World Trade, 2001, 35(6): 1235-

1246.

[116] LEE Y S. Review of the first WTO panel case on the agreement on safeguards: Korea — Definitive Safeguard Measure on Imports of Certain Dairy Products[J]. Journal of World Trade, 1999, 33(6): 27-46.

[117] LEE Y S. Safeguard measures in world trade: The legal analysis, third edition [M]. [S.l.]: Kluwer Law International, 2003.

[118] LEVINE R. Trade vs. national security: Section 232 cases[J]. Comparative Strategy, 1988, 7(2): 133-141.

[119] LEWIS C A. Waiting for the big one: Principle, policy, and the restriction of imports under Section 232[J]. Law & Policy in International Business, 1991, 22(2): 65-73.

[120] LOHMAN W. The Trump Administration's trade policy and the implications for Southeast Asia[J]. Contemporary Southeast Asia, 2017, 39(1): 36-41.

[121] LONG O. Law and its limitations in the GATT multilateral trade system[M]. Hingham, MA: Martinus Nijhoff, 1986.

[122] MACHARZINA K. Editorial. Yet another wave of protectionism? [J]. Management International Review, Wiesbaden, 2002, 42(3): 231-236.

[123] MACHIAVELLI N. The Prince[M]. New York: Bantam Books Inc, 1984.

[124] MARCEAU G Z, TRACHTMAN J P. TBT, SPS, and GATT: A map of the WTO law of domestic regulation[J]. Journal of World Trade, 2002, 36(5): 811ss.

[125] MARUYAMA W H. The evolution of the escape clause: Section 201 of the Trade Act of 1974 as amended by the Omnibus Trade and Competitiveness Act of 1988[J]. Byu Law Review, 1989(2): 393-429.

[126] MASTEL G. China's Economic Cyclone[J]. The International Economy, 2018, 32(1): 38-39, 56.

[127] MESSERLIN P. China in the World Trade Organization: Antidumping and Safeguards[J]. The World Bank Economic Review, 2004, 18(1): 105-310.

[128] MILGRAM S. Obedience to authority: An experimental view[M]. New York: Harper & Row, 1974.

[129] MORGENTHAU H J, THOMPSON K W, MYERS R J. Truth and tragedy: A tribute to Hans J. Morgenthau[M]. Transaction Books, 1984.

[130] MUELLER F. Is the General Agreement on Tariffs and Trade Article XIX "Unforeseen Development Clause" still effective under the agreement on safeguards? [J]. Journal of World Trade, 2003, 37(6): 1119-1151.

[131] MYHRE J D. The Antarctic Treaty system: Politics, law, and diplomacy [M]. Boulder: Westview Press, 1986.

[132] NOLLKAEMPER A. Unilateralism/Multilateralism, MaxPlanck encyclopedia of public international law [M]. Oxford: Oxford University Press, 2011.

[133] Office U S G A. International trade: Activity under Section 201 of the Trade Act of 1974[J]. American Iron & Steel Institute, 1987(1): 44-49.

[134] OHLER C. Unilateral Trade Measures, Max Planck Encyclopedia of Public International Law[M]. Oxford: Oxford University Press, 2011.

[135] OLSSON C-O. Developing countries and emergency safeguard measures in world trade law[D]. Lund: University of Lund, 2006.

[136] ORAÁ J. Human rights in states of emergency in international law[M]. Oxford: Clarendon Press, 1992.

[137] PALMETER D. Section 337 and the WTO Agreements still in violation? [J]. World Competition, 1996(1): 27-35.

[138] PATRICK L. Trading free: The GATT and U. S. trade policy[M]. New York: Twentieth Century Fund Press, 1993.

[139] PATTERSON E. The US provides Section 201 relief for the American steel industry[J]. ASIL Insights, 2002, 7(4).

[140] PAUWELYN J. Conflict of norms in public international law: How WTO law relates to other rules of international law[M]. Cambridge: Cambridge University Press, 2003.

[141] PAUWELYN J. Optimal protection of international law: Navigating between European absolutism and American voluntarism[M]. Cambridge: Cambridge University Press, 2008.

[142] PERDIKIS N, READ R. The WTO and the regulation of international trade:

Recent trade disputes between the European Union and the United States[M]. Northampton, MA: Edward Elgar Publishing, 2005.

[143] PEREZ-LOPEZ J F. GATT safeguards: A critical review of Article XIX and its implementation in selected countries[J]. Case Western Reserve Journal of International Law, 1991, 23(3): 39-45.

[144] PETERS D M. Steel and aluminum tariffs revisited. Forge (Troy), 2018, 10(3): 6.

[145] PETERSMANN E U. The GATT/WTO dispute settlement system[M]. London: Kluwer Law International, 1997.

[146] PETRY C. Seeking Sustainability[J]. Modern Metals, 2022(6): 15-21.

[147] PHELPS D. Free trade in steel in aftermath of U. S. Section 201[R]? International Market of Iron & Steel Seminar, 2002.

[148] RASCH W. Sovereignty and its discontents[M]. London: Birkbeck Law Press, 2012.

[149] RILEY J. The legal and policy implications of the US steel tariffs on East Asia [J]. Journal of East Asia and International Law, 2018, 11(1): 193-194.

[150] ROBERTSON D. GATT rules for emergency protection[M]. New York: Harvester Wheatsheaf, 1992.

[151] ROGERS W J, WHITLOCK J P. Is section 337 consistent with the GATT and the TRIPs agreement? [J]. American University International Law Review, 2002, 17(3): 459-525.

[152] SAMPSON G P. Trade in services and policy priorities for developing countries[J]. Developing Countries & the WTO Policy Approaches, 2008(3): 11-14.

[153] SCHEUERMAN W E. Frankfurt school perspectives on globalization, democracy, and the law[M]. London: Routledge, 2011.

[154] SCHROPP S A B. Trade policy flexibility and enforcement in the WTO: A Law and economics analysis[M]. Cambridge: Cambridge University Press, 2009.

[155] SCHWARTZ B A. Remedy and bonding Law under Section 337: A primer for

the patent litigator[J]. Journal of the Patent and Trademark Office Society, 1999, 81(8): 623.

[156] SCOTT R E, STEPHAN P B. The limits of Leviathan[M]. Cambridge: Cambridge University Press, 2006.

[157] Section 232 tariffs prompt spurt of steel beam contract awards[J]. Metal Bulletin Daily, 2018(TN.9563.3).

[158] SHRIVEN E P. Separate but equal: Intellectual property importation and the recent amendments to Section 337[J]. Minnesota Journal of International Law, 1996, 6: 441-465.

[159] SPANGLER A L. Intellectual property protection and import trade: Making Section 337 consistent with the General Agreement on Tariffs and Trade[J]. Hastings Law Journal, 1991, 43(1): 217-272.

[160] SRINIVASAN T N. WTO and the developing countries[J]. Journal of Social and Economic Development, 1999(2): 31-34.

[161] STEGER D P. Peace through trade: Building the WTO[M]. London: Cameron, 2004.

[162] STEGER D P. Redesigning the World Trade Organization for the twenty-first century[M]. Waterloo, ON: Wilfrid Laurier University Press, 2010.

[163] STEINBERG R H. Judicial lawmaking at the WTO: Discursive, constitutional, and political constraints[J]. American Journal of International Law, 2004, 98(2): 247-275.

[164] TESÓN F R. A philosophy of international law[M]. Boulder, Colo.: Westview Press, 1998.

[165] THOREAU H D. Civil disobedience[M]. [S.l.]: Hayes Barton Press, 2012.

[166] TRACHTMAN J P. The economic structure of international law[M]. Cambridge, MA: Harvard University Press, 2008.

[167] TREBILCOCK M J, HOWSE R. The regulation of international trade[M]. 3rd ed. London: Routledge, 2005.

[168] Trump administration continues push to reshape American trade relations by

imposing tariffs on steel and aluminum imports[J]. American Journal of International Law, 2018, 112(2): 315-322.

[169] VAN DAMME I. Treaty interpretation by the WTO appellate body[M]. Oxford: Oxford University Press, 2009.

[170] VAN DEN BOSSCHE P, ZDOUC W. The law and policy of the World Trade Organization[M]. Cambridge: Cambridge University Press, 2005.

[171] VAN DEN BOSSCHE P. The law and policy of the World Trade Organization[M]. Cambridge: Cambridge University Press, 2005.

[172] VARWIVK J. Entfremdung zwischen den USA und Europa: Geht das amerikanische Jahrhundert zu Ende[J]. ifo Schnelldienst. 2018, 70(14): 3-23.

[173] WILLIAMSON O E. The mechanisms of governance[M]. Oxford: Oxford University Press, 1996: 3-22.

[174] WU Q S. Trump's new trade policy: Concepts, agendas and constraints[J]. China International Studies, 2018(2): 66-85, 2.

[175] YEARWOOD R R F. The interaction between world trade organisation (WTO) law and external international law: The constrained openness of WTO law (a prologue to a theory)[M]. London: Routledge, 2012.